Le transfert
de Freud à Lacan

Collection « Clinique psychanalytique et psychopathologie »

Dirigée par Michel Grollier et Laurent Ottavi

Philippe Fouchet,
La clinique de l'épilepsie. Réintroduire le sujet dans le champ médical, 2008, 288 p.

Jean-Louis Bonnat (dir.),
Autisme et psychose. Machine autistique et délire machinique. Clinique différentielle des psychoses, 2008, 208 p.

Pascale Macary (dir.),
La recherche à l'heure de la psychanalyse, 2004, 164 p.

Groupe PERU,
L'inquiétant, 2003, 234 p.

François Sauvagnat (dir.),
Divisions subjectives et personnalités multiples, 2001, 306 p.

Groupe PERU,
Les enjeux du savoir, 2001, 230 p.

Groupe PERU,
Sciences et fictions, 1999, 192 p.

Slavoj Zizek,
Subversions du sujet, 1999, 250 p.

Marcus André Vieira,
L'éthique de la passion. L'affect dans la théorie psychanalytique avec Freud et Lacan, 1998, 268 p.

Laurent Ottavi (dir.),
L'inconscient ignore-t-il le temps ?, 1997, 212 p.

Juan Pablo LUCCHELLI

Le transfert

de Freud à Lacan

Clinique Psychanalytique et Psychopathologie

UHB Rennes 2 – Campus de la Harpe
2, rue du doyen Denis-Leroy
35044 Rennes Cedex

www.pur-editions.fr

Mise en page : Euriell Séguillon pour le compte des PUR

ISBN 978-2-7535-0769-2
Dépôt légal : 1er trimestre 2009

Pour Germán García et Serge Cottet

« Ainsi cet homme, comme tout homme qui désire, désire ce qui n'est ni présent, ni disponible, ce qu'il n'a pas, ce qu'il n'est pas, ce qui lui manque ; et c'est bien là, nous l'avons vu, l'objet de tout amour et de tout désir. » Platon, *Le Banquet* (201e).

Préface

LE TRANSFERT ET L'AMOUR DU PÈRE

Ce livre raconte une aventure sans précédent dans la psychanalyse. Il s'agit de la généralisation conceptuelle de la doctrine du « transfert » telle que Freud l'a isolée dans la relation entre l'analysant et l'analyste.

À renoncer à la suggestion hypnotique, Freud a vu en effet apparaître le « transfert » dans sa complexité. Sous ce concept se rassemble un ensemble de phénomènes en rapport avec la personne de l'analyste. Il s'agit à première vue d'un ensemble de sentiments, positifs et négatifs, qui répondent aux modes de relation de chaque analysant. Ils dépassent les caractéristiques propres de la personne de l'analyste et renvoient au plus profond des modes d'énamoration ou de rejet propres à l'analysant. Il ne s'agit pas seulement d'émotions mais du rapport au savoir inconscient. Freud remarque immédiatement, comme le note Juan Pablo Lucchelli, que ces émotions « font obstacle au "déroulement logique" du traitement. [...] Freud pourra constater l'apparition de phénomènes qui façonnent les cures, cela va de l'interruption prématurée du traitement au transfert dit "négatif", mais pas seulement [1] ! »

Ces sentiments, cet amour, cette haine, viennent faire obstacle au rapport de l'analysant avec le savoir que révèle l'inconscient de chacun. Après avoir écrit son *Interprétation des rêves*, résultat de l'auto-analyse du travail de deuil après la mort de son père, « Freud fait très rapidement équivaloir le transfert à l'Œdipe et, par là même, à la répétition : le patient répète en analyse ce qui a été vécu, raté pendant son enfance avec ses parents [2]. »

Freud a découvert dans cette répétition une faille particulière. Il ne peut y avoir d'amour heureux avec le père, fondement pourtant de tout lien avec l'autre. Dès l'*Interprétation des rêves*, discrètement, s'énonce le rôle du père dans la genèse des formes du pouvoir et dans les religions [3]. En un sens, dès que Freud

1. Lucchelli J.-P., *Le Transfert de Freud à Lacan*, p. 20.
2. *Idem*.
3. « On dit que le prince est le père du peuple. Le père est l'autorité la plus ancienne, la première, il est pour l'enfant l'autorité unique. Tous les autres pouvoirs sociaux se sont

a aperçu la place du père comme porteur de l'interdit de l'inceste dans l'économie psychique, il en fait le pivot de la construction de l'édifice aussi bien social que religieux, indiscernables en une première approche. Ce sera son premier mot et aussi son dernier tel qu'il le reprendra dans *L'Homme Moïse et le monothéisme* (1939). Freud a présenté la fonction complexe du père-fondement sous une forme mythique : « le complexe d'Œdipe » et ses prolongements étranges *Totem et tabou* puis *Moïse et le monothéisme*. Il restait pour Lacan à lui donner, dans le fil des résultats obtenus par l'anthropologie sociale, une forme logique.

L'amour du père et le lien social

L'anthropologie politique de Freud est une théologie politique. Dans la fiction de *Totem et Tabou,* contrat social projeté à l'orée de l'histoire, le soi disant darwinisme freudien a des accents très hobbesiens. Le contrat social freudien permet de se délivrer de l'angoisse au prix de renoncer à répéter le meurtre du père. La fiction freudienne fait du meurtre du père originaire le véritable moment du contrat, le moment où s'effectue la transmutation. En ce sens, elle est chrétienne, comme le note Lacan [4]. C'est dans un deuxième temps que se produit la horde ou la foule, forme sociale égalitaire [5]. Le lien organique de la loi et du crime ne permet pas à Freud de penser que le charisme du chef puisse fonder une source apaisée de l'autorité ; ni que le meurtre originaire pourra être résorbé dans le système des règles de la civilisation. La pulsion de mort freudienne est comme un état de nature qui menace toujours la civilisation. Au sein même du contrat, se retrouve la terreur fondatrice que faisait régner le père de la horde dans l'état de nature. « Le meneur de la masse demeure toujours le père originaire redouté, la masse veut toujours être dominée par une puissance illimitée [6]. » L'établissement du lien social, l'assise pulsionnelle de l'identification ne permet aucunement d'envisager une paix. Le père de la horde avait accès à toutes les femmes. Cette jouissance sans limites habite le chef qui en hérite.

En 1921, après avoir formulé la deuxième topique qui donne toute sa place au surmoi, Freud reprend cette question des foules et du moi dans leur dialecti-

développés à partir de cette autorité primitive (à la seule réserve du matriarcat). » Freud S., *L'Interprétation des rêves*, Paris, PUF, 1973, p. 192, note.

4. « C'est pour autant que la malédiction secrète du Grand Homme, qui n'a lui-même son pouvoir que de résonner sur le fond du meurtre inaugural de l'humanité, que s'accomplit… la rédemption chrétienne. Seule cette tradition poursuit jusqu'à son terme l'œuvre de révéler ce dont il s'agit dans le crime primitif de la loi primordiale. » Lacan J., *Le séminaire, livre VII*, « L'Éthique de la psychanalyse », Paris, Le Seuil, 1986, p. 205-206.

5. « Une telle foule primaire est une somme d'individus, qui ont mis un seul et même objet à la place de leur idéal du moi et se sont en conséquence, dans leur moi, identifiés les uns aux autres. » Freud S., « Psychologie des foules et analyse du Moi », in *Essais de psychanalyse*, Paris, Petite bibliothèque Payot, 1981, p. 181.

6. *Ibid.*, p. 196.

que réciproque. Il part du mécanisme de l'identification qui régit la vie psychique pour aborder des masses très structurées [7]. C'est le capitonnage des mécanismes identificatoires par le chef qui permet de produire le lien social nouveau constitutif des foules organisées. L'Église et l'Armée, organisations éponymes, restent des foules et leurs chefs sont homologues au meneur des foules simples [8].

Pourtant, ce père comme fondement, on a essayé, tout au long du XXe siècle, de s'en passer. D'abord dans des expériences communautaires, dès les années vingt, puis dans des expériences en Russie, dans les années trente, celles de Anton Makarenko [9] par exemple. Il y eut ensuite les kibboutz. Puis vinrent les utopies communautaires des années soixante, américaines et européennes. Le bilan de ces expériences se solde par un échec, dans la mesure où elles restent des expériences. Pourtant, nous avons maintenant affaire à une nouvelle figure du désir d'être père, à des nouveaux modèles. Ils renouvellent les fictions juridiques de la paternité et donnent du travail à ceux qui sont chargés de faire les lois. Cela déplace les vieux idéaux.

Ce n'est pas seulement le droit, mais également la science qui veut redéfinir la fonction du père. La science propose de réduire le père réel au sperme, ce qui permet l'alliance entre le marché global et la science. Cette alliance fait du sperme substitué au père un objet d'échange comme les autres. Les équipes de l'université de Newcastle ont réussi à faire naître des souris à partir de sperme prélevé avant différenciation sur des cellules séminales. « Nés sans père ! » titre *La Repubblica* [10]. En France, on en reste au donneur anonyme, à l'égalité devant l'inconnu. Aux États-Unis, on stocke le sperme, on le vend comme n'importe quel objet du marché. Il est classé dans des banques selon les critères les plus variés. Il suffit de payer un peu plus cher pour avoir le sperme d'un prix Nobel ou d'un beau jeune homme. C'est selon le goût [11]. Il y a même des clubs de femmes qui se réunissent pour échanger leurs expériences sur leurs différents

7. « À l'opposé de la procédure habituelle, notre investigation ne choisira pas comme point de départ une formation en foule relativement simple, mais au contraire elle partira des foules hautement organisées, durables et artificielles. Les exemples les plus intéressants de telles formations sont l'Église, la communauté des croyants, et l'Armée, la foule militaire. » *Ibid.*
8. « Nous avons déjà vu lors de la discussion sur les deux masses artificielles, l'Église et l'Armée, qu'elles présupposent que tous soient aimés d'une manière égale par un seul, le meneur. [...] Tous les individus doivent être égaux entre eux, mais tous veulent être dominés par un seul [...] telle est la situation que nous trouvons effectivement réalisée dans la masse viable. » *Ibid.*, p. 60.
9. Les travaux de Makarenko ont eu en France un écho particulier. Louis Aragon pouvait qualifier « son poème pédagogique, histoire d'une colonie d'enfants criminels et vagabonds, [comme] "un des plus poignants documents que l'humanité aura produits" ».
10. Franceschini E., « Nati senza padre, rivoluzione in laboratorio », *La Repubblica*, 12 juillet 2006.
11. Lire là-dessus l'article « Cercasi 401 disperatamente » de *La Stampa* du 13 juillet 2006 où Marina Verna, correspondante à Berlin du journal, raconte la fortune du « donneur 401 »

rapports avec les banques de spermes. Elles évaluent, comme sur *Amazon.com*, la qualité du service, les vérifications faites et la fraîcheur du produit. Cela convient très bien aux jeunes femmes pressées qui n'ont plus le temps de tenir compte des complications de la vie commune avec les hommes et de leurs imperfections pour avoir un enfant. Comme pour toute chose, il y a maintenant un marché où chacune fait ses courses.

Au-delà de ces tentatives de se débarrasser du père et de son encombrant amour, et pour situer la véritable nature du sentiment amoureux, il faut traverser l'écran du père freudien à tout faire. La déconstruction lacanienne du père freudien se fait tout autrement. Elle procède d'abord par une répartition du père freudien selon les trois dimensions du réel, du symbolique et de l'imaginaire.

À la fin du séminaire « L'Éthique de la psychanalyse », Lacan commente à cet effet le mythe freudien de *Totem et Tabou*. Le mythe freudien suppose à l'origine un père totémique qui devient l'agent de la castration. Lorsque la menace de castration se produit, apparaît un sujet pris dans un nouveau rapport au père qui devient imaginaire. Imaginaire, dans ce contexte, veut dire que le père n'apparaît plus dans l'universel. Il devient le père qui a créé cet enfant-là, qui a créé cet enfant insuffisant que je suis.

> Ce « père réel et mythique ne s'efface-t-il pas au déclin de l'Œdipe derrière [...] le père imaginaire, le père qui l'a, lui le gosse, si mal foutu. N'est-ce pas autour de l'expérience de la privation que fait le petit enfant – non pas tant parce qu'il est petit que parce qu'il est homme – n'est-ce pas autour de ce qui est pour lui privation, que se fomente et se forge le deuil du père imaginaire ? – c'est-à-dire d'un père qui serait vraiment quelqu'un. Le reproche perpétuel qui naît alors, d'une façon plus ou moins définitive et bien formée selon les cas, reste fondamental dans la structure du sujet. Ce père imaginaire, c'est lui, et non pas le père réel, qui est le fondement de l'image providentielle de Dieu [12]. »

À partir de là, subsistent donc ensemble le père symbolique ou nom-du-père, père de l'amour, et le père imaginaire ou père de la haine et du reproche. La haine est à la fois haine de soi, haine de lui, pour m'avoir fait dans ma misérable particularité. Tout ce qu'il y a en moi de raté, tout ce que je hais de moi et de ce Dieu qui m'a fait, je vais passer ma vie à m'en séparer. Le kakon qui est en moi, et que je hais, je passerai ma vie, dans sa particularité, à vouloir m'en séparer. Cette séparation, cette expulsion hors corps de l'objet peut aller jusqu'à la mutilation.

De même le sacrifice d'Abraham, qui s'appelle dans la tradition juive *l'Akedah*, permet de passer du totem au père de la castration. Le moment où l'alliance entre

– d'origine allemande – de la « Fairfax Cryobank » américaine. Un mythe est en train de naître. Il est non seulement grand aux yeux bleus, mais il aime beaucoup sa mère.

12. Lacan J., *Le séminaire, livre VII*, « L'Éthique de la psychanalyse », Paris, Le Seuil, 1986, p. 355.

père et fils est définie situe d'abord un premier nom-du-père, le père totem. Le bélier de la tradition comme totem du père. Il est le « sperme » de la descendance d'Abraham. C'est d'abord lui qui est le nom divin. C'est le sacrifice lui-même qui fait passer du registre du nom totémique universel pour la descendance à un nom-du-père qui vient fonctionner de façon singulière. Le totem nomme une descendance par identification à un nom, descendance sans fin, animale, alors que le sacrifice d'Abraham suppose un nom qui ne se soutient que de l'efficace de son dire. Il se soutient dans la particularité d'une relation, l'efficace du dire de Dieu par l'intervention de l'ange. L'ange est le pouvoir de la parole elle-même, qui dit non à la lignée totémique idéale. En ce sens, dit Lacan, celui qui se retrouve sacrifié, c'est le père-totem. L'opération produit un reste, le bout de bélier qui subsiste, sa corne, qui se transformera en l'instrument rituel du *shofar*. C'est le reste de l'opération de substitution. La descendance d'Abraham n'a alors plus rien d'animal. C'est une descendance liée à un acte de parole, la transmission de la bénédiction, de la *baraka*, qui fait que le père transmet au fils l'efficace d'un dire, dans sa particularité.

Il faut dans cette alliance couper un bout de corps, il faut arracher quelque chose du corps, le mutiler. Ce bout rituel viendra recouvrir l'objet de la haine de soi, cet objet qui vient à la fois incarner ce dont je suis privé et l'excès de jouissance. L'opération religieuse de l'alliance elle-même va consister à voiler cet objet par la castration comme alliance, comme rite.

Il y aura d'un côté la fonction du père symbolique et l'opération réelle qu'il autorise.

LE PÈRE SAISI PAR LA FONCTION

Le double commentaire de Lacan met en valeur l'homomorphie du mythe freudien et de la tradition. Il nous introduit à l'opposition entre l'universel et la particularité. D'où la nécessité de reprendre le mythe à partir des logiques de la quantification. Dans le totémisme, le nom de totem définit un dieu. Tout père est bélier selon son totem. Avant *l'Akedah*, Abraham fait ainsi partie de la descendance du bélier. Tout père est Dieu en ce sens, s'il rejoint son identification totémique. Le paradoxe qui se propose à nous peut s'énoncer « Tout père est Dieu », à condition que dans son existence aucun père ne soit Dieu. Se vérifie que « Tout père est Dieu » à condition de vérifier l'inexistence d'un tel père. Dès que l'existence n'est pas mise entre parenthèses, l'objection du complexe de castration apparaît ainsi que le père imaginaire, qui n'a rien d'un dieu, puisque c'est l'être limité qui m'a mal fait. Lacan fait ainsi jouer l'opposition entre l'essence de la fonction, la fonction en tant qu'elle définit un tout, un *pour-tout*, et l'existence. Cette mise en tension des deux niveaux fait partie du projet radicalement antihégélien de Lacan, celui de refuser de réduire les existences particulières à une partie d'un tout. Ce projet s'énonce radicalement lors du séminaire « Introduction aux noms-du-père » : « Toute la dialectique hégélienne est faite pour combler cette faille, et montrer, dans une prestigieuse transmutation, comment l'universel peut arriver à se particulariser par la voie de la scansion de *l'Aufhebung* [13]. »

Ce desserrage à l'égard du tout vise à nous permettre de considérer la particularité de notre existence comme telle. Lacan poursuit cette approche lorsqu'il entreprend de définir le nom-du-père à partir d'une fonction. Le grand avantage d'une fonction est de ne pas définir un tout. Une fonction ne définit que son domaine d'application. Pour savoir ce qu'est la nature d'une fonction logique, inutile de la définir, comme dans la logique ancienne, à partir d'une essence. De plus, la logique moderne considère la question des ensembles infinis. Il suffit de prendre en compte des processus infinis pour que l'on ne puisse jamais définir totalement l'ensemble des cas de la fonction. Vous n'arriverez jamais au bout de son domaine d'application. La logique contemporaine explore à ce propos toute une série de paradoxes. La fonction n'est alors définissable que par les réalisations des variables qui constituent son développement. C'est un sens que nous pouvons donner au terme de « modèle » qu'utilise Lacan dans ce contexte. La fonction paternelle, nous ne la connaissons qu'à partir des modèles qu'elle réalise. Si être, c'est être la valeur d'une variable, être un père, c'est être l'un des modèles de réalisation, l'une des valeurs (a, b, c, d) de la fonction P (x). Donc dire : « le père en tant qu'agent de la castration ne peut être que le modèle de la fonction », c'est dire que l'accès que choisit Lacan à la question du père est celui du « un par un » de ceux qui sont devenus père. Pour définir un père, Lacan parle alors de *père-version*, de versions du père, une par une.

DU PÈRE DU SACRIFICE À LA PÈRE-VERSION

Le père qui définit l'amour n'est plus alors situable à partir d'un universel. Il faut en passer par les couples, un par un. Lacan en vient à redéfinir radicalement l'amour du père à partir du lien du couple.

« Un père n'a droit au respect, sinon à l'amour, que si le dit amour, le dit respect, est [...] père-versement orienté, c'est-à-dire fait d'une femme, objet a qui cause son désir. Mais ce qu'une femme en a-cueille ainsi n'a rien à voir dans la question. Ce dont elle s'occupe, c'est d'autres objets a, qui sont les enfants [14]. » Être père donc, c'est avoir eu la perversion particulière de s'attacher aux objets petits (a) d'une femme. Normalement l'homme s'attache aux objets petits (a) qui causent son désir à lui. Par exemple, le fétichiste a la perversion particulière de

13. Lacan J., « Introduction aux noms-du-père », *op. cit.*, p. 74.
14. Lacan J., *Le séminaire de Jacques Lacan*, texte établi par Jacques-Alain Miller, R.S.I., année 1974-1975, Séminaire du 14 janvier 1975. *Ornicar?* n° 3, p. 107.

s'attacher au phallus qui manque à la mère en le réalisant dans un fétiche particulier : chaussure, « brillant sur le nez », etc. Lacan définit le père à partir d'un fétichisme particulier. Ce n'est pas celui qui relie l'homme à sa mère, mais celui qui relie un homme à une femme. Il ne s'agit pas d'un objet qui n'est pas à sa place, qui ex-siste, mais d'un objet qu'une femme a produit. L'enfant est un objet (a) de la mère. En un sens, on peut parler du chiasme, d'un entrecroisement de la père-version et de la « perversion maternelle ». De cet objet (a), le père doit prendre un soin particulier que l'on dit paternel, à entendre au sens le plus large. C'est un soin que l'on peut définir en disant qu'il sépare l'enfant de la mère de la bonne manière. Celui qui fait ce choix est un père Lacan ajoute : « qu'il le veuille ou non », soulignant qu'il s'agit d'une décision d'un autre ordre que celui de la volonté. À occuper cette position, un père est un modèle de la fonction. Le réel en jeu c'est la façon dont une femme est la cause d'un désir. Ceci bien sûr, peut vouloir dire aussi cause de sa haine. Si l'on admet cette fonction générale on voit le changement de perspective. Le passage de l'universel au particulier s'énonce encore autrement. « L'athéisme c'est la maladie de la croyance en Dieu, croyance que Dieu n'intervient pas dans le monde. Dieu intervient tout le temps, par exemple sous la forme d'une femme [15]. » Ce n'est pas *La* femme qui donnerait accès à la jouissance suprême. C'est une femme à qui et avec qui s'est nouée une alliance particulière, qui fait que l'homme y croit. Il fait de cette femme un dieu qui agit dans le monde. Ainsi, s'il parlait de l'incarnation de la particularité de la jouissance en évoquant un certain usage de la « perversion », il peut aussi évoquer la particularité par la croyance en une femme. Il faut rapprocher cette idée d'une autre :

> « Une femme dans la vie de l'homme, c'est quelque chose à quoi il croit. Il croit qu'il y en a une, quelquefois deux ou trois, et c'est bien là l'intéressant – il ne peut pas ne croire qu'à une, il croit à une espèce... Mais on s'y aveugle. Ce la croire sert de bouchon à y croire, chose qui peut être très sérieusement mise en question. Croire qu'il y en a Une, Dieu sait où ça vous entraîne, ça vous entraîne jusqu'à croire qu'il y a *La*, croyance qui est fallacieuse [16]. »

La proposition sur la jouissance d'une femme reformule la thèse sur la jouissance perverse énoncée en 1964 dans le séminaire sur les noms-du-père :

> « C'est ici que prend sa valeur l'accent que j'ai permis de mettre sur la fonction de la perversion quant à sa relation au désir de l'Autre comme tel. C'est à savoir qu'elle représente la mise au pied du mur, la prise au pied de la lettre de la fonction du Père, de l'Être suprême. Le Dieu éternel pris au pied de la lettre, non pas de sa jouissance, toujours voilée et insondable, mais de son désir comme intéressé dans l'ordre du monde [17]. »

15. Lacan J., « Yale University 24 novembre 1975 : entretien avec les étudiants », in *Scilicet 6/7*, Paris, Le Seuil, 1976, p. 32.
16. Lacan J., « Séminaire RSI du 21 janvier 1975 », in *Ornicar ?* n° 4, p. 110.
17. Lacan J., *Des noms-du-père*, Paris, Le Seuil, janvier 2005, p. 89.

Lacan prend ainsi ses distances avec le père défini à partir de la famille, le père de famille. Le père est alors strictement situé à partir de la dimension de l'objet (a) [18].

À considérer seulement le point de vue de la particularité, sommes-nous délivrés du semblant que vient présenter le nom-du-père ? Si la fonction paternelle n'est définie qu'à partir de ses modèles, à partir de l'existence, comment sommes-nous sûrs qu'un modèle relève bien de la fonction ? La fonction au niveau du « pour tous » ne cesse pas pour autant d'exister. Ce qu'il s'agit de maintenir c'est l'écart entre l'existence et le « pour tous ». À partir de là se déduit une définition de la vertu paternelle, c'est une vertu que Lacan a défini de façon amusante comme « épater sa famille ». « Épater » ne veut pas dire « faire le héros ». Un père n'est pas dans la règle générale le héros de sa famille, on le sait bien, justement parce qu'il rencontre l'opération castration. « Épater » c'est à la fois produire une sorte d'admiration, faire de l'effet, mais c'est surtout, en jouant sur le terme *Pater* en latin, faire un pas de côté par rapport à l'idéal du *Pater Familias*. La vertu réside donc en ceci : qu'il se tient à distance de la croyance selon laquelle un père peut être « pour » tous. Il peut exister, bien sûr, des pères exceptionnels. Il faut leur réserver une place. Quoi qu'il en soit, l'exception paternelle se détermine par la mise en jeu de la jouissance dans une relation particulière avec une femme. L'amour viendra par surcroît. L'amour du père cesse de se définir à partir de la relation tragique du père et du fils. Il se définit entre fantasme et symptôme.

Le Banquet comme plaque tournante de la métaphore de l'amour

Sur le chemin de l'amour du père comme universel et l'amour du père défini par une version de la jouissance, la plaque tournante est la lecture que Lacan fait du texte fondateur sur l'amour qu'est *le Banquet* de Platon. Ce n'est plus la tragédie d'Œdipe dont il s'agit, mais du savoir sur le désir en jeu chez Socrate. C'est ce qu'a très bien repéré Juan-Pablo Lucchelli faisant de l'examen de la lecture par Lacan du dialogue de Platon le moment clef de ce livre. Lacan lit le dialogue dans une étrange actualité. Socrate anticipe sur la position de l'analyste. L'essentiel est cependant que l'examen de la question du transfert se fait à la fois de la place de l'analysant et de celle de l'analyste. Dans le dispositif analytique, la situation apparaît dissymétrique. C'est l'analysant qui est l'aimant et l'analyste l'aimé. La rectification qu'opère le dispositif analytique porte sur cette première bascule « si changement subjectif il y a dans une analyse, il se produit lorsque le sujet passe, mute, d'une position d'aimable (voir d'aimé) à une position d'aimant,

18. Lacan J., *Le séminaire, livre XVI*, « D'un Autre à l'autre (1968-1969) », Paris, Le Seuil, 2006, p. 293.

à qui il manque forcément quelque chose [19] ». Cette mutation est lue par Lacan comme analogue à une métaphore, au sens où il utilise ce terme, la « métaphore de l'amour ».

Juan-Pablo Lucchelli retient de cette première « métaphore de l'amour », mise en place par le transfert, qu'elle ne trouve pas d'emblée son objet. La « métaphore de l'amour », lorsqu'elle se produit fait de l'analysant un « désirant » . « c'est-à-dire qu'il lui manque quelque chose – quelque chose d'autre que ce qu'il pense désirer [20] ». Il met ainsi en exergue la question de Lacan : « N'est-ce pas pour nous occasion d'y voir s'isoler le pur biais du sujet comme rapport libre au signifiant, celui dont s'isole le désir de savoir comme désir de l'Autre [21]? » Lucchelli souligne ainsi que c'est à partir de cette construction que l'analyste vient à occuper la place de celui qui détient le savoir sur le désir inconscient de l'analysant. Il devient le « sujet supposé savoir ». Alors se produit une seconde bascule.

Il ne suffit pas, en effet, de s'arrêter sur cette première métaphore. Suivant les travaux de Jacques-Alain Miller [22], Juan-Pablo Lucchelli présente le fonctionnement de deux métaphores [23]. La première indique le passage de l'aimé à l'aimant, la seconde désigne le moment où Socrate le désirant devient le désiré, l'aimé. Socrate est aimé parce qu'il apparaît détenir le secret du désir, et donc le secret du désir de celui qui s'adresse à lui. « L'analysant était "aimable", aimé, et il devient désirant, aimant du savoir (supposé) de l'analyste [24]. » Et c'est cela qui permet à Socrate d'aller plus loin : il se refuse à être le désirable. En renvoyant Alcibiade à son désir à lui, en refusant de répondre à ses avances, il se place comme l'analyste, le fera plus tard, mais le fait *inconsciemment* [25]. « C'est là où va se situer la pertinence du "désir de l'analyste", comme étant un désir différent du désir hystérique [26]. »

C'est en ce point que se différencient la position de Socrate dans le dialogue platonicien et celle de l'analyste dans l'expérience du transfert. La dernière partie du livre développe la fonction du désir de l'analyste ainsi située. C'est ce qui permet à l'analyste de supporter la place du sujet supposé savoir la particularité du savoir inconscient de l'analysant comme condition de l'amour.

La clef de cette interrogation sur le désir de l'analyste c'est que lui, contrairement à Socrate, ce n'est pas « inconsciemment » qu'il se refuse à avoir été à

19. Lucchelli J.-P., *Le Transfert de Freud à Lacan*, p. 167.
20. Lacan J., « Proposition du 9 octobre 1967 », in *Autres Écrits*, Paris, Le Seuil, p. 251.
21. Lucchelli J.-P., *op. cit.*, p. 184.
22. Miller J.-A., « Les deux métaphores de l'amour », *Revue de l'École de la Cause freudienne*, Actes, n° 18, juin 1991, p. 219.
23. Lacan J., *Le séminaire, livre VIII*, « Le Transfert », Paris, Le Seuil, 2001, p. 189.
24. Lucchelli J.-P., *op. cit.*, p. 184.
25. Lacan J., *Le séminaire, livre VIII*, *idem*.
26. Lucchelli J.-P., *op. cit.*, p. 186.

quelque titre que ce soit le « désirable, ce qui est digne d'être aimé ». L'analyste est celui qui, au cours de son analyse, a expérimenté le deuil fondamental que recouvre la posture de l'analyste, la traversée du fantasme, le moment où lui est apparue radicale, la contingence de l'amour.

Pour en savoir plus, laissez vous entraîner dans la lecture de ce passage, de cette métaphore du transfert, de Freud à Lacan.

Éric Laurent
Président de l'Association Mondiale de Psychanalyse
12 novembre 2008

INTRODUCTION

Le transfert à l'époque du sujet de la science

Il y a, qu'on le veuille ou non, une donnée à intégrer : nous sommes à l'époque du sujet de la science [1]. Ceci signifie que nous ne pouvons plus continuer à faire comme si cela n'était pas le cas. La science instaure un savoir « non embrayé [2] », c'est-à-dire sans rapport à une énonciation, indépendant d'un sujet qui l'énonce. À partir de là, une question s'impose : quelle place pour le transfert, cette notion psychanalytique qui dépend étroitement d'une énonciation ? Mieux encore : comment le définir, par exemple, eu égard à ce que certains courants de la psychanalyse ont pu élaborer sous le nom de *contre-transfert*, soit la confirmation du fait qu'il s'agit, dans l'expérience psychanalytique, d'un rapport déterminé par des « subjectivités » ? En même temps qu'il y a un constat – « il y a le sujet de la science » –, nous voyons naître le corollaire qui lui est inhérent, nécessaire et déductible : nous sommes à l'époque technique du « contrat » et du règne des « subjectivités » solidaires d'une perspective démocratique et libérale [3]. Comment traiter donc du transfert compte tenu de ces coordonnées d'époque ? La perspective que nous adopterons dans notre recherche est solidaire du savoir moderne en ce sens : elle sera « anti-subjective ». Nous suivrons ainsi Freud et Lacan. En effet, Freud s'est aperçu très rapidement qu'il fallait que le psychanalyste soit comme le chirurgien, c'est-à-dire inscrit dans une démarche scientifique qui fasse abstraction de sa propre subjectivité, inscrit donc dans un savoir non embrayé. Nous pouvons ainsi affirmer que la position de Freud tient déjà compte du sujet de la science, condition de la naissance de la psychanalyse.

En ce qui concerne Lacan, on sait qu'il a pu affirmer que le sujet sur lequel opère la psychanalyse est le sujet de la science. À première vue, cet axiome semble contradictoire dès lors que l'on pense que la science est construite sur la forclusion du sujet sur lequel opère la psychanalyse ! Qu'est-ce que cela signi-

1. Au sens donné par Lacan dans « La Science et la vérité », in *Écrits*, Paris, Le Seuil, 1966.
2. Milner J.-C., *Le Juif de savoir*, Paris, Grasset, 2006.
3. Au sens de Richard Rorty, *Contingence, ironie et solidarité*, Paris, Armand Colin, 1993.

fie donc ? Cette « forclusion » signifie que, par exemple, si un scientifique qui est en train d'étudier une bactérie décède, il peut être tout de suite remplacé par un autre scientifique. Qu'est-ce que cela signifie encore sinon le fait que la « subjectivité » du scientifique ne compte pour rien dans le savoir élaboré autour de la bactérie en question – donc savoir non embrayé ? Voilà en quoi le savoir scientifique implique une forclusion du sujet. Mais en même temps, nous avons la première assertion « le sujet sur lequel opère la psychanalyse est le sujet de la science ». Le psychanalyste doit être comme le scientifique : lui aussi doit faire « abstraction » de son inconscient – *il doit faire comme si cela n'existait pas*. Un psychanalyste est quelqu'un qui ne sera pas encombré par son inconscient lorsqu'il fonctionne comme analyste. Voilà comment, à notre avis, les deux formules évoquées plus haut sont inévitablement imbriquées. Nous pouvons affirmer qu'il s'agit dans ces équations de mettre en valeur le registre symbolique, axe central de la première partie de l'enseignement de Jacques Lacan. Mais la question essentielle demeure : quelle place pour cette énonciation appelée « transfert » à l'époque du sujet de la science et du sujet du « contrat » ?

De Freud à Lacan

Nous allons traiter du transfert, concept fondamental de la psychanalyse, en explicitant ses lignes de forces qui commencent chez Freud et trouvent ses formes les plus achevées chez Lacan.

Pour Freud, le transfert est essentiellement une résistance à la cure analytique. En effet, depuis les *Études sur l'hystérie*, Freud décrit des phénomènes cliniques en rapport avec la personne de l'analyste qui font obstacle « au déroulement logique » du traitement. Le mot résistance apparaît pour la première fois dans la *Traumdeutung*, ce qui traduit toute interruption ou « court-circuitage » de la cure analytique. Dans ses différentes « analyses », Freud pourra constater l'apparition de phénomènes qui façonnent les cures, depuis le « cas Dora » jusqu'au cas connu comme « l'homme aux rats » : cela va de l'interruption prématurée du traitement au transfert dit « négatif », mais pas seulement. Nous allons explorer dans la première partie de notre travail le transfert à l'œuvre, dans les cas classiques de Freud. Le constat ne se fera pas tarder : Freud fait très rapidement équivaloir le transfert à l'Œdipe et, par là même, à la répétition : le patient répète en analyse ce qui a été vécu/raté pendant son enfance en rapport avec ses parents. Nous sommes là dans l'aire freudienne. Depuis lors, en psychanalyse, le transfert est lié à la répétition et la cure réduite à la résolution du conflit œdipien, moyennant quoi, il faudra naturellement « interpréter le transfert ». Mais il y en a plus : la cure ainsi conçue est composée, d'une part, d'un matériel historique (conflit œdipien) et d'autre part, d'une réédition actualisée (le transfert). Analyser sera déchiffrer l'actuel (le transfert, la répétition) à travers le passé (par l'interprétation). Interpréter le transfert sera ainsi une suite logique, entendons-nous : forcée. De là à l'analyse « interpersonnelle » il n'y aura qu'un pas.

Mais il y aura une autre suite, non moins logique : ainsi, Lacan, dans un article de 1953, intitulé « Intervention sur le transfert » avance une première définition : « Le transfert n'est rien de réel dans le sujet, sinon l'apparition, dans un moment de stagnation de la dialectique analytique, des modes permanents selon lesquels il constitue ses objets [4]. » Autant dire que, comme Freud, il lie, à cette époque, le transfert à la résistance et à la répétition. Nous consacrerons ainsi un chapitre au thème du transfert et la répétition. Il est vrai qu'il aborde le transfert relativement tard dans son enseignement. Le séminaire sur le transfert est le numéro huit (1960). C'est dans ce séminaire qu'il avance que l'antécédent historique du psychanalyste est Socrate. En quoi Socrate constitue-t-il un antécédent ? Dans le fait qu'il aurait su « manier » le transfert d'Alcibiade à son égard, mettant ainsi en lumière le désir, compris en tant que « désir d'autre chose ». C'est ainsi que Lacan en déduira le vrai « deuil » de l'analyste : il est appelé à incarner autre chose que le « service des biens » – en quoi la psychanalyse ne serait pas très *agalmatique*. La lecture du texte de Platon, *Le Banquet*, compte probablement comme une des contributions les plus originales de Lacan : nous allons l'étudier dans la deuxième partie de ce livre. Il fallait à Lacan, certes, une théorie solide (symbolique et non seulement imaginaire) de l'objet et du fantasme. Il lui fallait, bien entendu, une théorie du manque d'objet. Mais ce n'est pas tout. Une fois ces notions dégagées, le transfert commencera, chez Lacan, à être délié de la répétition. Si dans le texte de 1953, il identifie encore, comme les autres auteurs, le transfert à la répétition, c'est en 1964, dans le séminaire intitulé « Les Quatre concepts fondamentaux de la psychanalyse », que Lacan va séparer transfert et répétition. À partir de 1964, il déconnecte le transfert de la répétition et le « rebranche » à la pulsion : nous retrouverons ainsi les formules qui prônent une séparation entre l'idéal du moi et l'objet dit « a » qui iront dans ce sens. Lacan met ainsi en rapport le transfert et le *sujet supposé savoir* (1967), car c'est à partir de son fameux « algorithme du transfert », qu'il définit comme un « agalma de savoir », que le transfert apparaît comme le « commencement de l'analyse ». C'est parce qu'il y a une supposition de savoir qu'il y a transfert et donc qu'il y a analyse. Mais il va falloir encore un « quart de tour » à Lacan, pour comprendre que le savoir est aussi une jouissance, lié à la répétition, mais cette fois-ci non celle du fantasme (comme en 1953) mais celle de la répétition ratée de la pulsion. On rentre ainsi dans la théorie de « l'Autre qui n'existe pas », qui nous mènera à déduire que Lacan non seulement n'est pas solidaire du contre-transfert, mais qu'il est même « contre le transfert », si l'on

4. Lacan J., *Écrits*, Paris, Le Seuil, 1966, p. 225.

pense que le transfert se soutient de l'Autre, seul à faire consister la jouissance et le symptôme. Dans la dernière partie de notre travail, nous aborderons aussi la question délicate du transfert avec les patients dits psychotiques : un cas de psychose « sous transfert » sera traité, mais aussi notre propre pratique dans les institutions.

Pour revenir à la question du début, celle du rapport entre le transfert, la science et le contrat, nous pouvons affirmer que s'il y a un concept en psychanalyse qui résiste aux changements d'époque : c'est le transfert, dans la mesure où il consiste en un certain « réalisme ». Celui-ci implique aussi bien la pertinence d'un « modèle », le dispositif analytique, que le pari selon lequel il y a bel et bien un « réel », identifié par Lacan à la jouissance propre à l'être parlant, qui est à la base de tout lien social. Si la psychanalyse survit, c'est aussi parce qu'il y a encore quelqu'un qui vient rencontrer un analyste pour lui parler de ce qui lui manque.

Première partie

Le transfert à l'œuvre

Chapitre 1

QU'EST-CE QUE LE TRANSFERT [1] ?

« Pourquoi tant de colère contre un parfait inconnu ? » se demande Grace Kelly en 1953 dans un film de George Seaton intitulé *Une fille de la province*. C'est en cette même année 1953 que Lacan entame son séminaire portant sur « Les Écrits techniques » de Freud, un ensemble de textes traitant de la technique analytique.

En une courte phrase, c'est tout le phénomène du transfert qui se trouve évoqué. Cette petite remarque de Grace Kelly coïncide en effet avec une certaine conception du transfert – disons-le d'emblée : son versant émotif – qui renvoie au développement de sentiments vis-à-vis de quelqu'un qui n'y est, en principe, pour rien. Ainsi le transfert traduirait essentiellement un « affect », bien que comme nous le verrons par la suite, tout ne soit pas si simple, et que quelque chose d'autre détermine le transfert compris comme l'expression d'un affect.

Mais cette petite phrase « Pourquoi tant de colère contre un parfait inconnu ? » résume également tout ce que l'on place sous le fameux concept d'« ici et maintenant ». Cet « ici et maintenant » qui voudrait faire valoir que ce qui se noue dans le « tête à tête » de toute relation psychothérapeutique serait une relation immédiate, indépendante de tout autre chose qui pourrait la déterminer. Un « ici et maintenant » qui traduirait même une certaine « sincérité » de la relation thérapeutique : ce qui se passe « ici et maintenant » doit être vrai. Là aussi, nous verrons par la suite qu'il est difficile de se passer d'un « certain semblant », même, et surtout lorsqu'on évoque cet « ici et maintenant ».

On l'aura compris, il s'agit pour nous de cerner un concept fondamental de la psychanalyse : le transfert [2]. Ce terme de transfert désigne plusieurs choses : l'idée la plus répandue est que le transfert est le déplacement de représentations « subjectives » sur la personne du thérapeute. On dit bien du thérapeute, du

1. Nous suivons ici les chemins tracés par les premières séances du premier séminaire de Jacques Lacan : Lacan J., *Le séminaire, livre I*, « Les Écrits techniques de Freud », Paris, Le Seuil, 1975.
2. Lacan J., *Le séminaire*, « Les Quatre concepts fondamentaux de la psychanalyse », Paris, Le Seuil, 1966.

soignant même, et pas forcément du psychanalyste, puisque le transfert n'est pas quelque chose qui se produit seulement en analyse. En effet, le transfert peut se produire dans n'importe quel type de relation. Nous nous trouvons donc face à un phénomène assez universel dont il s'agira de préciser en quoi il peut être dit spécifique à la relation analytique. Lacan, dans un article de 1953, intitulé « Intervention sur le transfert » avance une première définition : « Le transfert n'est rien de réel dans le sujet, sinon l'apparition, dans un moment de stagnation de la dialectique analytique, des modes permanents selon lesquels il constitue ses objets [3]. » Notons d'emblée que cette définition va à l'encontre de la notion d'un « ici et maintenant », car indépendamment de l'interlocuteur, il y aurait cette machine qui se relance à des moments précis de l'histoire du sujet et qui constitue des « modes permanents ». Ainsi, par le transfert, le patient trouve chez certains interlocuteurs le lieu où des représentations « anciennes » sont actualisées. Ces représentations, actualisées sur la personne de l'analyste, concernent généralement les différents modes de relation que le sujet entretient avec ses différents « objets », ce qui se manifeste par différents types de comportements ou affects (par exemple, la colère).

Nous avons employé le terme de « sujet ». Mais c'est un concept qu'il nous faut considérer avec beaucoup de précaution : il est même le corrélat psychologique du « ici et maintenant » que nous essayons de bannir. En effet, il n'est pas sûr qu'il soit vraiment question ici de subjectivité. À tout le moins, les représentations qui viennent à être actualisées dans la personne du thérapeute ne correspondent pas au rapport « subjectif » que nous entretenons avec ce thérapeute. Ce qui revient à dire que la subjectivité vis-à-vis du thérapeute est plutôt déterminée – voire parasitée – par une série de représentations préalables à l'existence de cette relation (les « *modes permanents* » qu'a le sujet de constituer ses objets). Autrement dit, il n'y a pas d'intersubjectivité, pas de rapport direct du patient avec l'analyste, mais bien plutôt la mise en acte d'un mode de relation préalable à la relation thérapeutique elle-même.

La psychanalyse pose que ce n'est pas la subjectivité qui compte, mais la « sujetivité », si l'on peut inventer ce mot. C'est le sujet de l'inconscient qui compte, et non la personne avec sa « subjectivité ». Quelle est la différence ? La psychanalyse ne s'inscrit pas (ou ne devrait pas s'inscrire) dans une espèce de psychologie de la personne ou du moi. Elle avance qu'il y a une tension entre l'individu, la personne, le Moi, et le sujet, l'inconscient au sens freudien. Il y a, pour ainsi dire, entre l'individu (le Moi) et le sujet de l'inconscient deux plans hétérogènes qui se coupent. Celui-ci va à l'encontre de celui-là, il le dérange, comme on le voit dans les différents symptômes névrotiques, dans la mesure où il ne coïncide pas avec les exigences du Moi, avec les exigences des idéaux (narcissiques) du Moi.

3. *Écrits*, *op. cit.*, p. 225.

Si transfert il y a, c'est parce que je « transfère », malgré moi, sur la personne du thérapeute, des représentations qui étaient déjà là, en moi, avant de connaître ce thérapeute. Le fait que je répète dans le transfert veut dire que le thérapeute fonctionne comme un substitut : il n'y a donc pas de rapport direct et immédiat avec la personne. Ce rapport actuel est donc prédéterminé par quelque chose d'autre que ce qui est en train de se jouer, ce quelque chose d'autre que Freud appelle « l'Autre scène » – selon l'expression qu'il emprunte à Flechner. Cette « Autre scène » qui dérange le Moi.

***

La psychanalyse pose donc que l'inconscient est excentrique par rapport au narcissisme du Moi, au conte que je me raconte à moi-même et aux autres ; qu'il est contre la manière dont il me plaît d'être vu.

Mais revenons au « parfait inconnu » :

S --------------------→ autre (« parfait inconnu »)

Si Grace Kelly se demande pourquoi tant de colère contre ce parfait inconnu, c'est parce qu'il y a un décalage entre l'affect (la colère) et le visage qu'elle a en face d'elle – soit le parfait inconnu. L'hypothèse est que la « colère » correspond à une autre représentation (l'« Autre scène »), qui elle-même ne correspond pas à la pauvre personne du parfait inconnu (l'analyste). Le sujet qui habite la personne nommée Grace Kelly se manifeste avec cette question « pourquoi tant de colère ? » La personne Grace Kelly est interpellée, voire divisée par cette question, elle perd les pédales, en quelque sorte, peut-être jusqu'à l'angoisse.

Le « parfait inconnu », l'analyste, porte, qu'il le veuille ou non, un masque – celui du père, par exemple. Cela veut dire que ce n'est pas l'analyste lui-même qui est en jeu : il ne fait que porter le masque d'une autre représentation. Et c'est en tant que tel qu'il doit « entendre » cette manifestation, cette colère. La personne du thérapeute est ainsi dédoublée entre ce qu'elle est en tant que personne et ce qu'elle est appelée à incarner comme masque, pour le patient – soit cette autre représentation qui est invoquée – et qui se manifeste par la colère.

S --------------------→ autre = parfait inconnu / « Autre scène »

De telle sorte que si l'on déplie cette relation à l'autre, nous obtenons ce que Lacan appelle le « graphe L » :

S -------------------- a' (analyste) = masque

(patient) a --------------------→ Autre scène (le père)

C'est en raison de ce dédoublement que nous avons parlé du masque de l'analyste. Rappelons en passant, que le mot « personne » – cette pauvre personne individuelle qu'est l'analyste et qui doit accepter de se dédoubler entre ce qu'il est et ce qu'il représente pour le patient, – est en rapport avec le mot masque [4]. En effet, Mauss, en étudiant l'importance du masque dans le théâtre ancien, découvre que les masques portaient un trou destiné à faire entendre la voix de celui qui était derrière le masque : le masque servait à produire des sons, à « personare » la voix d'un masque, d'une « persona ». Il s'agit bel et bien de « per-sonare », ce qui indique que le masque pourrait n'être qu'un signifiant, déterminé par les « sons » de l'histoire du sujet. À ce propos, Lacan a pu parler aussi de « réson », suivant cette fois-ci Francis Ponge [5]. L'analyste doit accepter d'être cette « personne », doit savoir porter ce masque, mais sans oublier les résonances qui la mettent en place.

CE QU'APPORTE LA PSYCHANALYSE

Jusque-là c'était Grâce Kelly. Voici maintenant ce qu'apporte la psychanalyse : ce masque que le parfait inconnu porte est déterminé par des représentations inconscientes (des « résonances » inconscientes, si l'on veut).

(O) ------------------- a' (analyste) : rapport immédiat, spéculaire

patient = a ------------------→ Autre scène (Inc.)

(a ---→ a') : la colère.

TRANSFERT ET RÉSISTANCE

Si ce phénomène du transfert est si universel, que se passe-t-il dans la psychanalyse ? Dans l'expérience analytique, le transfert apparaît essentiellement lié à la remémoration, laquelle est la conséquence de l'application de la règle dite fondamentale. Quelle est cette règle ? « Dites tout ce que vous vient à la tête et ne censurez rien, même si cela vous paraît incorrect, immoral ou peu important. » Cette règle fondamentale doit en principe faire apparaître toute une série de représentations liées au conflit actuel et à l'histoire du sujet. Cette règle fondamentale est une manière d'inviter le patient à parler au-delà de son Moi. C'est à partir de cette série de représentations, souvenirs, etc. que la patiente pourrait se poser des questions, comme par exemple « Pourquoi tant de colère contre ma mère ? » – question que justement Grace Kelly ne se pose pas… et

4. Mauss M., « La persona », *Sociologie et anthropologie*, Paris, PUF, 1950.
5. Lacan J., *Écrits*, *op. cit.*, p. 322.

qu'elle pourrait se poser si elle était en analyse. Si nous gardons cet exemple, nous dirions qu'elle se pose la question par rapport à l'inconnu, là où il faudrait qu'elle le fasse par rapport à sa mère. C'est parce qu'elle ne le fait pas par rapport à sa mère qu'elle le fait face à l'inconnu. De cette manière, le transfert qu'elle fait sur le « parfait inconnu » (l'analyste, par exemple), se substitue au souvenir, à la représentation du conflit vis-à-vis de sa mère – conflit qu'elle aurait pu évoquer à travers l'association libre. On touche ainsi du doigt au premier sens du mot transfert, à la découverte par Freud du transfert : le transfert est une résistance à la cure analytique. C'est-à-dire qu'au lieu d'associer, de remémorer, le patient répète sur le thérapeute ce qu'il ne dit pas, et c'est en cela qu'il s'agit d'une résistance à la cure. Dès lors, puisqu'il s'agit de résistance, une question se doit d'être posée : le patient le fait-il exprès ? Est-ce son moi conscient qui résiste ? Nous revenons ainsi à cette tension qu'il y a entre l'individu et « ce qui lui arrive » – soit, ce qui ne va pas.

Lacan rappelle que c'est dans la *Traumdeutung*, (chapitre VII, première section) que Freud donne pour la première fois une définition de la résistance. Nous avons une phrase décisive dans laquelle, explique Lacan, Freud avance que « tout ce qui détruit, suspend, altère la continuation du travail analytique est une résistance [6] ». À cette phrase, Freud ajoute une note en bas de page où il discute le point suivant : « Si le père du patient meurt, est-ce une résistance ? », question à laquelle il répond de manière affirmative. Il est clair qu'il ne s'agit pas de dire : la résistance « inconsciente » du patient a fait que l'avion dans lequel voyageait le père tombe : la psychanalyse, malgré nos craintes, n'est pas la magie noire. Il s'agit d'une question de définition : *tout* ce qui altère, interrompt, détruit le travail analytique est une résistance. Alors qu'est-ce que le travail analytique ? Lacan est clair : c'est « la révélation de l'inconscient ».

Qu'est-ce qu'est la révélation de l'inconscient ? Tel patient peut vouloir être aimable avec nous, nous montrer ainsi qu'il est guéri, car il suppose qu'on veut cela de lui. Ainsi, un homme avec une grande capacité d'introspection – soit ce que l'on appelle un obsessionnel – et qui présentait une grande inhibition sexuelle, voulait nous montrer que maintenant il allait mieux. Il nous annonça un jour qu'il partait en vacances avec deux filles, dont une qui l'intéressait spécialement. Lors de son retour de vacances, il voulut nous faire part de ses exploits en se référant à cette deuxième fille qui l'intéressait spécialement : il s'est entendu dire, en référence à cette deuxième fille qui l'intéressait, « la troisième fille », sans s'attarder d'ailleurs sur ce qu'il était en train de dire : il est parti en voyage en tant que fille, raison pour laquelle il n'avait rien à perdre. Ainsi, l'exploit sexuel par lequel il veut nous contenter, « a – → a'», est traversé par le foudre « troisième fille », $ → A, vraie « révélation de l'inconscient ».

6. Lacan J., « Les Écrits techniques de Freud », *op. cit.*, p. 44.

Inversons la question : Si la résistance est la résistance à la « révélation » de l'inconscient, d'où vient cette résistance ? Il serait trop simple de dire que la résistance à la révélation de l'inconscient vient du moi ou de la conscience. Ce serait même un paradoxe : si c'est le moi conscient qui résiste à la révélation de l'inconscient, c'est que cette révélation n'est plus « inconsciente », autrement, on ne voit pas comment le moi ferait pour le savoir. Inversement, on peut objecter que c'est le « moi inconscient » qui résiste à la révélation de l'inconscient, mais dans ce cas ce ne serait plus un paradoxe, mais une tautologie, cela voudrait dire que « l'inconscient résiste à l'inconscient ». Autant dire donc que la résistance vient de l'inconscient. C'est la position de Freud et de Lacan [7].

Qu'est-ce qu'est donc la résistance ?

Déjà dans les *Études sur l'hystérie*, Freud montre qu'il y a un rapport étroit entre transfert et résistance [8]. Allons voir comment la notion de transfert est née chez Freud.

Tout commence en 1895, dans les *Études sur l'hystérie* : c'est la première fois que Freud parle de « transfert ». En psychanalyse, on a une tendance à célébrer le « transfert », à faire l'éloge du transfert, tout en oubliant que le transfert apparaît pour la première fois sous la plume de Freud, comme étant une résistance, un obstacle à la cure. Ainsi, dans les *Études sur l'hystérie*, le transfert apparaît comme une « fausse association », un mauvais fonctionnement de l'association libre : la résistance se produit lorsque « la malade craint de reporter sur la personne du médecin les représentations pénibles nées du contenu de l'analyse. C'est là un fait constant dans certaines analyses. Le transfert au médecin se réalise par une fausse association [9]. » Lorsque Freud évoque « les représentations pénibles nées du contenu de l'analyse », il indique ainsi qu'elles sont la conséquence directe de l'application de la règle fondamentale. Disons qu'elles sont pénibles nécessairement puisqu'elles sont liées à quelque chose de « conflictuel ». Ainsi ce sont ces représentations nées du procédé analytique, de l'association libre, qui sont à l'origine de la résistance. Et c'est là que va se situer le transfert, dans cette résistance. Le transfert est donc compris par Freud comme une « erreur » sur la personne que nous avons en face : l'analyste. C'est une erreur parce qu'on se trompe d'interlocuteur.

---

7. Même si, comme le souligne Lacan, Freud soutient dans son travail « La Dénégation » que la résistance provient du moi (« Les Écrits techniques »).
8. Nous suivons ici quelques chemins tracés par la première séance du cours de 1992 d'Éric Laurent, « Entre transfert et répétition », Université de Paris VIII, publié en espagnol : Laurent É., *Entre transferencia y repetición*, Buenos Aires, Atuel, 1993.
9. Freud S., *Études sur l'hystérie*, Paris, PUF, p. 245.

Mais que fait-on de cette erreur ? S'agit-il vraiment de la traiter comme une erreur ? Cette erreur est apparue à Freud pour la première fois dans un cas très précis :

> « Chez une de mes patientes, un certain symptôme hystérique tirait son origine du désir éprouvé longtemps auparavant, mais aussitôt rejeté dans l'inconscient, de voir l'homme avec qui elle avait conversé, la serrer affectueusement dans ses bras et lui soustraire un baiser. Or, il advient, à la fin d'une séance, qu'un désir semblable surgit chez la malade par rapport à ma personne ; elle en est épouvantée, passe une nuit blanche et, à la séance suivante où, cependant, elle ne refuse pas de se laisser traiter, le procédé reste entièrement inopérant [10]. »

Donc, la patiente ne refuse pas « consciemment » d'être traitée, elle est « compliante », si l'on veut, mais le procédé ne marche pas et la patiente avoue à Freud la pensée qu'elle a eue le concernant : « Après avoir appris de quelle difficulté il s'agissait et être parvenu à la surmonter, je puis reprendre le travail et voilà que le désir qui a tant effrayé la malade s'avère le plus proche des souvenirs pathogènes, celui même que faisait nécessairement prévoir l'enchaînement logique des faits [11]. » « L'enchaînement logique des faits » désigne la logique de la cure, l'ensemble d'énoncés, de représentations propres à l'analyse de cette patiente qui vient d'être interrompue par le transfert – obstacle à ce déroulement logique, à cet enchaînement logique de l'association libre. Elle ne se souvient pas du souvenir pathogène, de la représentation, pénible pour elle, où elle s'est vue embrasser un homme qu'elle avait connu. Souvenir qui était en fait, à l'origine de ses symptômes. Une interruption du procédé se produit au niveau de la chaîne associative – elle ne parle pas de ce désir concernant l'homme interdit – par contre, ce qui s'interpose, c'est l'idée de « tomber dans les bras de Freud ». L'explication de Freud est la suivante :

> « le contenu du désir avait surgi dans le conscient de la malade, mais sans être accompagné du souvenir des circonstances accessoires capables de situer ce désir dans le passé (la chaîne associative). Le désir actuel se trouva rattaché, par une compulsion associative, à ma personne évidemment passée au premier plan des préoccupations de la malade. Dans cette *mésalliance* – à laquelle je donne le nom de faux rapport – l'affect qui entre en jeu est identique à celui qui avait jadis incité ma patiente à repousser un désir interdit [12] ».

Dans le décalage entre le « désir inconscient » et le « désir actuel » se situe la question du « pourquoi ? ».

---

10. *Ibid.*
11. *Ibid.*
12. *Études sur l'hystérie, op. cit.*, p. 246.

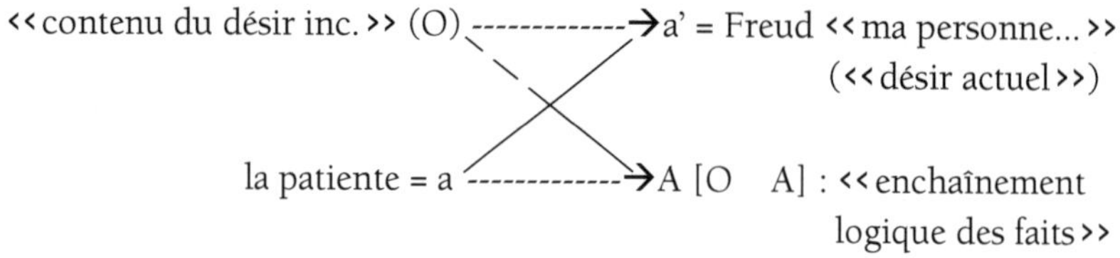

De cette manière, l'enchaînement logique de la cure ((O) – → A) est court-circuité par l'idée d'embrasser Freud. Ce n'est plus la colère contre l'inconnu, mais l'amour pour l'inconnu. Nous voyons d'ores et déjà que cette dislocation entre l'affect et la représentation concerne aussi bien la colère (la haine) que l'amour (embrasser Freud). Mais revenons à la question du rapport étroit qu'il y a entre transfert et « noyau pathogène ». Dans un texte technique très connu, « La Dynamique du transfert » (1912), Freud revient sur le rapport évident qu'il y a entre transfert et résistance ; nous citons ce paragraphe qui a été repris par Lacan dans son séminaire sur les «Les Écrits techniques de Freud [13] » :

> « Étudions un complexe pathogène, parfois très apparent et parfois presque imperceptible, depuis sa manifestation dans le conscient jusque dans ses racines dans l'inconscient, nous parvenons bientôt dans une région où la résistance se fait si nettement sentir que l'association qui surgit alors en porte la marque et nous apparaît comme un *compromis* entre les exigences de cette résistance et celles du travail d'investigation. L'expérience montre que c'est ici que surgit le transfert [14]. »

Ainsi, une fois de plus, nous constatons que la résistance provient de l'inconscient, pas du moi, et que cette résistance se transforme en « transfert ». Cela ne vient pas du moi, c'est-à-dire qu'il ne s'agit pas d'une résistance consciente contre la manifestation d'un conflit contre le thérapeute, comme le voudrait une version de la résistance assez répandue. Et Freud de conclure : « Lorsque quelque chose, parmi les éléments du complexe, est susceptible de se reporter sur la personne du médecin, le transfert a lieu [...] et se manifeste sous la forme d'une résistance, d'un arrêt des associations, par exemple [...] Un fait de ce genre se produit un nombre incalculable de fois au cours d'une analyse [15]. »

*****

Dans son séminaire sur « Les Écrits techniques », Lacan rappelle que cette « résistance » qui apparaît lorsqu'on approche le noyau du refoulé est la conséquence directe de l'association libre. Le dispositif analytique permet d'approcher le noyau pathogène, mais au fur et à mesure que l'on s'en approche par les associations libres, la résistance se manifeste. Si nous avançons que le progrès

---

13. « Les Écrits techniques », *op. cit.*, p. 50.
14. Freud S., *La Technique psychanalytique*, Paris, PUF, p. 55 (nous soulignons).
15. *Ibid.*

d'une analyse dépend de la révélation de l'inconscient – révélation produite à travers les rêves, souvenirs, associations libres, mots clés déterminants dans l'histoire du sujet, lapsus, symptômes – le transfert compris comme résistance à cette révélation de l'inconscient constitue un obstacle à la cure. C'est un point qui mérite d'être souligné parce que l'on pense trop souvent que le transfert, compris comme l'attachement (ou le rejet) à la personne de l'analyste est une bonne chose, qu'il faut que cela se produise, qu'on est là pour cela… et que c'est cela qu'il faudrait interpréter. Au contraire, Freud est très prudent sur ce point, il nous dit : n'allons pas si vite.

Pour Freud, surtout au début, le transfert était un vrai problème. Et il serait bon que nous nous disions, pour commencer, la même chose – ne serait-ce que pour ne pas banaliser ce « rapport » au thérapeute. Et pourquoi cela ? Parce que l'attachement ou le rejet de la personne de l'analyste n'est qu'un masque. Mais il y a plus. Notre hypothèse est qu'il ne saurait en être autrement : ce masque est inévitable. C'est du « vrai semblant ». Mais ce n'est pas pour autant que cette relation devrait passer au premier plan de la cure ! Voyons comment Freud nous explique que l'attachement ou le rejet (soit : le transfert) de la personne de l'analyste ne doive pas nous faire croire que tout le problème serait là :

> « Il ne faudrait pas conclure cependant à une importance pathogénique particulièrement grande de l'élément choisi en vue d'une résistance de transfert [Axe : a – → a']. Quand, au cours d'une bataille, les combattants se disputent avec acharnement la possession de quelque petit clocher ou de quelque ferme, n'en déduisons pas que cette église est un sanctuaire national ni que cette ferme abrite les trésors de l'armée. La valeur des lieux peut n'être que tactique et n'exister que pour ce seul combat [16]. »

C'est-à-dire qu'à aucun moment il ne faut considérer ce « transfert » sur l'analyste comme le centre de l'analyse et/ou de nos interprétations. La question n'est pas là, elle est ailleurs. Le transfert doit nous servir uniquement pour comprendre que quelque chose se joue, mais « ailleurs », pas dans l'« ici et maintenant » : on évite ainsi la « folie à deux ».

Le transfert est ainsi un obstacle nécessaire comme Freud nous le rappelle dans *L'Interprétation des rêves* : « La représentation inconsciente ne peut, en tant que telle, pénétrer dans le préconscient que si elle s'allie à quelque représentation sans importance qui s'y trouvait déjà [exemple : l'analyste], à laquelle elle transfère son intensité et qui lui sert de couverture – c'est là le phénomène du transfert [17]. » Ainsi, le transfert est d'abord un transfert de « représentation ». Et il en va du transfert comme des ambassadeurs : si nous avons l'ambassadeur, le représentant de la France, cela ne veut pas dire qu'il est la France – au contraire :

16. Freud S. *La Technique psychanalytique*, *op. cit.* p. 55, n.1. ; repris par Lacan dans « Les Écrits techniques », *op. cit.*, p. 52.
17. Freud S., *La Science des rêves*, Paris, PUF, p. 478-479.

il parle au nom de la France parce que la France n'est pas là. La fonction de l'analyste ne consiste donc pas à se prendre pour quelqu'un et croire qu'il est le centre de la question – sa fonction est, bien au contraire, de montrer que « le conflit est ailleurs » et pas dans le moment passionnel avec l'analyste. Rester dans le « ici et maintenant » (par exemple, la colère de Grace Kelly) signifie rester dans ce que l'on appelle « l'interprétation des résistances »,... avec l'idée que, finalement, tout ce qui se passe dans une analyse se réduit uniquement à la relation immédiate et symétrique de ces deux qui sont là : le patient, l'analyste. L'idée fondamentale de Freud, c'est qu'il ne faut pas laisser au premier plan, tel qu'il s'exprime, ce conflit avec l'analyste : on évite ainsi de renforcer la résistance.

Lacan, quant à lui, il a toujours souligné que « la résistance est la résistance de l'analyste » – que c'est à lui de ne pas « en rajouter », de ne pas renforcer la résistance avec ce que l'on appelle « l'interprétation du transfert ». Qu'est-ce que cette interprétation du transfert ? La patiente arrive en retard, par exemple, et on lui dit « Vous êtes arrivé en retard pour que je vous punisse. » Si la résistance est la résistance à la révélation de l'inconscient – de telle sorte que l'inconscient (ses représentations, ses énoncés) restent au deuxième plan, alors qu'ils devraient occuper le premier plan – la fonction de l'analyste est de *ramener* [18] à la chaîne associative tout ce qui se produit dans le transfert. Il faut « entendre » ces représentations (le contenu du désir inconscient) et non la résistance elle-même, le « ici et maintenant ».

La question « Pourquoi tant de colère contre un parfait inconnu ? » renferme une foule de secrets. Pour tout dire, une rencontre a bien lieu : il y aura un bien un baiser avec le parfait inconnu... Il est clair qu'une analyse ne doit pas finir ainsi, mais ce n'est pas pour autant qu'elle n'a rien à voir avec la chair. Par contre, il faut que l'analyse puisse aider celui qui souffre à sortir de la répétition – que l'analyse puisse apporter « du nouveau » – sans quoi l'analyse ne serait que la perpétuation du symptôme. Le transfert est transfert d'autre chose – c'est cette « autre chose » que nous allons étudier dans les chapitres suivants.

18. On pourrait suivre comme un fil rouge les occurrences du mot « ramener », lorsqu'il s'agit du transfert, dans les séminaires de Lacan. Il est un des noms de la « manœuvre du transfert ».

Chapitre 2

DE LA RÉSISTANCE AU COMPROMIS

Le chapitre précédent nous a amenés à traiter de la question du transfert dans son rapport étroit avec la résistance. Il s'agit là de la première forme de transfert décrite par Freud : le transfert y était conçu comme une résistance au progrès de la cure, autrement dit au dévoilement de l'inconscient. Nous avons dit qu'il y a bel et bien deux axes de nature différente, comme on peut le montrer à partir du « graphe L ».

Freud, en 1912, dans son texte « La Dynamique du transfert », ne voyait plus le transfert comme une résistance, mais comme un compromis entre deux types de désirs de nature différente, corrélatifs aux deux axes du graphe L. De cette manière, le transfert passe d'un axe à l'autre, il passe de l'axe a → a', résistance imaginaire, à l'axe a → A, registre symbolique à travers lequel se dévoile l'inconscient freudien.

En ce qui concerne la première version du transfert des *Études sur l'hystérie* (le transfert comme résistance), nous avons évoqué le cas de la patiente hystérique qui, tout en ne refusant pas de suivre la cure avec Freud, « n'avance » pas dans le processus analytique en raison d'un transfert qu'elle fait sur Freud. La patiente, au lieu de se remémorer un souvenir qui était à l'origine de ses symptômes, a une pensée analogue au souvenir, mais concernant Freud. Il s'agit d'un transfert amoureux, ce que Freud appellera par la suite « amour de transfert ». Mais revenons sur l'explication que nous donne Freud sur ce phénomène particulier qu'est la résistance : « le contenu du désir avait surgi dans le conscient de la malade, mais sans être accompagné du souvenir des circonstances accessoires capables de situer ce désir dans le passé (la chaîne associative). Le désir actuel se trouva rattaché, par une compulsion associative, à ma personne évidemment passée au premier plan des préoccupations de la malade [1] ». Nous suggérions que c'est dans ce décalage entre ces deux désirs différents, que devrait se situer la question qui permettrait de faire avancer la cure, ce que la phrase « pourquoi tant de colère contre un parfait inconnu ? » résume fort bien.

1. *Études sur l'hystérie, op. cit.*, p. 245.

Nous avions appliqué sur le « graphe L » ces deux désirs décrits par Freud :

<< contenu du désir inc. >> (O) -------------→ a' = Freud << ma personne... >>
(<< désir actuel >>)

la patiente = a -------------→ A [O -→A] : << enchaînement logique des faits >>

De cette manière, l'enchaînement logique de la cure ((O) -→ A) est court-circuité par l'idée d'embrasser Freud. Ce décalage entre deux désirs de nature différente est présent chez Freud dès le début de son œuvre [2]. Mais c'est surtout dans *L'Interprétation des rêves* que Freud introduit ce double désir comme deux pièces nécessaires à l'engrenage de son « appareil psychique ». En effet, selon Freud, pour qu'un rêve se produise il faut deux désirs : l'un actuel et l'autre inconscient. Le désir actuel, rattaché aux « restes diurnes », est le masque du désir inconscient. Freud écrira que le désir inconscient est comme le capitaliste, qui a de l'argent mais n'a pas d'idées, tandis que le désir actuel est comme l'entrepreneur, qui a beaucoup d'idées, mais n'a pas d'argent. Il faut donc les deux désirs pour que l'entreprise du rêve puisse fonctionner.

Si nous revenons à la question qui nous intéresse, le transfert conçu comme résistance, nous verrons que le masque est nécessaire pour que le désir inconscient puisse apparaître sous une forme déguisée. La thèse de Freud consiste à soutenir que n'importe quelle formation de l'inconscient (rêves, lapsus, actes manqués, symptômes) n'est rien d'autre que le masque d'un désir inconscient. Autant dire donc que le refoulement, ce que Lacan appelle la « castration symbolique », condamne toute représentation inconsciente au masque, au semblant. Dans le cas cité de la patiente qui a l'idée d'embrasser Freud, nous avançons l'hypothèse qu'il y a un rapport immédiat à Freud, a – a', qui n'est qu'un court-circuit, une fermeture, par rapport à l'ouverture qui aurait dû opérer au niveau de $ -- A, par l'intermédiaire de l'association libre. Il y a donc ces deux plans qu'il faut savoir bien différencier : l'idée de Lacan est qu'on ne comprend rien à la psychanalyse si l'on ne tient pas compte de cette différence. Tout transfert apparaît ainsi comme un masque et, pour donner un exemple, le fait qu'on répète sur l'analyste le même rapport qu'on a eu avec le père, montre bien que le premier venu peut très bien faire l'affaire et porter le masque du père. Mais s'agit-il vraiment du « premier venu » ? Nous sommes là dans la caricature. Il est clair qu'il ne s'agit pas de prendre l'analyste pour le père comme si on l'avait devant soi. Toute la question est là : on ne répète pas n'importe quoi. Ce que

2. Nous pourrions déjà nous référer à « L'Esquisse », *La Naissance de la psychanalyse*, Paris, PUF.

l'on répète est quelque chose de raté, par définition, dans la relation avec le père – quelque chose d'obscur. Le cas de l'homme aux rats, que nous allons étudier plus loin, montre comment le patient prend Freud pour son père : mais ce dont il est question n'est pas la personne du pauvre père sous-officier plus ou moins malheureux, par ailleurs déjà décédé à l'époque de l'analyse (même si l'identification du sujet à ce père est un élément essentiel du cas). Le patient répète avec Freud un « vécu » qui n'en est pas un – un vécu fantasmatique où un père le pousse dans le symptôme, le pousse à jouir de son symptôme. Il s'agit d'un père fantasmatique, incarné pour l'homme aux rats par la figure d'un dénommé « capitaine cruel » – à tel point qu'à certains moments de la cure, le sujet appellera Freud « Mon capitaine [3] ».

Une objection pourrait nous être faite : « si le patient nous prend pour son père, on n'a qu'à lui dire qu'on n'est pas son père ! » Mais quel serait l'inconvénient ? Il est clair qu'il s'agirait là d'une intervention « cognitivo – comportementale »... qui consisterait à renvoyer le patient à la réalité : évidemment, on n'est pas son père. L'inconvénient est que ce faisant on méconnaît profondément le fait que la psychanalyse traite avec le discours du patient et non pas avec la réalité – réalité qui, pour la psychanalyse, est faite, construite, par ce même discours. Ceci est connu même des « cognitivistes », au point qu'une de ses principales figures, John Searle, a pu écrire un livre intitulé *La Construction de la réalité sociale* [4], où il explique que nous vivons dans un monde artificiel, construit par la fiction des liens sociaux et du langage. Donc, l'idée d'expliquer au patient qu'on n'est pas son père n'est pas seulement naïve et non-psychanalytique – et plutôt « cognitiviste », mais de plus, ce serait d'une grande malhonnêteté. Un cognitiviste renvoie le patient « à la réalité », mais en attendant, il ne lui demande pas d'associer librement...

***

Depuis 1912, Freud écrit différents textes qui sont assemblés en français sous le titre *La Technique psychanalytique*. C'est à cette époque que la réalité de la cure analytique s'impose à Freud.

En quoi consistent ces « écrits techniques » de Freud ? : « La Dynamique du transfert » (1912), « Conseils aux médecins sur le traitement analytique » (1912), « Le Début du traitement » (1913), « Remémoration, répétition et perlaboration » (1914) et encore « Observations sur l'amour de transfert » (1915). Dans le texte intitulé « Remémoration, répétition et perlaboration », Freud commence par rappeler les antécédents historiques immédiats de la technique analytique, à savoir l'hypnose : « Les buts que l'on cherchait alors à atteindre, à l'aide de

3. Freud S., « Remarques sur un cas de névrose obsessionnelle », *Cinq psychanalyses*, Paris, PUF, 1954.
4. Searle J., *La Construction de la réalité sociale*, Paris, Gallimard, 1998.

l'hypnose, étaient le rappel du souvenir et l'abréaction [5]. » Il s'agit de récupérer des souvenirs « pathogènes » en ceci qu'ils seraient à l'origine du symptôme. De cette manière, la psychanalyse a pu être confondue avec la recherche d'un aveu. Ce qui fera dire à Foucault, dans le volume de son *Histoire de la sexualité*, consacré à « La Volonté de savoir », que c'est dans cette recherche de l'aveu que la psychanalyse se place très aisément dans le contexte historique qui était le sien. Voilà ce à quoi se réduit la découverte freudienne pour Foucault : d'une part, Freud a découvert le rôle étiologique de la sexualité dans la névrose – et ceci n'était pas une découverte du tout car tout le monde en parlait à l'époque, même Charcot – en ce sens, Freud ne serait qu'un fils de son temps ; d'autre part, il y a ce que Foucault appelle « l'hypothèse répressive », à savoir qu'il y a toujours un « refoulement », et que ce refoulement est essentiellement sexuel, de telle sorte qu'il faut que le patient avoue le souvenir sexuel pour obtenir sa guérison. En ceci, toujours selon Foucault, la psychanalyse ne se différencierait pas de n'importe quelle autre « psychologie de l'aveu [6] ».

Foucault méconnaît la question du « dévoilement de l'inconscient », qui appartient au seul axe « $ -- A », et réduit ainsi, la psychanalyse au seul premier plan « a – a'». Appliqué à la question du transfert, cela voudrait dire que la patiente doit avouer qu'elle a eu l'idée d'embrasser Freud. Voilà tout. Mais est-ce bien cela que la psychanalyse ? Les praticiens qui veulent nourrir la dimension du « Ici et maintenant » dans la cure – c'est-à-dire ceux pour qui la cure se réduit à ce qui se passe entre l'analyste et son patient dans ce qu'on appelle le transfert le plus immédiat – restent, comme le dit Foucault, dans la « psychologie de l'aveu ». C'est pour cette raison que Serge Cottet écrit :

> « Il faut bien dire qu'à cette époque [*Études sur l'hystérie*, 1895], la cure analytique est calquée sur l'interrogatoire ; mais celui-ci a finalement peu de rapport avec l'interrogatoire policier, puisque le patient [...] est invité à dire non seulement ce qu'il sait, mais aussi et surtout ce qu'il ne sait pas. C'est sans doute cette supposition de savoir faite à l'autre qui définit le mieux la relation de Freud à l'hystérique [7]. »

Lacan a pu ainsi parler du « sujet supposé savoir [8] ». Il est clair que la supposition de savoir n'est pas seulement faite à l'autre (l'autre doit avouer, doit dire ce qu'il pense, etc.), la supposition d'un savoir est faite à l'inconscient – c'est « l'hypothèse de l'inconscient ». On suppose que dans ce que le patient dit, il y a un savoir sur son symptôme (c'est la raison pour laquelle le « souvenir », comme l'association sont essentiels). Mais cette supposition de savoir ne tient

5. *La Technique psychanalytique*, Paris, PUF, p. 105.
6. Foucault M., *L'Histoire de la sexualité*, tome I, « La Volonté de savoir », Paris, Gallimard, 1976, p. 87-88.
7. Cottet S., *Freud et le désir du psychanalyste*, Paris, Le Seuil, 1996, p. 30.
8. Lacan J., « La Proposition du 9 octobre », in *Autres Écrits*, Paris, Le Seuil, 2001.

qu'à partir du moment où nous avons un patient qui accepte la règle fondamentale. Car le patient, lui, ne sait rien – c'est son « inconscient » qui sait, pas lui : la supposition de savoir apparaît en rapport avec l'analyste, seulement dans la mesure où celui-ci permet de faire exister l'inconscient.

***

À partir du moment où la « supposition » du savoir vise, non la personne (le patient), mais l'inconscient (le sujet), nous sommes dans une autre réalité que Freud appelle « réalité psychique ». Cette réalité implique pour Freud de ne plus chercher le souvenir réel, « ce qui s'est passé », mais de travailler à partir du matériel produit grâce aux associations libres. Freud laisse ainsi tomber la « vérité matérielle » pour donner place à une « vérité textuelle » – en d'autres termes ce que le patient produit comme texte, récit, matériel inconscient.

Freud, poursuit sa réflexion dans « Remémoration, répétition et perlaboration » : « La recherche des faits ayant provoqué la névrose [...] fut poursuivie, alors que l'abréaction se trouva délaissée. Elle parut être remplacée par l'effort qu'impose à l'analysé l'obligation de s'abstenir de toute critique à l'égard de ses associations, en obéissant à la loi fondamentale [9]. » Ceci n'est tout de même pas rien, car on demande au patient de ne rien penser... de ne rien penser sur ce qui lui vient à l'esprit. Freud invite le patient à « associer librement », ce qui veut dire que le patient ne doit pas mettre les bâtons dans les roues. Il n'est pas là pour dire ce qu'il pense, mais pour associer, pour ajouter à une série de mots une autre série des mots. Rappelons à cet égard ce que suggère Freud à « Elisabeth von R... » lorsque celle-ci prétend que l'idée qui surgit dans son esprit n'est peut-être pas la bonne : selon Freud, ce jugement n'est pas de son ressort, elle doit se limiter à associer [10]. C'est pour cela que, en psychanalyse, la pensée est une activité, contrairement à la psychologie pour qui elle est une faculté mentale. Par exemple, un patient « pense » lorsqu'il se demande quelle carrière suivre : psychologie ou médecine. Suivre des études en médecine, comme son père, reviendrait à faire les choses comme lui... alors que le patient s'intéresse plutôt à quelque chose de plus « humaniste » – justement pour ne pas suivre la voie paternelle, le métier du père... ce même métier du père grâce auquel il peut se payer ses études... pour ne pas être comme lui. Quelle voie choisir ? Ou alors cette patiente qui « pense » qu'il faut avoir un diplôme avant d'avoir un enfant, pour ne pas rester à la maison une fois que l'enfant sera là... en dépendant d'un autre. Mais, dans le même temps, elle « pense » que ce serait mieux d'avoir un enfant d'abord, pour être sûre d'avoir au moins quelque chose, etc. Tout ceci est de la pensée : et nous voyons à quel point il s'agit d'une activité faite pour tourner en rond. Les névrosés ne pensent pas, ils tournent en rond : autrement ils seraient tous des « penseurs ».

9. *La Technique psychanalytique*, *op. cit.*, p. 105.
10. Freud S., *Études sur l'hystérie*, *op. cit.*, p. 122.

Revenons aux souvenirs. Freud découvre que les faits racontés, surtout par les hystériques, ne sont pas réels. « Je ne crois plus à ma nevrotica » écrira-t-il dans une lettre à Fliess. À partir de là, Freud va s'occuper non des faits dont le patient devrait se souvenir, mais plutôt du discours du patient, de la manière dont il reconstruit son histoire. Bref : les souvenirs vont dépendre du respect de la règle fondamentale. Le corollaire de ce revirement sera ce que Freud va appeler le « souvenir-écran ». C'est-à-dire des souvenirs qui ne sont apparemment pas réels, mais qui ont certainement une part de vérité. Ainsi, un souvenir pourrait être « inexact » – non, la patiente n'a pas été séduite par son oncle –, mais en même temps il pourrait être « vrai » – ce souvenir, même inexact, nous parle d'une vérité, à savoir le fait « d'entrer dans la sexualité » par une séduction à l'âge de 5 ans. Ceci nous parle bien d'un type de structure : la structure hystérique, où le sujet croit n'y être pour rien dans sa sexualité. Le « négatif » du souvenir traumatique est un fantasme : cette patiente racontait qu'elle faisait l'amour en imaginant qu'elle était une autre femme, qu'une autre femme était à sa place ; c'est ainsi qu'elle arrivait à l'orgasme, pas autrement. Ainsi le névrosé est malade non à cause du traumatisme ou du viol (les traumas), mais à cause d'une fiction, de quelque chose qu'il s'est créé lui-même. Freud écrit à ce sujet : « Dans certains cas, j'ai eu l'impression que cette amnésie infantile si connue et dont l'importance théorique nous apparaît si grande se trouve totalement contrebalancée par ces souvenirs-écrans. Ces derniers contiennent non seulement quelques éléments essentiels de la vie infantile, mais encore tout l'essentiel. » Bref : à partir du moment où la cure réactualise et modifie la position subjective du patient envers sa propre histoire, on peut dire que tout souvenir devient plus ou moins un souvenir-écran, c'est-à-dire modifié par le dispositif analytique lui-même. Tout souvenir est plus ou moins modifié, remanié, altéré par la relation thérapeutique et l'association libre, qui actualisent et mettent en jeu cette autre scène fantasmatique.

De la résistance au compromis : de l'Imaginaire au Symbolique

Dans l'article « Remémoration, répétition et perlaboration », Freud nous parle d'un autre élément qui vient court-circuiter la chaîne associative : le patient répète dans la cure ce dont il ne se souvient pas. Là on peut dire que nous sommes vraiment proches de la question du transfert. Voyons ce qu'écrit Freud : « Prenons un exemple : l'analysé ne dit pas qu'il se rappelle avoir été insolent et insoumis à l'égard de l'autorité parentale, mais il se comporte de cette façon à l'égard de l'analyste [11]. » Ainsi, le transfert apparaît bel et bien comme un compromis entre ce qui est refoulé – et qui ne peut accéder en tant que tel à la

11. *La Technique psychanalytique, op. cit.*, p. 108.

cure –, et ce qui se manifeste de ce refoulement. C'est la raison pour laquelle le graphe L a une ligne pointillée et une autre continue : la ligne pointillée est la partie du discours qui reste non articulée, en réserve – ce qui ne peut être dit, le non-dit inhérent à tout discours.

Dans son séminaire sur les «Les Écrits techniques », Lacan rappelle que cette « résistance » qui apparaît lorsqu'on approche le noyau du refoulé est la conséquence directe de l'association libre. C'est le dispositif analytique lui-même qui produit l'approche du noyau pathogène. La résistance vient du discours, de l'association libre, de son rapprochement du refoulé. Mais comment se manifeste ce compromis entre ce qui se dévoile de l'inconscient et ce qui s'enchaîne à la personne de l'analyste sous la forme du masque que nous avons déjà évoquée, et qui pourrait se muer en résistance ? S'agit-il toujours de l'amour ou de la haine développée vis-à-vis du thérapeute ? Il y a différentes manières de « dévoiler l'inconscient » à travers le compromis entre ce qui est refoulé à jamais et ce qui se manifeste dans la relation analytique. Cela n'a rien à voir avec la communication directe entre deux personnes. Lacan reprend un exemple cité par Freud afin d'illustrer cela. Il s'agit d'une patiente qui vient voir Freud, et qui a lu son texte sur « Le Mot d'esprit et son rapport avec l'inconscient ». Elle trouve tout cela intéressant, énigmatique, mais en même temps cela lui semble peut-être peu sérieux. Cette dame vient voir Freud et lui dit ce qu'elle pense de son œuvre, en termes plutôt admiratifs. Elle lui raconte aussi un rêve qu'elle a fait, un très long rêve où il se passe beaucoup des choses, mais où apparaît aussi un mot qui semble être déconnecté du reste : le mot « canal ». Elle ne sait pas de quoi il s'agit et Freud non plus. On comprend par là pourquoi Freud soutient dans *L'Interprétation des rêves*, que « l'inconscient n'est pas le rêve ». Encore une fois : l'inconscient est ce que le patient dit de son rêve et plus particulièrement ce qu'il ne sait pas, ce qui cloche, ce qui semble être un petit détail déconnecté du reste… l'incertitude, le doute. Pour reprendre le commentaire de Lacan : « Parce que le sujet doute, on doit être sûr [12]. » Ceci ne veut naturellement pas dire que nous devions devenir des canailles, c'est-à-dire de remplir l'ignorance du patient avec une autre ignorance qui aurait l'air d'un savoir – ou pire : d'une vérité ; ce que Lacan veut dire c'est que lorsque le sujet doute, nous sommes sûrs qu'il y a de l'inconscient. Plus encore : lorsque le sujet doute, nous sommes sûrs qu'il a une certitude, et que c'est cette certitude qui nourrit le doute. Comme Descartes, lorsque le sujet doute, nous savons qu'il faut mettre entre parenthèses tout ce qu'il sait (et tout ce que nous savons), car c'est de ce « vide » qui naît le savoir inconscient. Ainsi, l'inconscient n'est pas le rêve (à la limite, ce que le patient a écrit pendant la nuit, afin de ne pas oublier son rêve), mais bien plutôt le sujet produit par le doute, soit ce que l'on appelle l'énonciation. Nous

12. « Les Écrits techniques », *op. cit.*, p. 56.

en sommes restés au mot « canal », au fait que la patiente ne comprend pas, ne sait pas ce que ce détail veut dire. Dans l'exemple du mot « canal », nous verrons que ce n'est pas « l'aveu » que cherche Freud. Donc la patiente raconte ce rêve, avec ce mot « canal », et c'est tout. Elle s'en va. La séance suivante, elle raconte à Freud une petite anecdote : il s'agit d'un « mot d'esprit » – alors que le livre que la patiente avait lu était le livre de Freud sur le mot d'esprit. « Witz, lapsus calculé », dira Lacan. Deux hommes traversent la Manche en bateau, l'un est Français et l'autre Anglais. L'Anglais cite un dicton très connu qui dit « Du sublime au ridicule il n'y a qu'un pas. » Et le Français, sympathique, lui répond : « Oui, le Pas de Calais. » Or, dit Freud, le Pas de Calais c'est le « Canal de la Manche ». Voilà le mot « canal » qui relie ce mot d'esprit au rêve. Évidemment, Freud voit bien la chose, car il ajoute : « L'idée qui est venue à ma malade prouve que, derrière l'admiration excessive qu'elle me témoigne, se cache du scepticisme ; c'est à cause de sa résistance que l'idée est apparue si timidement, et que l'élément de rêve correspondant a été si peu précis : la résistance est le fond commun des deux [13]. » On voit là que Freud perçoit ces formations de l'inconscient (rêve et mot d'esprit) comme étant en rapport avec sa personne, et il n'hésite pas à évoquer la résistance ; mais ce qu'il faut aussi comprendre c'est que la personne de Freud, en tant qu'incarnant un « supposé savoir inconscient » (le livre sur le mot d'esprit, etc.) est à l'origine du dévoilement du fonctionnement discursif de la patiente. Lacan le dit clairement dans son séminaire :

> « On retrouve donc le canal, et du même coup quoi ? Faites bien attention, car ça a la même fonction que le surgissement de la présence de l'analyste au moment des résistances. La malade sceptique a débattu longuement auparavant du mérite de la théorie de Freud sur le mot d'esprit. Après sa discussion, au moment où son discours hésite et ne sait plus où aller, le même phénomène exactement apparaît [...] *la résistance se présente par le bout transférentiel. Du sublime au ridicule il n'y a qu'un pas* – voilà où le rêve s'accroche à l'auditeur, car ça, c'est pour Freud [14]. »

Lacan soutiendra par la suite que le transfert est un moment de « fermeture » de l'inconscient. Le mot « canal » apparaît comme une fermeture de l'inconscient, comme un transfert concernant Freud (a → a') : il ne s'agit pas d'interpréter cette fermeture. Par contre, il faut le mot d'esprit et l'interprétation de Freud qui ne fait que recouvrir le fait que le mot d'esprit est déjà une interprétation, pour relancer la dialectique analytique. Ainsi, la présence de Freud a pour effet de « freiner » le dévoilement de l'inconscient, mais elle permet de relancer la machine, de faire parler l'inconscient de la malade. Prenons l'exemple d'une patiente qui montre une tendance à discréditer les hommes qui incarnent une certaine autorité, – par exemple les médecins, ce qui est un élément clé chez l'hystérique – à montrer à celui qui incarne le maître qu'il est tout à fait

13. Freud S., *L'Interprétation des rêves*, Paris, PUF, 1967, p. 440, n. 2.
14. « Les Écrits techniques », *op. cit.*, p. 57.

impuissant quant à sa propre souffrance à elle, l'hystérique. Il s'agirait dans ce cas de « se prononcer » sur ce transfert de la patiente, mais seulement à partir du moment où nous avons le mot d'esprit (par exemple, « du sublime au ridicule il n'y a qu'un pas ») ou une autre formation de l'inconscient comme manifestation de l'axe symbolique de la cure.

L'analyste et Socrate

Ainsi, l'analyste fera comme Socrate. Lacan dans son séminaire sur le transfert dit que s'il y a un antécédent historique à l'analyste – c'est certainement Socrate. Dans un dialogue de Platon intitulé *Le Banquet* [15], Socrate est amené à utiliser un procédé « maïeutique » comme dit Platon. C'était l'époque de l'amour grec, homosexuel. Un des personnages, Agathon, donne un dîner (un banquet) où, parmi d'autres, Socrate a été invité. Ce banquet devient l'occasion d'une véritable joute où chacun des personnages devra faire « l'éloge de l'amour ». Il faut savoir que ces gens-là n'avaient rien à faire de leur journée – c'était l'époque où l'on disposait de tout le temps nécessaire pour parler d'amour –, faire l'amour en revanche était tout à fait secondaire. Au milieu du banquet, le nommé Alcibiade arrive, complètement ivre. Il tente de séduire Socrate, en faisant l'éloge du maître. Vers la fin de son discours, il commet une espèce de lapsus... il parle d'Agathon, qui est un beau jeune homme. Et Socrate lui dit : tu t'es trahi... tu ne veux pas de moi, malgré cet éloge, mais tu veux séduire Agathon. L'idée de Lacan est que le maniement du transfert doit être similaire. Ce n'est pas moi (l'analyste) le problème... c'est l'autre, ce que vous venez de dire concernant votre père, etc. Ceci n'a rien à voir avec l'idée selon laquelle il faudrait dire au patient « je ne suis pas votre père ». Au contraire, on accepte le jeu du transfert, mais en renvoyant la balle là d'où elle vient : à la structure même du discours de l'analysant, à son énonciation. Comme chez la patiente de Freud qui s'imagine en train d'embrasser son analyste : Freud aurait pu lui dire « ce n'est pas moi, c'est le souvenir que vous avez oublié », etc., et faire ainsi comme Socrate. Ainsi, nous privilégions l'axe symbolique $ → A (le souvenir oublié ; Agathon), chaque fois que l'axe imaginaire a → a' surgit (entre la patiente et Freud ; entre Alcibiade et Socrate).

« L'envoyer chez les femmes »

Nous voudrions évoquer ici le cas d'un patient, d'un homme homosexuel, qui vient nous voir parce qu'il est en train de quitter une relation très stable qu'il a depuis huit ans avec un homme. Il quitte son ami pour commencer à sortir

15. Platon, *Le Banquet*.

avec un autre homme. En fait, il vient nous voir « à cause » de ce dernier, car c'est un partenaire qui le fait beaucoup souffrir. Notre patient a eu beaucoup de partenaires : des hommes qui lui ressemblaient beaucoup physiquement (condition érotique de choix d'objet) et avec lesquels il avait des pratiques sexuelles très précises et toujours les mêmes : la fellation, pratique à laquelle il était fort accroché, et qui finissait à la longue par l'ennuyer. Cette monotonie s'installait tôt ou tard dans toutes ses relations, de telle sorte qu'elles se terminaient, selon ses mots, par « mort naturelle ».

Or, ce n'est pas du tout le cas avec son nouveau partenaire, un homme très efféminé qui ne lui ressemble pas physiquement et qui est, de ce fait, différent de tous les autres hommes qu'il a connus auparavant. De plus, avec son nouveau partenaire, il ressent un grand plaisir sexuel qui est, selon ses dires, inépuisable. Au niveau des pratiques sexuelles, les choses n'ont au fond pas énormément changé, et pendant tout un premier temps il ne pourra rien dire de précis si ce n'est que c'est un plaisir « très intense ».

À quelques reprises, il nous a pourtant confié ceci : son amant a l'habitude de l'embrasser autour du cou, ce qui produit en lui un plaisir difficilement exprimable. Un jour, il nous dira que cette pratique commence notamment après l'orgasme, qu'il qualifie comme une espèce de plaisir préliminaire qui n'est pas généralement accompagné d'une éjaculation. Mais il y en a plus : son partenaire l'angoisse énormément, notamment parce qu'il veut avoir des rapports sexuels par pénétration (active ou passive) et généralement sans préservatif – ceci est quelque chose d'inédit, car il a connu très peu cette pratique. Notre patient sait aussi que cet homme fréquente un autre homme qui se trouve être « séropositif ». Ceci l'angoisse beaucoup et l'amène à faire de multiples analyses de sang afin de vérifier s'il est infecté par le virus. Son nouvel ami le fait beaucoup souffrir : il joue avec lui à rien de moins que lui transmettre l'HIV (ce patient a toujours des doutes concernant une éventuelle « séropositivité » de cet homme). Cet homme joue avec lui – notre patient s'angoisse, souffre beaucoup, etc. Cela dit, ce patient n'a jamais consenti à avoir de rapports sexuels sans préservatif, dans n'importe quel type de pratique sexuel. Il dit avoir peur de la mort et la maladie.

Ce patient nous parle beaucoup de son père : pour tout dire, il voit son père comme quelqu'un d'équivoque – peut être homosexuel. À première vue, ceci semble peu probable. Par ailleurs, ce père le poussait, pendant son adolescence, à avoir des rapports sexuels avec des prostituées – pour qu'il devienne un homme ! Alors que se passe-t-il ? Après 6 ou 7 mois d'entretiens en raison de deux fois par semaine, il décide à un moment donné de quitter son nouvel ami. Il arrive à une séance pour m'annoncer cela, mais en même temps il voudrait savoir pour quoi, lors de notre dernière séance, nous avions insisté sur une certaine attitude qu'il avait envers les femmes… Qu'est-ce que vous me voulez ? – nous avions seulement remarqué que les femmes ne lui étaient pas indifférentes. Il était plutôt gêné.

Ce qui semble intéressant c'est qu'il accepte de quitter son nouvel ami, avec qui il éprouvait un grand plaisir, mais il n'accepterait surtout pas que l'analyste veuille faire de lui un « hétérosexuel », comme le voulait le père. Ainsi, il nous mettait à la place du père, qui voulait l'envoyer du côté des femmes… avec le sens équivoque que cela suppose… « l'envoyer chez les femmes ».

Il paraît clair qu'il ne s'agissait pas « d'interpréter le transfert », et lui dire « vous nous prenez pour votre père », etc. (ce qui n'est pas faux, d'ailleurs). On ne voulait pas se placer là où il voulait nous placer, car on risquerait d'occuper cette place équivoque du père : d'une part, « interdicteur » quant à sa jouissance homosexuelle, mais aussi est surtout, on risquerait d'occuper la place du père jouisseur, peut être homosexuel ? – qui incarne déjà l'ami pervers. La preuve étant qu'en allant voir les prostitués, on peut être infecté par l'HIV. Pendant tout un premier temps, l'ami était à la place du père jouisseur. Nous-mêmes, nous incarnions ce dédoublement de la figure paternelle qui semble essentielle à la compréhension de ce cas.

« Interpréter le transfert » (« Vous nous prenez pour votre père ») aurait été d'une certaine manière réduire la cure à un « face à face », peut-être l'angoisser davantage et s'opposer ainsi au déroulement « logique » de la cure (« déroulement logiques des faits », écrit Freud dans *les Études sur l'hystérie* la première fois où il évoque un « phénomène transférentiel »).

Tout de suite après cette séance où nous refusons d'interpréter « Vous me prenez pour votre père », aura lieu une séance où il rapporte un rêve où nous étions nous-mêmes habillés en noir, masqué, et en nous disposons à faire avec lui une séance d'analyse qui consistait en ceci : on devait le sodomiser. Après avoir raconté ce rêve, le patient ajoute « Je crois que je ne viendrai plus, j'en ai plus besoin. » Il a fallu, bien entendu, intervenir par un « pourquoi vous m'habillez en noir ? » Il comprend donc que ce serait à son copain pervers de s'habiller en noir. En même temps, il est clair qu'il fait de son analyste un homosexuel – même s'il a pris la précaution de nous masquer. Il nous semble que cette première phase du transfert, où il y a tout de même une certaine agressivité, a consisté à dénouer la chose de la manière suivante : si nous nous confondions avec le père (et, lui, le patient, voulait nous confondre), nous aurions peut-être incarné le bon père… celui qui voudrait le guérir, l'envoyer chez les femmes pour qu'il devienne un homme. En refusant cette place-là, on laisse émerger le revers de la médaille, beaucoup moins sympathique, le visage (masqué) du père jouisseur qui veut le sodomiser et que, pour l'instant, incarnait son ami – qui d'ailleurs, on le rappelle, voulait le pénétrer « sans préservatif ».

Après cette séance avec ce rêve « de transfert », il y aura une séance où il nous annonce qu'il revoyait son nouvel ami. Mais, heureusement, ce n'est pas tout : le patient fait un autre rêve où, à notre sens, la stagnation imaginaire de ce moment transférentiel se dénoue « symboliquement » – c'est-à-dire comme il faut. Il y a un enterrement auquel il est invité, mais finalement il comprend qu'il s'agit plutôt d'un mariage – à quoi on a été obligé de lui « signifier » ceci : il est clair qu'en revenant avec votre ami, vous êtes en train d'épouser la mort. Résultat : soudaine clarté, remerciements pour cette interprétation, etc. Bref : transfert dit « positif », c'est-à-dire remis en place du « sujet supposé savoir [16] ».

La présence de l'analyste

Dans les chapitres précédents, nous avons vu comment le transfert, qui avait commencé par être une « résistance », devenait aussi un « compromis » dans la cure analytique, car il était le visage du désir inconscient actualisé par l'analyse. Lacan soutient que quelque chose d'essentiel définit ce transfert, quelque chose qui se trouve lié à ce qu'il a appelé « la présence de l'analyste ». De cette manière, et c'est ce qu'introduit Lacan notamment à partir du séminaire XI, l'analyste n'est pas seulement un « sujet supposé savoir », censé dévoiler l'inconscient : il est aussi un « sujet supposé désir ». Ce désir n'a absolument rien à voir avec ce que l'individu désire – c'est même parfois tout à fait l'opposé. Ce désir est un désir inconscient, que le sujet ne connaît pas. Ce « sujet supposé désir » veut dire que l'analyste est aussi ce personnage masqué et habillé en noir que nous avons évoqué auparavant.

Freud abandonne donc sa conception du transfert comme résistance, pour avancer sur l'idée du transfert conçu comme « compromis ». On retrouve ces changements dans deux articles intitulés « La Dynamique du transfert » et « Observations sur l'amour de transfert ».

« La Dynamique du transfert »

Dans ce texte, nous voyons que Freud tout en n'abandonnant pas l'idée du transfert comme résistance, propose de considérer le transfert comme un moment, un passage obligé de la cure analytique. On peut lire ce fameux paragraphe que nous citons à nouveau :

> « Étudions un complexe pathogène, parfois très apparent et parfois presque imperceptible, depuis sa manifestation dans le conscient jusque dans ses racines dans l'inconscient, nous parvenons bientôt dans une région où la résistance se fait si nettement sentir que l'association qui surgit en porte la marque et nous apparaît comme un *compromis* entre les exigences de cette résistance et celles du travail d'investigation. L'expérience montre que c'est ici que surgit le transfert. Lorsque quelque chose, parmi les éléments du complexe (dans le contenu de

16. Voir plus loin.

celui-ci), est susceptible de se reporter sur la personne du médecin, le transfert a lieu, fournit l'idée suivante et se manifeste sous la forme d'une résistance, d'un arrêt des associations [17]. »

Comme l'indique É. Laurent, nous n'avons pas : $\frac{S1 \rightarrow S2}{\$}$, mais

nous avons : $\frac{S1 \rightarrow x}{s\,(S1, S2\ldots)}$ [18]

C'est là où la représentation, au lieu d'introduire un autre signifiant, fait un saut : et passe à la personne du médecin (« x »). L'analyste est à la place d'un signifiant qui manque. Freud continue par ces mots : « Un fait de ce genre se produit un nombre incalculable de fois au cours d'une psychanalyse [19]. » Ceci indique suffisamment que cette « résistance » est un phénomène qui devient un des passages obligés de la cure. Freud finit ce paragraphe par ces mots :

> «...mais n'oublions pas que ce sont justement ces phénomènes-là qui nous rendent le service le plus précieux, en nous permettant de mettre en lumière les émois amoureux, secrets et oubliés des patients et en conférant à ces émois un caractère d'actualité [« le désir actuel »]. Enfin, rappelons-nous que nul ne peut être tué in absentia ou in effigie [20] ».

Le transfert est défini ici comme le moteur de la cure. Il n'en reste pas moins qu'il peut devenir un obstacle à la chaîne associative. Le transfert, même sous cette forme de « résistance », devient finalement quelque chose de nécessaire pour la cure analytique dans la mesure où elle lui donne un visage actuel. Ceci nous renvoie, une fois de plus, à la dialectique freudienne du désir actuel et du désir refoulé (« l'entrepreneur et le capitaliste »). C'est pour cela que Freud ajoute cette phrase célèbre « nul ne peut être tué in absentia ou in effigie », c'est-à-dire qu'il faut une présence (celle de l'analyste) pour que la chaîne associative puisse fonctionner. C'est grâce à cette présence que se produit la résistance, mais c'est aussi grâce à elle que la cure continue. En fait, Lacan corrige les choses concernant cette présence. La psychanalyse des années 1950 avait vu cela de la manière suivante : il faut la présence de l'analyste – par la suite, et par définition, toute production « inconsciente » se manifestera dans le rapport transférentiel lui-même. Lorsque Lacan traite de la notion de présence de l'analyste, il s'attarde sur une idée très répandue, idée qui trouve des échos même aujourd'hui, selon laquelle lorsque le patient reste en silence, c'est qu'il pense à

17. *La Technique analytique, op. cit.*, p. 55 (nous soulignons).
18. Laurent É., *op. cit.*, p. 26.
19. *La Technique analytique, op. cit.*, p. 55, repris par Lacan dans « Les Écrits techniques », *op. cit.*, p. 51.
20. *La Technique analytique, op. cit.*, p. 60, repris par Lacan dans « Les Écrits techniques », *op. cit.*, p. 52.

l'analyste. Même plus : si le patient ne dit rien – c'est qu'il résiste. Et s'il résiste, c'est qu'il y a du transfert au sens d'une résistance. Et vu que toute résistance est liée à l'analyste... tout silence est dû à la présence de l'analyste. L'idée, avancée par Freud, selon laquelle s'il y a un silence, c'est que le patient pense à l'analyste, est répétée sans cesse par les non-lacaniens. Et il n'est pas rare d'entendre des interventions du genre : le patient ne dit rien (ce qui arrive souvent), et l'analyste dira « certainement que vous pensez à moi », etc. Alors que Lacan va justement à l'encontre de cette idée : il dira qu'avec ce type de propos on ne fait que renforcer la résistance ! Lacan ira même jusqu'à dire que « la seule résistance est la résistance de l'analyste » – c'est même cela qu'il désignera sous la notion de « contre-transfert ». C'est à l'analyste de ne pas mettre les bâtons dans les roues de l'association libre et de la logique de la cure. Et comment faire pour ne pas renforcer la résistance ? En ne ramenant pas les dires du patient à la relation duelle, au tête à tête de la relation thérapeutique.

Lacan va donner une autre version de la présence, nécessaire, de l'analyste (« nul ne peut être vaincu *in absentia* ou *in effigie* ») : la présence dont il est question est une présence beaucoup plus inquiétante finalement que le simple visage de l'analyste qui véhicule de vieilles amours. C'est la présence, incarnée par l'analyste, de l'autre scène dont nous avons déjà parlé – celle qui présentifie « ce qui résiste », ce que Lacan appelait le « silence des pulsions ». Un patient (ce même patient qui nous habillera en noir et nous fera porter un masque) disait, pendant tout un temps, qu'il ne pouvait pas se souvenir du visage de l'analyste lorsqu'il était hors séance. C'est cette présence-là que l'analyste incarne. C'est ce manque de visage que l'analyste rend présent.

« Observations sur l'amour de transfert »

L'autre texte important est celui de 1915, intitulé « Observations sur l'amour de transfert ». Ce texte est essentiel, car il traite de l'importance des affects dans l'expérience analytique et de leur maniement. Mais ce qui est inédit, c'est le fait que Freud évoque un type de lien social nouveau, créé par la psychanalyse. Il ne s'agit pas de l'amour médical (entendons-le sous la forme de la charité thérapeutique, par exemple), et encore moins de l'empathie. Il ne s'agit pas forcément non plus de l'amour charnel... Mais suivons Freud dans le texte :

> « Lorsqu'une patiente vient à s'éprendre de son médecin, celui-ci pense qu'il n'y a que deux solutions possibles, l'une, plus rare, où les circonstances permettent l'union durable et légitime des deux intéressés, l'autre, plus fréquente, suivant laquelle le médecin et la patiente se séparent et abandonnent la tâche entreprise qui aurait dû amener la guérison [...] Prenons le deuxième cas, celui où médecin et patiente se séparent après que la patiente s'est amourachée du médecin ; le traitement est abandonné. Mais bientôt l'état de la malade va nécessiter une

seconde tentative de cure analytique chez un autre médecin. On constatera bientôt que la patiente s'est à nouveau éprise de cet analyste, puis après de son successeur, et ainsi de suite [21]. »

Nous avons ainsi deux solutions vouées à l'échec. En lisant ce paragraphe, nous pouvons penser que Freud conserve encore la notion selon laquelle le transfert constitue « une erreur sur la personne » de l'analyste : le patient se trompe d'interlocuteur. L'idée de Freud serait que, si le patient aime l'analyste, c'est qu'il retrouve quelque chose chez l'analyste qu'il connaissait déjà. Bref, l'on en revient toujours aux vieilles amours : « N'oublions pas que tout individu [...] possède une manière d'être personnelle, déterminée, de vivre sa vie amoureuse [...] on obtient ainsi une sorte de cliché qui, au cours de l'existence, se répète plusieurs fois [22]. » Ce que nous dit Freud dans ce paragraphe est que l'axe de l'amour (le « cliché ») est déterminé par l'inconscient, par des coordonnées symboliques qui, précisément, préexistent à la rencontre avec le nouvel objet (l'analyste). Il s'agit là d'une version amoureuse du transfert et, même, d'une version œdipienne :

> « Le rôle que joue la résistance dans l'amour de transfert est indéniable et très considérable. Toutefois ce n'est pas la résistance qui a créé cet amour; elle le trouve déjà installé, l'exploite et en aggrave les manifestations. L'authenticité du phénomène n'est pas non plus entamée par la résistance. Il est exact que cet état amoureux n'est qu'une réédition de faits anciens, une répétition des réactions infantiles, mais c'est là le propre même de tout amour et il n'existe pas qui n'ait son prototype dans l'enfance [23]. »

Nous sommes là dans une équivalence entre transfert et répétition. Par exemple, si vous aimez quelqu'un, c'est que vous retrouvez en lui votre père ou votre mère : au fond il n'y a rien de nouveau. L'intérêt de cette perspective c'est de mettre en lumière cet « affect » qui naît dans le transfert, non comme une manifestation de l'« ici et maintenant », mais comme un affect surdéterminé par autre chose, par la chaîne symbolique. Par contre, le désavantage c'est qu'on réduit l'amour au narcissisme et le transfert à la répétition.

Mais pourquoi Freud abandonne l'idée formulée dans les *Études sur l'hystérie* de l'amour comme « erreur » et, au contraire, considère dans son écrit sur « Observations sur l'amour de transfert » que l'amour né dans le transfert est un amour vrai (1915) ? Pour lui, cet amour n'est plus un « artefact ». Pourquoi il n'est plus un artefact ? Et en quoi cela nous aide à la progression de la cure ?

La question de fond est posée par Freud lui-même : « l'amour qui devient manifeste dans le transfert ne mérite-t-il pas d'être considéré comme un amour véritable ? » C'est une manière de pousser jusqu'au bout la question du transfert,

---

21. *La Technique analytique, op. cit.*, p. 117.
22. *Idem*, p. 50-51.
23. *Idem*, p. 126-127.

et ceci d'une manière très différente de ce qui avait été avancé jusque-là. Dans l'article « Observations... », Freud déclare « En résumé, rien ne nous permet de dénier à l'état amoureux, qui apparaît au cours de l'analyse, le caractère d'un amour "véritable". Son apparence peu normale s'explique suffisamment si nous songeons que tout état amoureux [...] rappelle plutôt les phénomènes psychiques anormaux [24]. » Cette définition nous amène à considérer l'amour (même normal) comme un masque, mais un masque qu'on ne peut démasquer.

Ainsi, l'amour de transfert, résistance à la cure, ne ferait que suivre les chemins du refoulement. Non pas au sens de quelque chose qu'on ne dit pas et qu'on laisse de côté. Si on la laisse de côté, ce que l'on ne peut pas en faire autrement. En psychanalyse, il s'agit de « respecter le masque », non au nom du mensonge mais d'une vérité qu'on ne touche qu'à moitié. Quelle vérité ? Celle du dévoilement de l'inconscient. Cette dimension est constante dans la psychanalyse et constitue le centre de sa pratique.

Revenons au transfert. Nous avons ainsi deux aspects différents du transfert :

- d'une part il s'agit bel et bien d'une résistance à la cure (version *Études sur l'hystérie*, soit l'idée de tomber dans les bras de Freud) et,
- d'autre part, on constate qu'il ne pourrait en être autrement (version « Dynamique du transfert »). Là, le transfert est lié à la répétition.
- mais, dans le même temps, Freud semble avancer l'idée que l'amour de transfert (autrement dit, le transfert), est un fait inédit par rapport aux modes permanents qu'a le sujet de constituer ses objets. Là, le transfert semblerait se différencier de la répétition.

QU'EST-CE DONC QUE LE TRANSFERT ?

Peut-on dire qu'il s'agit du même transfert lorsque la patiente pense à se jeter dans les bras de Freud que lorsque la patiente dit le mot « canal » adressé tout de même à Freud (disons que Freud lui sert comme point d'appui, comme masque, afin de manifester cette vérité) ? Ce dernier exemple (le rêve avec le mot « canal ») ressemble beaucoup à l'exemple du Roi d'Angleterre dans la mesure où on ne parle qu'à moitié de la chose... il ne s'agit pas de l'affect massif que l'on pourrait formuler ainsi : « je vous aime ». Il s'agit plutôt de ce que l'on appelle avec Lacan une « formation de l'inconscient », d'un rêve – tandis que la patiente qui pense à se jeter dans les bras de Freud c'est bel et bien une image « consciente ».

Il y a là au moins deux versants différents du transfert.

La première est une image... la deuxième c'est un mot. La première est plutôt consciente, si l'on peut dire – la deuxième c'est l'inconscient lui-même, en

24. *La Technique psychanalytique*, *op. cit.*, p. 127.

quelque sorte. La première (se jeter dans les bras de Freud) traduit un transfert Imaginaire – le deuxième c'est un transfert Symbolique, comme nous avons vu dans le graphe L.

L'interprétation du transfert (erreur sur la personne de l'analyste) implique donc le transfert comme répétition ! Inversement, le transfert comme répétition impliquerait que l'on doit interpréter ceci !

En effet, Michel Silvestre explique clairement que ces deux aspects risquent d'être sans issue et que, par contre, Lacan propose une autre voie, surtout à partir du séminaire sur les « Quatre concepts fondamentaux de la psychanalyse ». Ceci a des conséquences dans le maniement du transfert et, surtout, de l'emploi de l'interprétation en psychanalyse. Pour la plupart des analystes, même aujourd'hui, interpréter c'est interpréter le transfert [25].

Pour Silvestre il y a donc deux hypothèses : soit le transfert est le déploiement, dans la cure, de la répétition ou du matériel apporté par cette répétition – à ce moment-là, l'analyse n'est qu'un cadre expérimental où le psychanalyste n'a qu'à objectiver « ce qui viendra », ce que le patient va, naturellement, accoucher ; soit, on doit penser le transfert comme quelque chose de différent que la répétition. Ainsi Silvestre explique :

> « La deuxième hypothèse implique qu'on distingue effectivement transfert et répétition. Elle part de l'idée qu'au-delà de cette répétition, l'analyse serait le lieu où peut émerger un autre matériel qui, lui, ne se répète pas, n'est accessible que par le transfert analytique. C'est donc quelque chose qui, sans l'analyse, serait inaccessible, hors de la portée du sujet – à la différence de la répétition [26]. »

Nous voyons donc que, bien que Freud ait pu parler du transfert amoureux comme une répétition, il laisse une porte ouverte – et c'est cela le message du texte « Observations sur l'amour de transfert » – pour une autre conception du transfert, ou plutôt une autre conception de l'amour, laquelle n'implique pas la répétition de clichés œdipiens. Gardons en mémoire que c'est pour cette raison, soit la tension qu'il y a entre amour et répétition, d'une part, et transfert et « nouvel amour » d'autre part, que Lacan aborde le transfert comme apportant quelque chose « de nouveau » à travers un discours inédit – celui qu'il appelle « discours analytique [27] ».

De cette manière, nous verrons cela dans la deuxième partie de cet ouvrage, le transfert sera connecté avec un objet qui constitue la cause du ratage qui origine la répétition. Selon Lacan, cet objet, est différent de la répétition signifiante et pourrait ouvrir la voie à un changement, car il se trouve au cœur de ce

25. Nayrou F., Pragier G. (dir.), *Interpréter le transfert, Débats de psychanalyse*, Paris, PUF, 2004.
26. Silvestre M., *Demain la psychanalyse*, Paris, Le Seuil, 1993, p. 147.
27. Lacan J., *Le séminaire* ,livre XVII, « L'Envers de la psychanalyse », Paris, Le Seuil, 1992.

qui ne se répète pas, quelque chose qui est à proprement parler « hors répétition » et que Lacan nomme le fantasme. La vraie « présence de l'analyste » est donc celle qui incarne cet objet mis à la place du manque : $\frac{(a)}{-\emptyset}$

Deuxième partie

Les cas cliniques de Freud

Chapitre 3

LE CAS DORA

Nous avons vu le rapport étroit que le transfert entretient inévitablement avec la répétition. Nous avons fait aussi référence à l'article de Freud « Souvenir, répétition et perlaboration », où il écrit « Prenons un exemple : l'analysé ne dit pas qu'il se rappelle avoir été insolent et insoumis à l'égard de l'autorité parentale, mais il se comporte de cette façon à l'égard de l'analyste [1]. » Nous voyons ici à quel point chez Freud, répétition, transfert et Œdipe sont intimement liés. L'homme se montrera rebelle contre l'analyste homme – la femme l'aimera, comme son père. Ceci n'est pas forcément faux, mais ce sont généralement des caricatures qui seront mises à l'épreuve par Freud lui-même – dans la mesure où il a lui-même été mis à l'épreuve par la clinique. Bref : comme la caricature le fait voir tout n'est pas si simple. Nous allons étudier le cas Dora, cas pour lequel Freud avait certainement prévu un cliché transférentiel lié à l'Œdipe.

Le cas Dora est le premier des cas cliniques de Freud, rassemblés en français dans l'ouvrage intitulé *Les Cinq psychanalyses*. Ce cas est révélateur, comme le dira Lacan, de la manière dont les « modes permanents qu'a le sujet de constituer ses objets » œuvrent dans le transfert ; mais il sera également révélateur des limites de l'analyse lorsqu'elle ne parvient pas à dépasser la répétition. Il s'agit aussi de la première véritable analyse de Freud où le transfert se manifeste, paradoxalement sous la forme d'une résistance à la cure analytique. Nous savons que Dora est une jeune femme hystérique, qui arrive chez Freud en accusant son père de la sacrifier à un homme pour obtenir lui-même quelque commerce sexuel avec la femme de l'homme en question, la dénommée Mme K. Le père, qui connaissait bien Freud, vient voir celui-ci pour lui dire, en des termes certes moins triviaux : « elle déconne complètement… il faut que vous la remettiez dans les rails ». Là, il faut dire que le père incarne plus ou moins le maître : celui qui ne veut rien savoir sur ce qui produit la division du sujet et qui veut que ça marche, que sa fille guérisse. En fait, ce qui doit nous interpeller c'est la manière dont Freud conduit cette analyse, au point que Serge Cottet a pu commencer

1. « Remémoration, répétition et perlaboration », *op. cit.*, p. 108.

son livre *Freud et le désir du psychanalyste* par cette phrase : « Freud n'a pas toujours été freudien [2]. » On voit, lorsqu'on lit ce cas, le manque de tact analytique de Freud. Nous allons même voir se vérifier le lemme lacanien selon lequel « la seule résistance est la résistance de l'analyste », en d'autres termes que le transfert comme résistance c'est la résistance de l'analyste et, pour tout dire, son contre-transfert. Contre-transfert qu'on a voulu ériger, malgré Freud certainement, en pierre angulaire de la cure psychanalytique. Nous pensons pour notre part qu'il n'y a rien de plus anti-psychanalytique, au sens thérapeutique, que la notion de contre-transfert et le cas Dora va nous le montrer. Lacan a pu parler de « la somme des préjugés » de Freud concernant Dora : son contre-transfert ne serait autre chose que ses propres préjugés. Voici comment Lacan énonce les choses dans son séminaire : « Freud aborde Dora sur le plan de ce qu'il appelle lui-même la résistance. Qu'est-ce à dire ? Je vous l'ai déjà expliqué. Freud fait intervenir, c'est absolument manifeste, son ego, la conception qu'il a, lui, de ce pour quoi est faite une fille – une fille, c'est fait pour aimer les garçons [3]. » C'est de cette manière qu'il y a résistance de la part de Freud, résistance dans l'analyse. Pourtant, l'analyse des résistances était à l'époque où Lacan en parle, le parangon de la technique analytique. Alors, que se passe-t-il avec Dora ? Elle vient voir Freud et lui dit à peu près ceci : « mon père a une maîtresse, Mme K..., et celle-ci a un mari – M. K... ». Étant donné que Mme K... est occupée avec le père de Dora, elle laisse faire, pour ainsi dire, son mari, lequel n'a rien de mieux à faire à son tour que de chercher les faveurs de Dora. M. K... essaye de séduire Dora. Le père de Dora, quant à lui, ferme les yeux sur cette situation. Voilà pourquoi Dora accuse son père qui, pour satisfaire ses désirs avec Mme K..., abandonne la fille dans le bras de cet homme, M. K...

Mais Dora sera pendant très longtemps consentante aux prétentions de M. K... Consentante même dans le refus, comme on peut l'être lorsqu'on est névrosé. Dora et M. K... se promenaient ensemble, il lui faisait des cadeaux qu'elle acceptait volontiers, etc. À un moment donné, il embrasse Dora sur la bouche. Elle ressent à ce moment-là un « dégoût intense » (comme on le ressent lorsqu'on est hystérique)... mais en aucune manière elle ne dénonce M. K, rien ne se passe encore. Ce n'est pas pour cela que Dora aurait pu venir voir Freud. Selon Freud, et c'est là où réside son préjugé, Dora est amoureuse de M. K, mais elle refoule cet amour. Inutile de dire que n'importe qui pourrait supposer exactement la même chose que Freud. C'est dire que ce qu'on critique aujourd'hui chez Freud, ne serait rien d'autre que la voie simple, que chacun pourrait être tenté d'emprunter... C'est un gros effort éthique que de ne pas le faire. La fille aime un garçon... quoi de plus naturel ? Voilà tout le problème.

2. Cottet S., *Freud et le désir du psychanalyste*, Paris, Navarin, 1982 (réédité aux Éditions du Seuil, Paris, 1996).

3. *Le séminaire, livre I, op. cit.*, p. 207.

Le problème est ce que Lacan appelle les « préjugés » de Freud – le fait que Freud prétend « analyser » Dora à travers le sens commun : une fille, c'est fait pour aimer les hommes... et si elle est hystérique, c'est parce qu'elle ne peut reconnaître qu'elle désire sexuellement les hommes. Lorsque Dora vient voir Freud elle est, ce qu'on dirait aujourd'hui, déprimée. Elle a même écrit une lettre d'adieu en disant qu'elle voulait mettre fin à ses jours.

Mais que savons-nous sur Dora ? Le premier élément évoqué par Freud est l'absence de la mère, réduite selon lui à une simple femme au foyer obsédée par les tâches ménagères, corrélative de la dominance du personnage paternel, un riche industriel autrichien. Le deuxième élément indiqué par Freud est l'importance du frère de Dora, d'un an et demi son aîné, qui « avait été jadis le modèle auquel son amour-propre aspirait à ressembler [4] ». Ce modèle qu'était pour elle son frère, l'était aussi dans la maladie : « c'est le frère qui inaugurait les maladies... puis elle suivait [5] ». Quels sont les symptômes que présente Dora ? Elle toussait beaucoup, souffrait aussi d'une aphonie et d'une dyspnée. Elle avait vu déjà beaucoup de médecins, mais aucun ne pouvait la soigner, aucun ne comprenait quelle était la nature de sa souffrance, de telle sorte qu'elle s'habitua à se moquer d'eux : « L'enfant qui, mûrie dans ces conditions, était devenue une jeune fille d'un jugement très indépendant, s'habitua à se rire des efforts des médecins et, finalement, à renoncer aux soins médicaux [6]. » Sans vouloir forcer les choses et faire de la psychanalyse une espèce d'herméneutique canaille – ce dont généralement on ne se prive pas –, mais ne serait-ce qu'avec ces deux éléments là, à savoir le frère aîné comme modèle (modèle identificatoire) et cette attitude de défi que Dora a envers les autorités « mâles », nous pouvons nous risquer à un diagnostic de « discours ». Cela ne pourrait pas être autre chose que le discours hystérique, dont Lacan donne la formule [7]. Le sujet est tiraillé entre une acceptation (voire une identification) des emblèmes phalliques et un refus de ceux-ci, avec cette facilité qu'a l'hystérique (femme, notamment) pour « faire l'homme » en même temps qu'elle le défie (le rire de Dora). L'hystérique fait travailler le maître... celui qui veut que « ça marche ». Énonçons donc le « discours hystérique » chez Dora : au nom de sa propre division ($), elle veut faire travailler les médecins, mis à la place du maître (S1), mais pour leur montrer que leur savoir (S2) est impuissant quant à la souffrance qui est la cause (a) de sa propre division.

Discours hystérique :

---

4. *Cinq psychanalyses*, p. 12.
5. *Idem*, p. 12.
6. *Idem*, p. 13.
7. Lacan J., *Le séminaire, livre XVII*, « L'Envers de la psychanalyse », Paris, Le Seuil, 1992, p. 43 et suivantes.

$$\frac{\$ \rightarrow S1}{(a) \quad S2}$$

Dans cette logique, nous avons un autre élément qu'il ne faut pas négliger et qui s'inscrit dans cette attitude de défi envers les médecins et les hommes : « Toute proposition d'aller consulter un nouveau médecin provoquait sa résistance et ce n'est que sur l'ordre formel de son père qu'elle vint chez moi [8]. » Nous voyons donc le rapport étroit qu'il y a entre Freud et la personne du père, le rapport de contiguïté entre ces deux personnages. On pourrait penser qu'il y a aussi, dès le départ, quelque chose de forcé dans cette cure : Dora ne voulait pas venir, quelle aurait dû être la réponse de Freud face à ce forçage du père ? N'est-ce pas trahir Dora que d'accepter de la voir sur la demande du père ? Pas forcément. Pourquoi ne pas accepter cela puisque c'est justement son problème à elle : être une femme constamment confrontée aux hommes ? Elle vient voir Freud par la voie de son symptôme.

Lisons comment Freud dépeint la chose, notamment ce que lui a appris le père de Dora :

> « Son père m'apprit que lui et sa famille avaient noué, à B..., une amitié intime avec un couple habitant cet endroit depuis plusieurs années. Mme K... l'aurait soigné pendant sa grande maladie, et se serait, par là, acquis un droit éternel à sa gratitude. M. K... s'était, paraît-il, toujours montré aimable envers sa fille Dora, avait, lorsqu'il était là, entrepris des promenades avec elle, lui faisant de petits cadeaux ; personne cependant n'y aurait trouvé de mal [...] Lorsque le père et la fille étaient venus me voir deux ans plus tôt, en été, ils étaient en route pour aller rejoindre M. et Mme K..., qui villégiaturaient au bord d'un de nos lacs de montagne. Dora devait rester plusieurs semaines dans la maison des K... ; le père comptait rentrer au bout de quelques jours ; M. K... était aussi présent. Mais lorsque le père se prépara au départ, la jeune fille déclara tout à coup avec la plus grande fermeté qu'elle partirait aussi, et elle obtint de partir. Quelques jours plus tard seulement, elle donna des éclaircissements sur sa conduite bizarre en racontant à sa mère, afin que celle-ci le répétât à son père, que M. K... avait osé, pendant une promenade après une excursion sur le lac, lui faire une déclaration [9]. »

Nous verrons quelle est la « déclaration » faite par M. K... à Dora, mais en attendant nous ne savons rien de plus que ceci : c'est à partir de cette fameuse « scène du lac », qui a fonctionné comme traumatisme, que commence la névrose proprement dite. M. K... aurait nié toute tentative de séduction et aurait expliqué que Dora s'intéressait un peu trop aux choses sexuelles. Quant à Freud, il se limite à dire : « L'incident avec M. K... fournissait à notre malade Dora le traumatisme psychique... la condition préalable, indispensable à la formation

---

8. *Cinq psychanalyses*, *op. cit.*
9. *Idem*, p. 15-16.

d'un état hystérique [10]. » Donc Freud voit bien dans cette « scène du lac » le facteur déclencheur de la névrose de Dora. Il serait légitime de se demander en quoi cet événement constitue un « traumatisme psychique ». Par exemple, nous avons l'épisode déjà mentionné où M. K... embrasse Dora : elle ressent un dégoût intense, mais en aucun cas elle n'est malade. Vu sa connotation sexuelle, cet événement aurait pu être beaucoup plus traumatisant pour Dora, plus que la scène du lac. Ceci devrait nous servir d'avertissement lorsque nous affirmons, au nom de la psychanalyse, que la sexualité est traumatique (qu'entendons-nous par « sexuel » ?).

Ainsi Dora se présente à Freud et lui fait part de cette relation entre son père et Mme K... : « Pour elle, il n'y avait aucun doute : c'étaient de simples relations amoureuses qui attachaient son père à cette femme jeune et belle. Rien de ce qui avait pu contribuer à renforcer cette conviction n'avait échappé à son observation en cela implacablement aiguë ; *ici on ne trouvait aucune lacune dans sa mémoire* [11]. » Mais ce qui était intolérable pour Dora, c'est que son père la sacrifia à M. K... « Je ne pouvais rien objecter au portrait général que me faisait Dora de son père ; aussi bien n'était-il pas difficile de voir en quoi la jeune fille avait raison. Lorsqu'elle était exaspérée, l'idée s'imposait à elle qu'elle était livrée à M. K... en rançon de la complaisance dont celui-ci témoignait vis-à-vis de sa propre femme et du père de Dora [12]. » Il est intéressant de voir qu'à aucun moment Freud ne met en doute ce que dit Dora : il était averti, comme le dit Lacan, « du mensonge social », mais de plus il savait qu'il devait se soumettre quelque peu à la subjectivité de Dora. Ceci a été certainement un point décisif pour que la patiente continue à venir le voir. Mais il y a encore autre chose qui doit nous intéresser davantage : Freud montre des signes d'embarras : comment en effet ne pas comprendre la patiente si tout ce qu'elle dit est vrai et réel ? Ceci est relevé par Freud, et commenté par Lacan, et doit nous servir comme enseignement dans ce que l'on appelle les « entretiens préliminaires ». En effet, Freud se demande quelle est la réponse analytique dans une situation pareille, où le patient vient nous voir avec sa plainte : « Quand surgit, pendant le traitement psychanalytique, une suite d'idées correctement fondée et impeccable, il y a pour le médecin un instant d'embarras dont le patient profite pour poser la question : « Tout cela est juste et réel ! Maintenant que je vous l'ai raconté, qu'y voulez-vous changer ? [13] » Une chose est sûre, Freud ne pense pas que ce type de question soit en lui-même une chose innocente : « On s'aperçoit alors bientôt que de telles idées, inattaquables par l'analyse, ont été utilisées par le malade pour en masquer d'autres qui voudraient se soustraire à la critique et à

10. *Cinq psychanalyses*, *op. cit.*, p. 17.
11. *Idem*, p. 21 (nous soulignons).
12. *Idem*, p. 23.
13. *Idem*.

la conscience [14]. » De quoi parle-t-il ? « Une série de reproches contre d'autres personnes laisse supposer une série de reproches de même nature dirigés cotre soi-même (remords). » Que faire donc dans une telle situation ? À Freud d'y répondre : « Il suffit de retourner chacun de ces reproches contre la personne même de celui qui les énonce [15]. » Là, Freud devient non seulement un « dialecticien », mais surtout il met à nu ce que Lacan a repris de la linguistique et qui s'appelle l'énonciation. Sans cette division entre l'énoncé et l'énonciation, où le sujet de l'inconscient se loge fugacement, il est difficile de comprendre quoi que ce soit à la pratique analytique. Car il est clair que « les deux hommes n'avaient naturellement jamais conclu un véritable pacte dans lequel elle aurait été un objet d'échange », par contre « les reproches de Dora à son père étaient nourris, « doublés », sans exception, d'autoreproches de même nature [16] » ; et voilà ce que Freud fait observer à sa patiente :

> « elle avait raison en ceci : son père ne voulait pas se rendre compte du comportement de M. K... envers sa fille, afin de n'être pas gêné dans ses relations avec Mme K... Mais elle avait fait exactement la même chose. Elle s'était faite la complice de ces relations et avait écarté tous les indices qui témoignaient de leur véritable nature. Ce n'est que de l'aventure au bord du lac que dataient sa lucidité à ce sujet et ses sévères exigences à l'égard de son père. Pendant toutes les années précédentes, elle avait favorisé, de toutes les façons possibles, les relations de son père avec Mme K... Elle n'allait jamais chez Mme K... quand elle supposait que son père y était [17] », etc.

Ceci est intéressant, car pour ce qui concerne les « autoreproches », Freud aurait pu la consoler, lui dire qu'en effet, ce n'était pas de sa faute, qu'elle ne devait pas s'en vouloir. Lorsque l'homme aux rats dit se sentir coupable de la mort de son père, Freud dit qu'il doit avoir raison de se sentir coupable : Freud est d'accord pour le désangoisser, mais pas pour le déculpabiliser. Là où l'on pourrait être tenté de dire au patient, qu'il s'agisse de Dora ou l'homme aux rats ou n'importe qui, « mais pourquoi vous sentez-vous coupable ? vous n'avez rien fait ! », il faut plutôt « tenir bon » et utiliser les énoncés du patient afin de produire « autre chose » que ce que nous donne à penser le sens commun, l'évidence (« évidemment, il n'est pas coupable »). Et pourquoi faire ceci ? Parce que pour la psychanalyse il y a l'hypothèse de l'inconscient, soit l'hypothèse d'une surdétermination symbolique, qui reste à dévoiler, et qui n'a rien à voir avec le conte qu'on se raconte à soi-même. Par ailleurs, étant donné que la psychanalyse compte avec la seule vérité du sujet et non pas avec une vérité « ambiante », objective, si le patient pense que c'est de sa faute, c'est parce qu'il doit y être pour quelque chose. Si invraisemblable que cela paraisse.

14. *Idem*.
15. *Idem*.
16. *Idem*, p. 24.
17. *Idem*.

Lorsqu'il y a quelque chose d'incohérent, quelque chose qui cloche (par exemple, le patient se sent coupable alors qu'il n'y est pour rien), c'est parce qu'il y a aussi un point d'appui, un point de vérité qui surgit. On applique ainsi au discours du patient la même règle que nous appliquons au rêve : le rêve n'est pas l'inconscient, l'inconscient c'est ce que le patient dit (et ne dit pas) de son rêve. C'est pour cela qu'il faut prendre au pied de la lettre la consigne freudienne selon laquelle « le rêve est la voie royale de l'inconscient » ; cela signifie « c'est comme cela qu'il faut faire ». Dans un rêve on va s'intéresser particulièrement à ce qui cloche, aux petits détails sans importance, aux moments d'hésitation, à ce qui étonne le patient. On s'intéresse plutôt aux moments de vacillation dans le récit du rêve, plutôt qu'au récit lui-même.

Revenons à notre cas Dora. Il y a eu un premier moment où Dora dit « Voilà tout. Qu'est-ce que vous voulez que j'y fasse ? Ou que pouvez-vous même faire face à ça ? » (nous avons, une fois de plus, cette manière de rendre l'autre impuissant). Au contraire, Freud a recours à une technique proche du judo : il lui renvoie la balle, pour ainsi dire. Freud, à la façon de Socrate, retourne la question contre celui qui la pose : « Il suffit de retourner chacun de ces énoncés contre la personne même qui les énonce. » Là où l'on pourrait être tenté de donner au patient les coordonnées d'une association d'aide aux victimes (victimes de quoi d'ailleurs ? Victimes de leur propre névroses ?), Freud applique le « bien-dire » analytique. Comme l'indique Lacan, c'est peut-être le premier pas de la démarche psychanalytique. Le résultat est tangible, car Dora reconnaît que :

> « Pendant toutes les années précédentes, elle avait favorisé, de toutes les façons possibles, les relations de son père avec Mme K… Elle n'allait jamais chez Mme K… quand elle supposait que son père y était. Elle savait que, dans ce cas, les enfants avaient été renvoyés, et elle dirigeait ses pas de façon à les rencontrer, et se promenait avec eux. »

Ce qui est intéressant c'est que, auparavant, Dora ne tenait pas le même discours : elle n'avait jamais avoué qu'elle avait pu être complice de son père. Freud ne retient que cet énoncé incident, qui tombe comme un cheveu sur la soupe : « les autoreproches » que se fait Dora à elle-même. Freud fait confiance à cette « voie royale » du discours inconscient, si l'on peut dire – et non au récit que nous présente Dora. Il fait confiance à l'axe « $\$ \rightarrow A$ », plutôt qu'à l'axe bétonné « $a \rightarrow a'$», « parole vide ». C'est la raison pour laquelle la psychanalyse se démarque à ce point du « cognitivisme » (mais également de la psychothérapie). Freud est très clair lorsqu'il affirme : « je ne pouvais rien objecter au portrait général que Dora me faisait de son père ». Si nous sommes cognitivistes, il n'y a en effet rien à « reprocher » à Dora… elle est tout à fait adaptée à la réalité. Cependant, la situer par rapport à la réalité c'est aussi lui donner les points de repères symboliques de son propre discours (elle reçoit de la part de Freud son propre discours de manière inversée), comme étant différent du conte qu'elle se raconte.

À partir de cette manifestation de la vérité (ou « développement de la vérité », comme s'exprime Lacan [18]), soit le fait qu'elle reconnaisse avoir été en quelque sorte complice de son père, – en d'autres termes encore le dévoilement de quelque chose appartenant à l'axe « $ -→ A » –, il y a encore quelque chose d'autre qui s'enchaîne dans ce que Dora nous dit. Freud poursuit, ce qui pourrait nous faire penser qu'il s'agit de la suite des associations de sa patiente : « Il y avait eu, à la maison, une personne qui, prématurément, avait voulu ouvrir les yeux de Dora sur les relations de son père avec Mme K... et l'inciter à prendre parti contre cette femme [19]. » Autrement dit, on avait prévenu Dora de cette alliance extraconjugale. Qui est cette gouvernante ? Quelqu'un qui s'intéressait (et intéressait Dora) aux choses relatives à la sexualité. L'histoire de cette dame va encore plus loin : la gouvernante avait tout fait pour réveiller Dora « Mais ses efforts furent vains ; Dora demeura tendrement attachée à Mme K... [20] », on apprend ainsi que Dora avait une grande estime pour Mme K... Mais ce n'est pas tout : « Elle s'apercevait que la gouvernante était amoureuse de son papa [...] Elle ne s'irrita que lorsqu'elle s'aperçut qu'elle-même était tout à fait indifférente à la gouvernante, et que l'amour qui lui avait été prodigué s'adressait, en réalité, à son père [21]. » Subitement, dans cette suite de souvenirs, Dora semblerait jalouse de la gouvernante et presque « en compétition » avec son propre père. Mais, si on doit en juger par ses différentes interventions, on peut dire que Freud n'y voit rien. Dans une note en bas de page il écrit :

> « Cette gouvernante lisait tous les livres relatifs à la vie sexuelle, etc., elle entretenait Dora de ces questions en lui demandant carrément de ne pas en parler à ses parents [...] Je crus pendant un certain temps que c'était à cette femme que Dora devait toutes ses connaissances secrètes et peut-être ne me trompais-je pas entièrement sur ce point [22]. »

Freud donc ne se trompe pas, mais il aurait dû voir dans cette association de Dora un indice de quelque chose qui se répétait actuellement (Mme K..., la gouvernante).

Mais Freud s'égare. Il en déduit que Dora se comportait avec les enfants des K... comme la gouvernante avec elle... « Dora tenait lieu de mère aux enfants, leur donnait des leçons, se promenait avec eux, leur fournissait une compensa-

---

18. Voir le chapitre suivant.
19. *Cinq psychanalyses, op. cit.*, p. 24.
20. *Idem.*
21. *Idem*, p. 25.
22. *Idem*, p. 24, n.1.

tion complète pour le manque d'intérêt que leur témoignait leur propre mère [23]. » Freud oriente son interprétation du côté de l'Œdipe, peut-on dire, mais surtout conçu comme une « normalisation » : elle veut devenir mère [24].

Alors, que déduit Freud de l'idée que Dora ait pu participer à l'amour et aux rencontres entre les amants (son père et Mme K...) ? Il en déduit que, grâce à la dernière chaîne de souvenirs où la gouvernante entre en scène : « Une déduction s'imposait, la même qui découlait de son tacite consentement aux relations de son père avec Mme K... elle avait été amoureuse de M. K... [...] Lorsque j'énonçais cette déduction je ne rencontrai pas l'acquiescement de Dora [25]. » À ce propos, on ne peut s'empêcher de citer Serge Cottet lorsqu'il écrit « Ainsi l'amour pour M. K... que Freud imputait à Dora était l'objet d'une "vive résistance" [26]. » Nous constatons, comme nous l'avons déjà signalé, jusqu'où Freud dirige la cure à travers sa propre résistance : la seule résistance est la résistance de l'analyste. Quel est donc le préjugé de Freud ? Nous l'avons déjà dit, la femme est faite pour l'homme et vice-versa : « Comme le fil est pour l'aiguille, la fille est pour le garçon », ajoute Lacan [27]. Freud tourne en rond, toujours à partir de la même prémisse : lisons ainsi cette note en bas de page où il écrit :

> « Ici se pose une question : si Dora a aimé M. K..., comment expliquer le refus dans la scène du lac ou du moins sa forme brutale, impliquant une exaspération aigrie ? Comment une jeune fille amoureuse [là, c'est Freud qui le suppose] pouvait-elle voir un outrage dans une sollicitation qui n'avait pas du tout été exprimée de façon grossière ou indécente ? »

Avant de finir ce chapitre, voyons comment la résistance de Freud se cristallise dans une intervention qui n'arrivera jamais, et à juste titre, à devenir une interprétation.

Une interprétation ne serait être exacte qu'à être... une interprétation

Selon Lacan « Une interprétation ne serait être exacte qu'à être... une interprétation [28]. » En effet, une interprétation ne l'est qu'après-coup, lorsqu'on « ramasse » ce qu'elle produit. On attend d'une interprétation : 1) qu'elle enlève ou modifie le symptôme et 2) qu'elle produise un matériel qui la confirme. Si ce n'est pas le cas, il s'agit d'une intervention de l'analyste, mais en aucun cas d'une interprétation. Nous allons nous arrêter sur une intervention de Freud à

23. *Idem*, p. 25.
24. Voir à ce sujet l'analyse de la « Jeune homosexuelle ».
25. *Cinq psychanalyses, op. cit.*
26. « Le désir de l'analyste », *op. cit.*, p. 50.
27. Lacan J., « L'Intervention sur le transfert », in *Écrits, op. cit.*, p. 223.
28. Lacan J., « La Direction de la cure », in *Écrits, op. cit.*, p. 601.

propos d'un des symptômes de Dora, qui ne deviendra jamais une interprétation. Et pour quelle raison ? Parce qu'il suit « l'intuition » de son ego, ce que Lacan appelle ses « préjugés ». Nous avons déjà vu comment, à la page 25 des *Cinq psychanalyses,* Freud écrivait « une déduction s'imposait [...] durant toutes ces années, elle [Dora] avait été amoureuse de M. K... ». Ce préjugé lui servira pour « interpréter » un des symptômes caractéristiques de Dora : l'aphonie. Freud écrit :

> « Dora avait présenté une infinité de crises de toux et d'aphonie ; la présence de l'être aimé pouvait-elle avoir eu une influence sur l'apparition et la disparition des phénomènes morbides ? [...] Je demandai quelle était la durée moyenne de ces crises. À peu près trois à six semaines. Combien de temps avait duré l'absence de M. K... ? Elle devait en convenir : trois à six semaines. Elle montrait ainsi, par sa maladie, son amour pour M. K... »

Il n'est pas exagéré d'affirmer que l'intervention de Freud se fait sur le plan purement imaginaire, reposant sur le postulat selon lequel Dora est amoureuse de M. K...

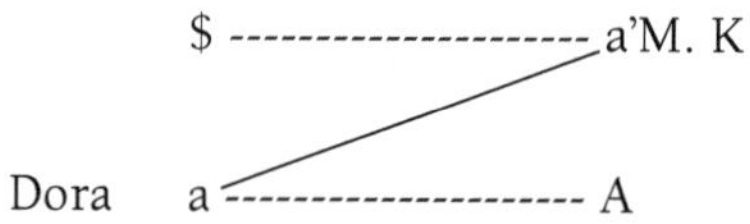

En effet, lorsque M. K... partait et Dora restait toute seule avec Mme K..., elle présentait ses épisodes d'aphonie. À aucun moment Freud ne pense à ouvrir une porte latérale et laisser la patiente produire quelque chose sur cette aphonie. Il va encore plus loin lorsqu'il communique à la patiente : « J'étais, lui dis-je, tout à fait convaincu qu'elle guérirait instantanément (*sic*) si son père lui annonçait qu'il sacrifiait Mme K... à sa santé[29]. » L'amour pour M. K... est vectorisé par l'Œdipe, selon Freud : c'est en répondant à la demande (récupérer son père, être avec lui) que le symptôme disparaîtrait « instantanément ». Nous allons voir dans le chapitre suivant quel est le commentaire de Lacan concernant cette aphonie qui apparaît lors des absences de M. K..., mais aussi, nous reviendrons sur ce qui a été peut-être la seule « vraie » interprétation du cas Dora, lorsque Freud intervient à nouveau sur le symptôme de la toux. Cette fois-ci, Freud va s'orienter à partir de l'axe symbolique, le seul à pouvoir dévoiler l'inconscient.

DORA ET LE TRANSFERT

L'un des mérites de Lacan aura été d'élever le transfert à la dignité d'un concept fondamental de la psychanalyse. À l'inverse des autres psychanalystes

29. *Cinq psychanalyses, op. cit.*, p. 29.

de l'époque et des non-lacaniens d'aujourd'hui, Lacan postule que le transfert ne saurait se réduire à l'expression de sentiments, d'affects ou d'émotions, mais qu'il est en fait déterminé symboliquement par l'inconscient. L'inconvénient, nous le verrons par la suite, c'est que le transfert se voit ainsi réduit à la mise en acte de quelque chose de prédéterminé, soit ce que Lacan appelait l'hégémonie des rapports symboliques qui surdéterminent le monde imaginaire. Ainsi compris, le transfert serait donc la mise en acte d'une certaine répétition symbolique.

« Intervention sur le transfert »

Dans un texte intitulé « Intervention sur le transfert » (1951), Lacan analyse tout particulièrement le cas Dora. Dans ce texte, il avoue être surpris du fait que personne n'ait constaté que le cas Dora est construit comme une série de « renversements dialectiques ». Lacan écrit à ce propos : « Il est frappant que personne n'ait jusqu'à présent souligné que le cas Dora est exposé par Freud sous la forme d'une série de renversements dialectiques [...] Or c'est la première fois que Freud donne le concept de l'obstacle sur lequel est venue se briser l'analyse sous le terme de transfert [30]. » Lacan utilise le terme « dialectique » à la manière de Socrate : on sait que Socrate prenait un adversaire qui lui présentait des arguments et qu'avec ces mêmes arguments, il finissait par faire dire à son interlocuteur l'opposé de ce qu'il entendait soutenir. Ainsi, les arguments de ses interlocuteurs butaient sur un point de « non-savoir », révélateur d'une certaine ignorance de l'énonciateur dans son rapport à ses propres énoncés. Cela n'est pas très loin de la règle freudienne qui veut que l'on prête plus attention à celui qui raconte un rêve et à la manière dont il le fait, qu'au rêve lui-même – à ceci près que Freud s'intéressait plus au savoir produit à partir de ce point d'énonciation qu'à l'ignorance de son interlocuteur. C'est là où la démarche de Freud et celle de Socrate se séparent, Socrate se rapprochant plus de l'hystérique, avec son désir de faire reculer l'autre dans son savoir impuissant. Avec cette idée de définir le transfert comme « pure dialectique », Lacan va montrer, à cette époque (1951), que le transfert ne doit pas être conçu comme une émotion, un affect, mais bien plutôt comme un renversement de « propositions », un renversement d'énoncés. Finalement, Lacan fait écho à ce que Freud observe précisément dans son « cas Dora », lorsqu'il écrit : « Il suffit de retourner chacun de ces reproches contre la personne même de celui qui les énonce [31]. »

Procédons donc plus avant dans ce texte de Lacan qui commence par cet énoncé si fort : « Il est frappant que personne n'ait jusqu'à présent souligné que le cas Dora est exposé par Freud sous la forme d'une série de renverse-

30. « Intervention », *op. cit.*, p. 218.
31. *Cinq psychanalyses, op. cit.*, p. 24.

ments dialectiques [32]. » Il faut penser qu'il ne s'agit pas là d'un artifice, mais de quelque chose qui est construit de façon « identique » à la cure elle-même : « le concept de l'exposé est identique au progrès du sujet, c'est-à-dire à la réalité de la cure », de cette manière la cure équivaut à un ensemble d'énoncés. Et Lacan d'ajouter :

> « Or c'est la première fois que Freud donne le concept de l'obstacle sur lequel est venue se briser l'analyse, sous le terme de transfert. Ceci, à soi seul, donne à tout le moins sa valeur de retour aux sources à l'examen que nous entreprenons des relations dialectiques qui ont constitué le moment de l'échec. Par où nous allons tenter de définir en termes de pure dialectique le transfert qu'on dit négatif dans le sujet, comme l'opération de l'analyste qui l'interprète [33]. »

Il y a dans ces formulations beaucoup de nouveautés, voire même une manière radicalement différente de concevoir le transfert : d'abord comme « pure dialectique » et ensuite comme « l'opération de l'analyste qui l'interprète ». Ce dernier point est en quelque sorte à l'opposé de la maxime freudienne selon laquelle il faut attendre que le transfert s'établisse pour commencer à interpréter. En effet, Freud dit, à propos du « début du traitement analytique » : « Abordons maintenant une question essentielle, celle du moment où nous devons commencer à interpréter [...] Quand est-il temps de lui dévoiler le sens caché de ses idées [...] ? Voici notre réponse : pas avant qu'un transfert sûr, un rapport favorable, ait été établi chez le patient [34]. » Cette idée de Freud a toujours été répétée comme un véritable canon de la technique analytique : le transfert (« sûr ») doit précéder l'interprétation. Cette manière d'envisager les choses pose toutefois un problème au niveau des présupposés qui la sous-tendent. En effet, le transfert est ici conçu comme « un rapport favorable [...] Le premier but de l'analyse est d'attacher l'analysé à son traitement et à la personne du praticien [35] » et quant à l'interprétation, celle-ci est pensée comme « ce qu'on dit » au patient. Or, nous avons déjà avancé l'idée, explicitée par Lacan, selon laquelle l'interprétation ne saurait être qu'après-coup. Dans son texte de 1951, Lacan avance l'idée que le transfert est le résultat de l'interprétation (« le transfert comme l'opération de l'analyste qui l'interprète »), celle-ci compris comme un renversement d'énoncés. De plus, le transfert n'est pas conçu seulement comme un affect, mais aussi comme la production d'un matériel inconscient.

Lacan va montrer que la cure de Dora peut se réduire à un certain nombre d'énoncés : il la réduit à deux « renversements dialectiques ». Il y a d'abord ce qu'il nomme « un premier développement de la vérité », identifié à ce moment où Freud évoque l'embarras du médecin face à sa patiente plaintive : « Ces faits sont

---

32. *Idem*, p. 218.
33. *Idem*.
34. Freud S., « Le début du traitement », in *La Technique psychanalytique, op. cit.*, p. 99.
35. *Idem*.

là, ils tiennent à la réalité et non à moi-même. Que voulez-vous y changer ? » Les faits sont là, « mon père a une amante et en même temps, il ferme les yeux face aux avances que me fait M. K... je suis sacrifiée, ma propre personne, pour que mon père puisse jouir sexuellement de cette femme ». Une telle situation n'a rien d'exceptionnel, qu'il s'agisse d'une analyse, ou de n'importe quel autre type de dispositif « psychothérapique » : il y a toujours un moment où le patient nous met à l'épreuve. On pourrait même aller jusqu'à dire que le patient vient nous voir pour nous mettre à l'épreuve. On entend parfois dire, au nom d'un certain « humanisme » psychanalytique, qu'« aller voir un psy, chercher à comprendre ce qui se passe dans l'esprit pour pouvoir le guérir, ce n'est tout de même pas comme amener une voiture chez le garagiste » – sous-entendant par là qu'il faut valoriser la question transférentielle, par exemple. Eh bien, pas du tout ! Aller chez un « psy » c'est comme amener sa voiture chez le garagiste ! Il s'agit d'une branche généralement peu honnête... on aura toujours des doutes concernant ces garagistes. On les considère souvent comme des charlatans, on soupçonne toujours qu'ils pourraient trafiquer des choses sur la voiture de telle sorte qu'on vienne les voir plus souvent, etc. C'est exactement pareil pour les « psys » : ils sont souvent considérés comme des charlatans peu sérieux, capables de trafiquer des choses sur notre esprit, histoire qu'on vienne les voir plus souvent. Eh bien, le transfert c'est cela : vous allez chez le garagiste aussi pour le mettre à l'épreuve. Une patiente psychotique qui avait développé un transfert érotomaniaque particulièrement féroce sur son analyste, répondit que l'amour qu'elle éprouvait pour lui était dû au transfert. Le transfert pour elle ? « Vous le savez très bien : le transfert c'est que vous avez trafiqué quelque chose dans mon inconscient. »

Revenons donc sur cet énoncé : « Ces faits sont là, ils tiennent à la réalité et non à moi-même. Que voulez-vous y changer ? » Lacan comprend cette question de la manière suivante :

> « [Il y a] Un premier développement de la vérité, exemplaire en ceci que nous sommes portés d'emblée sur le plan de l'affirmation de la vérité. En effet, après une mise à l'épreuve de Freud va-t-il se montrer aussi hypocrite que le personnage paternel ? – Dora s'engage dans son réquisitoire, ouvrant un dossier de souvenirs dont la rigueur contraste avec l'imprécision biographique propre à la névrose. Mme K... et son père sont amants depuis tant et tant d'années et le dissimulent sous des fictions parfois ridicules. Mais le comble est qu'elle est ainsi offerte sans défense aux assiduités de M. K, sur lesquelles son père ferme les yeux, la faisant ainsi l'objet d'un odieux échange. Freud est trop averti de la constance du mensonge social pour en avoir été dupe, même de la bouche d'un homme qu'il considère lui devoir une confiance totale. Il n'a donc eu aucune peine à écarter de l'esprit de sa patiente toute imputation de complaisance à l'endroit de ce mensonge. Mais au bout de ce développement il se trouve confronté à la question, d'un type d'ailleurs classique dans les débuts du traitement : "Ces faits sont là, ils tiennent à la réalité et non à moi-même. Que voulez-vous y changer" [36]. »

36. « Intervention », *op. cit.*, p. 219.

Lacan explique donc que Freud opère par un premier « renversement dialectique » : il va qualifier de renversement dialectique ce qu'ailleurs il appellera « rectification subjective ». C'est en quelque sorte une « première interprétation » donnée par Freud, que Lacan va formuler ainsi : « Regarde, lui dit-il, quelle est ta propre part au désordre dont tu te plains [37]. » Freud, en bon hégélien si l'on peut dire, opère ce premier « renversement dialectique », similaire à l'analyse hégélienne de la revendication de la « belle âme ».

Dora reconnaît le fait qu'elle, la première, y était pour quelque chose dans le maintien de ce couple qu'était son père et Mme K... Il y a ainsi ce que Lacan dénomme un deuxième développement de la vérité : « à savoir que c'est non seulement sur le silence, mais par la complicité de Dora elle-même, bien plus sous sa protection vigilante, que la fiction a pu durer qui a permis à la relation des deux amants de se poursuivre [38] ». En rendant possibles les rencontres amoureuses de son père avec Mme K... Dora participait en quelque sorte à la formation d'une espèce de « quadrille » entre les deux couples (Dora, son père, Mme et M. K...), où les cadeaux que le père de Dora offrait à Mme K..., revenaient à Dora à travers d'autres cadeaux..., ceux que lui offrait à elle, Dora, M. K... – grâce au fait que sa femme (Mme K...) le laissait faire. C'est la raison pour laquelle Lacan ajoute : « Ici l'on voit non seulement la participation de Dora à la cour dont elle est l'objet de la part de M. K..., mais ses relations aux autres partenaires de quadrille [39]. » Dans ce quadrille, il y a quatre personnes : Dora, le père, M. et Mme K... A l'époque, c'est la « structure à quatre », fondamentale dans la névrose et dans l'inconscient qui retient toute l'attention de Lacan. Nous verrons par la suite comment cette structure à quatre semble essentielle à la construction du « mythe individuel du névrosé [40] ». Le schéma suivant, proposé par É. Laurent [41], montre ce « quadrille » dont parle Lacan :

> « [Dans ce quadrille] il y a une subtile circulation de cadeaux précieux, rachat de la carence des prestations sexuelles [le père], laquelle, partant de son père à l'adresse de Mme K..., revient à la patiente par les disponibilités qu'elle libère chez M. K..., sans préjudice des munificences qui lui viennent directement de la source première, sous la forme des dons parallèles [42]... »

37. « Intervention », *op. cit.*, p. 219. Nous renvoyons nos lecteurs aux pages 23 et 24 des *Cinq psychanalyses* qui ont déjà été commentées dans le chapitre précédent.
38. *Idem.*
39. *Idem.*
40. Cf. le chapitre sur « l'homme aux rats ».
41. Laurent, É., *Entre transferencia y repetición*, Buenos Aires, Atuel, 1993, p. 40.
42. « Intervention », *op. cit.*, p. 219.

Pour être encore plus précis, il faudrait peut-être ajouter une « torsion » à ce schéma proposé par Laurent, étant donné qu'il s'inspire de Lévi-Strauss et de sa description de l'« échange généralisé ». Il faudrait que les rapports des quatre partenaires d'un échange généralisé standard forment un cercle ou, ce qui revient au même, un carré de type ABCD, comme le décrit Laurent, mais peut être en changeant les positions (Fig. 1). Mais on pourrait passer à un deuxième carré de type ABDC, comme le propose Lévi-Strauss, ce qui serait plus pertinent : on passe du premier au second carré par permutation de deux sommets adjacents (CD), c'est-à-dire par torsion d'un côté du carré (CD) autour de son axe de symétrie orthogonal (Fig. 2), ce qui donnerait ceci :

Fig. 1 Fig. 2

Dans la Fig. 1 le père fait des cadeaux à Mme K..., de telle sorte que celle-ci « libère » M. K..., qui, à son tour, fait des cadeaux à Dora : on voit le rapport de rivalité imaginaire entre Dora et Mme K. Mais ce schéma, plutôt axé sur l'imaginaire, ne ferait qu'occulter le fait que c'est le père qui est donateur du phallus, dans un registre essentiellement symbolique (Père -→ Dora), ce que l'on retrouve de manière plus évidente dans la Fig. 2, après notre « torsion ». Remarquons que c'est en suivant ce type d'opération que Lacan conçoit, dans le séminaire sur « La relation d'objet », les rapports de la « jeune homosexuelle » à son père [43].

Mais revenons à notre sujet principal : il est curieux que, lorsque Lacan décrit cette série d'échanges symboliques, il écrive :

> « En même temps, à partir de là, il semble clair pour Lacan que la relation œdipienne se révèle constituée chez Dora par une identification au père, qu'a favorisé l'impuissance sexuelle de celui-ci, éprouvée au reste par Dora comme identique à la prévalence de sa position de fortune : ceci trahi par l'allusion inconsciente que lui permet la sémantique du mot fortune en allemand : *Vermögen* [44]. »

En effet, si l'on va au texte de Freud, on peut constater qu'il y a toute une série signifiante ouverte par l'analyse d'un symptôme de Dora : la toux. Dans le texte, Lacan passe du quadrille (c'est-à-dire cette espèce de chaîne d'échanges lévistraussiènne, là où justement, l'hystérique fait obstacle, là où elle fait tache)

43. Cf. chapitre suivant.
44. « Intervention », *op. cit.*, p. 219-220.

à cette phrase qui commence par un « en même temps… » et qui est référée à l'Œdipe. C'est-à-dire dans le même temps, pour que ce quadrille, – qui n'est rien moins qu'un échange lévistrausien privé, névrotique, comme cela peut se produire dans nos sociétés (« Structures complexes de la parenté ») –, pour que ce quadrille donc fonctionne grâce au support de Dora (elle, la première), il faut qu'elle soit identifiée au père (« en même temps », écrit Lacan, car autrement cela ne tiendrait pas). En effet, pour que cela marche il faut nécessairement une hystérique comme Dora, identifiée à son père. Et pour qu'elle soit ainsi identifiée à son père, il faut « une relation œdipienne atypique » où la fille aime son père, non en tant que partenaire-objet, si l'on peut dire ainsi, via l'Œdipe, mais en tant qu'objet auquel elle va s'identifier. Et cela est, en principe, atypique.

La question qui s'ouvre à nous est : comment savons-nous que Dora est identifiée au père ? En l'écoutant, là où on ne dirait pas qu'elle dit quelque chose. Freud écrit : « Comme les accusations contre le père se répétaient avec une fatigante monotonie [imaginons ces séances] et que la toux persistait [imaginons cette toux], je fus conduit à penser que ce symptôme devait avoir un sens en rapport avec le père [45]. » Ainsi, selon Freud, la toux « parlait du père ». C'est en partant à la recherche du sens de cette toux que Freud repère un mot employé par Dora d'une manière équivoque. En effet, Dora dit que son père est riche (ce qui est vrai), fortuné et que c'est pour cette raison que Mme K… a des rapports sexuels avec lui. Dora utilise le mot allemand « *Vermögen* », qui veut dire « puissant ». Son père est puissant – c'est-à-dire riche. Mais Freud détecte une ambiguïté dans la manière même qu'a Dora d'employer ce mot :

> « L'occasion se présenta d'expliquer la toux nerveuse par une imaginaire situation sexuelle. Lorsque Dora eut souligné une fois de plus que Mme K… n'aimait son père que parce qu'il était un homme fortuné, je me suis aperçu, grâce à certaines petites particularités de son mode de langage […] que cette proposition masquait son contraire : à savoir que son père n'avait pas de fortune. Ceci ne pouvait avoir qu'un sens sexuel [46]… »

Bref : son père, en tant qu'homme, était impuissant. Freud transmet cette idée à Dora, et celle-ci en convient, en même temps qu'elle avoue y avoir pensé avant. Il s'agit d'une première conquête. Mais Freud va encore plus loin en lui disant que ce serait tout de même une contradiction que de prétendre que son père a des rapports sexuels avec Mme K…, alors qu'il est impuissant. Eh bien, pas du tout. La jeune femme lui répond qu'il y a d'autres manières de satisfaire un partenaire, en utilisant d'autres organes : elle fait ainsi référence à la bouche.

Freud écrit à ce propos :

45. *Cinq psychanalyses*, *op. cit.*, p. 32.
46. *Idem*, p. 33.

« Lorsque je lui demandai si elle entendait parler ainsi de l'utilisation d'autres organes que les organes génitaux dans les rapports sexuels, elle me répondit par l'affirmative et je pus poursuivre en lui disant que certainement elle devait penser aux organes qui, chez elle, se trouvaient dans un état d'irritation : la gorge et la cavité buccale [...] La suite du raisonnement était pourtant inéluctable, cette toux survenant par quintes et provoquée habituellement par un chatouillement dans le gosier, représentait une situation de satisfaction sexuelle *per os* entre les deux personnes dont les relations amoureuses la préoccupaient sans cesse [47]. »

Freud entend par-là une scène fantasmatique de fellation, par où Dora serait identifiée à Mme K... en pratiquant du sexe *per os* sur son père. Il faut savoir que cette intervention est devenue une interprétation en ceci : d'abord, le symptôme de la toux avait disparu « peu de temps après cette explication », ensuite, elle a produit toute une série de souvenirs qui la confirmaient. En effet, il y a une série isolée par Freud qui part de la toux, passe par l'équivoque du mot *Vermögen*, ensuite par le fantasme de fellation sur le père et finit par un souvenir d'enfance où Dora est en train de sucer son pouce en même temps qu'elle tiraille l'oreille de son frère d'un an et demi son aîné [48].

IDENTIFICATIONS

Nous devons faire attention au début de cette série signifiante à savoir : le rapport entre la toux et les « accusations contre le père ». C'est à propos de ceci que Lacan dira que « la relation œdipienne se révèle constituée chez Dora par une identification au père ». Cette idée n'est pas de Lacan seulement, car c'est bel et bien Freud qui l'avance. Dans le chapitre VII de *Psychologie des masses et analyse du Moi* on lit :

« Dans une formation de symptôme névrotique, nous dégageons l'identification d'un contexte plus embrouillé [...] cela peut se produire par des voies différentes. *Ou bien* l'identification est celle-là même du complexe d'Œdipe (par exemple : la fille a le même symptôme que la mère) [...] *ou bien au contraire* [au contraire du complexe d'Œdipe] le symptôme est le même que celui de la personne aimée (ainsi Dora [...] imite la toux du père) [49]. »

Autrement dit, chez Dora il ne s'agit pas d'une version œdipienne où on aime le parent du sexe opposé. Chez elle, l'Œdipe est constitué par une identification au père, un homme, à travers l'emprunt d'un seul trait de la personne du père, au point même que l'on pourrait dire que, via cette identification, lorsqu'elle tousse, « elle est son père ».

47. *Idem*, p. 33-34.
48. *Idem*, p. 32, 33, 36, 37.
49. Freud, S., *Essais de Psychanalyse*, Paris, Payot, p. 169 (nous soulignons).

Selon Freud, dans *Psychologie des masses et analyse du Moi*, il y a trois types différents d'identification. Il y a d'abord une sorte d'identification primaire au père, en tant qu'élément imaginaire. Cela peut paraître curieux, dans la mesure où Freud aurait pu dire « c'est une identification à la mère » : puisqu'il s'agit de l'identification primaire à un objet pendant la petite enfance, ce premier Autre devrait être la mère. Eh bien, Freud dit « c'est une identification au père » – ou, si l'on veut, c'est une identification à la mère en tant qu'objet déjà symbolisé, donc à la mère en tant qu'objet perdu. Le mot est le meurtre de la chose. Il faut voir à ce propos le commentaire de Lacan sur Henri Wallon : il soulignait par exemple que « ce n'est pas d'emblée que l'enfant surveille la porte par où est sortie sa mère – marquant ainsi qu'il s'attend à l'y revoir – mais avant, c'est au point même où elle l'a quitté, au point qu'elle a abandonné près de lui, qu'il porte sa vigilance [50] ». Donc la mère en tant que telle, n'y est plus : ce qui reste « enregistré » pour l'enfant c'est cette Imago de la mère (Imago de la mère = meurtre de la mère – car elle peut être substituée par sa propre image). Et ceci est en soi déjà une première identification. Il y a ensuite une deuxième forme d'identification, Symbolique, héritée du complexe d'Œdipe, à propos de laquelle Freud donne comme exemple le cas Dora – la toux comme trait identificatoire au père.

Finalement, il y a l'identification Imaginaire, que Freud illustre à travers la contagion hystérique, avec l'exemple du pensionnat de jeunes filles :

> « Il y a un troisième cas de formation de symptôme, particulièrement fréquent et significatif, où l'identification fait totalement abstraction du rapport objectal à la personne copiée. Quand, par exemple, l'une des jeunes filles d'un pensionnat vient de recevoir, de celui qu'elle aime en secret, une lettre qui suscite sa jalousie et à laquelle elle réagit par une crise d'hystérie, quelques-unes de ses amies, au courant du fait, vont alors attraper cette crise, comme nous le disons, par la voie de la contagion hystérique [51]. »

Cependant, l'identification qui doit nous intéresser maintenant est la deuxième, l'identification Symbolique, héritière de la fin du complexe d'Œdipe. Cela correspond à ce que Lacan appelait « le troisième temps de l'Œdipe » : son idée est qu'on hérite cette identification à vie, et que c'est là que réside la véritable introjection du nom-du-père, grâce à quoi on n'est pas psychotique. Prenons un exemple : un enfant montait son pyjama jusqu'à la hauteur de ses aisselles, en disant « je suis papa » – il montait le pyjama jusqu'à ce qu'il pensait être la hauteur du pyjama de son père. Et il était le père ! C'est cela l'identification symbolique – on est le père à travers le pyjama. Quelques années après, déjà adulte et en analyse, il dira que c'était une manière d'être « à la hauteur du père ».

50. *Le séminaire, livre XI*, *op. cit.*, p. 60.
51. *Essais de psychanalyse*, *op. cit.*, p. 170.

Vermögen

Après cette parenthèse, reprenons ce qu'écrit Lacan : « En même temps, la relation œdipienne se révèle constituée chez Dora par une identification au père [...] allusion inconsciente que lui permet la sémantique du mot "fortune" en allemand : *Vermögen* [52]. »

Il est à cet égard intéressant d'envisager cet épisode dans la perspective d'un acte manqué (que Lacan range dans la catégorie des « formations de l'inconscient » au même titre quelles lapsus, les mots d'esprit ou les rêves), dans la mesure où l'on est déjà en présence d'une interprétation : ainsi on pourrait dire avec J.-A. Miller que « l'inconscient interprète ». Les accusations contre le père (« il veut me prostituer, il m'échange en me donnant comme objet d'échange à M. K... »), ainsi que la toux et surtout l'aphonie, cachaient un désir inconscient, mis au jour par Freud grâce à cette espèce d'acte manqué qu'est le mot (le signifiant, dirait Lacan) « *Vermögen* ». Une fois de plus donc, nous pouvons faire usage du « graphe L » de Lacan, où l'on peut distinguer deux registres tout à fait différents : le registre Imaginaire, caractérisé par un rapport immédiat à l'autre, là où apparaissent les phénomènes d'agressivité – l'amour ou la haine – dits « phénomènes imaginaires », et le registre Symbolique, qui détermine ces phénomènes imaginaires. Ce registre symbolique est inconscient, ce qui veut dire qu'il est une manifestation de l'inconscient (lapsus, rêve) qui obéit à des règles très précises, mais qui échappe au Moi du sujet.

Graphe L :

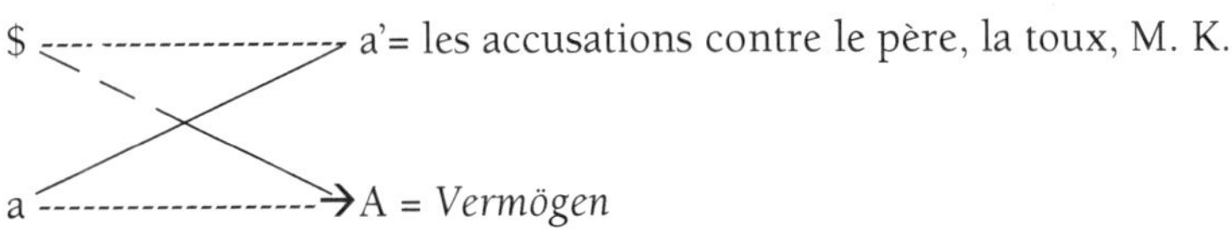

Ce « A », Lacan l'appelle « batterie du signifiant », soit : lapsus, rêves et tout matériel susceptible de dévoiler l'inconscient, c'est à ce niveau du discours qui apparaît le mot « *Vermögen* ». Que se passe-t-il ? Freud interprète cet énoncé imaginaire, *Vermögen*, en faisant de lui un énoncé symbolique, soit un signifiant. Le mot *Vermögen* en lui-même n'a aucun intérêt – mais dès qu'on l'interprète, on lui donne une autre signification, on le met en rapport avec un autre signifiant : l'impuissance sexuelle, par exemple. On voit aussi, de cette manière, comment tout signifiant est phallique et renvoie à une signification (phallique) à advenir. Le « graphe L » peut aussi devenir l'étage inférieur du « graphe du désir [53] » :

---

52. « Intervention », *op. cit.*, p. 220.
53. Lacan J., *Le séminaire, livre V*, « Les formations de l'inconscient », Paris, Le Seuil, 1994.

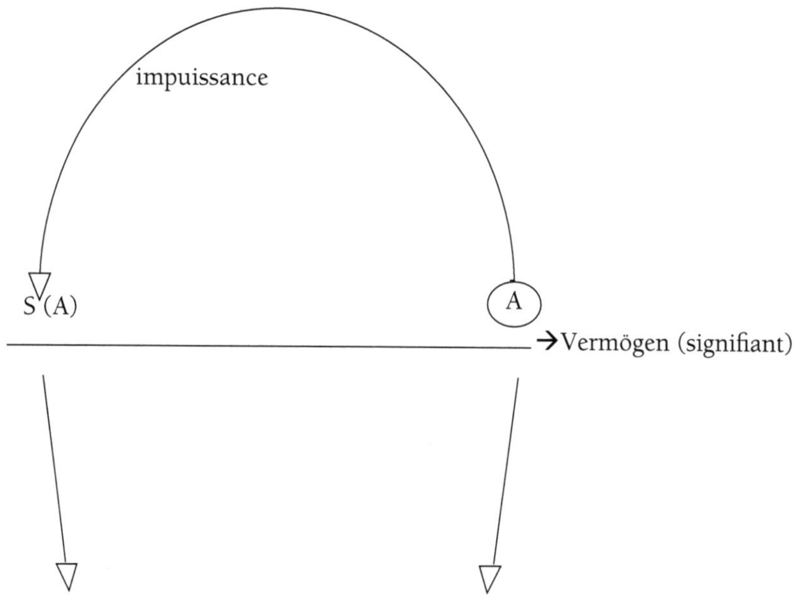

Le registre imaginaire est le registre du Moi, où le sujet est sûr de son image – à l'instar de ce patient qui était parti en Espagne avec deux filles, pour nous convaincre d'un exploit sexuel : mais lorsqu'il nous raconte cette histoire et veut faire référence à la deuxième des filles, un lapsus lui fait dire « la troisième fille » (se comptant ainsi lui-même en tant que fille, puisqu'ils n'étaient que trois). Il met ainsi en évidence sa position passive à l'égard des femmes par le fait qu'il arrive à faire ce voyage, « en tant que fille », ce qui veut dire « en n'ayant rien à perdre ».

Nous pouvons nous poser la question suivante : le mot *Vermögen* est-il un acte manqué, ou est-ce Freud qui force les choses ? La réponse c'est que Freud, à partir de l'hypothèse de l'inconscient, « parie » sur cette hypothèse et donc sur l'existence d'un savoir inconscient, sur l'existence d'un « ça pense », au-delà du narcissisme du Moi et de ses certitudes. Freud suit la voie du registre symbolique qui détermine notre histoire. C'est bel et bien Freud qui, mettant en fonction la prémisse de l'existence de l'inconscient fait de ce simple énoncé « concret » (mon père est riche), un énoncé imaginaire, où le mot est univoque et représente une chose, un lapsus, un signifiant. On voit ainsi pourquoi Lacan dira que « L'interprétation de l'analyste ne fait que recouvrir le fait que l'inconscient [...] a déjà dans ses formations – rêve, lapsus, mot d'esprit ou symptôme – procédé par interprétation [54]. » Pour Lacan comme pour Freud, le lapsus est déjà une interprétation. Dans un texte de l'année 1912 intitulé « L'Emploi de l'interpré-

54. « Les Quatre concepts », *op. cit.*, p. 118.

tation des rêves en analyse », Freud dira qu'il ne faut pas interpréter les rêves – qu'il faut plutôt laisser le patient associer ce que ce rêve veut dire. Ainsi, Freud fait de cet énoncé apparemment univoque « mon père est puissant », un énoncé équivoque – ouvert donc à d'autres sens. C'est même la raison pour laquelle Lacan dira « le désir de l'analyste est son interprétation », car l'interprétation est ce que l'analyste dit du désir.

Or, qu'est-ce que dit Freud de ce désir concernant le cas Dora ? Freud ne dit pas grand-chose, ou, ce qui est pire : il fait fausse route. Car il a bien écouté cette espèce de lapsus, mais finalement, ce que Lacan appelle les « préjugées » de Freud, l'emportent. Freud dit à Dora que ce *Vermögen* est en rapport avec un fantasme oral inconscient. Mais, vu que Freud est parti de l'idée selon laquelle Dora est amoureuse de son père (via l'Œdipe, justement), il suppose qu'il y a là un fantasme de fellation sur son père. Voilà « la fausse route » (il est intéressant de noter qu'en médecine on dit qu'il y a « fausse route » lorsqu'un patient passe à sa trachée ce qu'il devrait avaler… Freud fait avaler un pénis à Dora, pas n'importe quel pénis, mais celui de son père, Œdipe oblige).

Comment savoir donc si cette interprétation est vraiment une interprétation (« une interprétation vraie ») et pas l'effet d'une suggestion ? Nous avons déjà vu que pour Lacan une interprétation est vraie lorsqu'elle est une interprétation. Elle produit soit un matériel inconscient qui la confirme, soit une guérison et/ou une modification du symptôme. Chez Dora, nous l'avons déjà dit, l'interprétation produit les deux choses : d'une part Dora a arrêté de tousser (mais cela aurait pu être l'effet d'une suggestion comportementale – on lui signifie que lorsqu'elle tousse en réalité elle suce, cela aurait pu l'inhiber !) – mais de plus, cette interprétation produit un matériel que la confirme.

Pourtant, n'oublions pas que Freud, tout en ayant ce matériel, ce matériel « vrai », ce matériel produit par la cure et qui appartient à l'axe Symbolique, interprète néanmoins dans le sens de ses propres préjugés : la toux de Dora traduirait une fellation sur son père. Ceci dit, tout nous fait croire, selon l'analyse faite par Lacan dans son « Intervention sur le transfert », qu'alors que l'intervention sur l'aphonie était sauvage et Imaginaire, celle sur le signifiant *Vermögen* est de nature différente, touchant de plus près à un fantasme inconscient via l'identification au père. C'est sur ce point que Lacan, tout en confirmant qu'il s'agit d'une interprétation, ne sera pas d'accord avec Freud. Dora tousse et, de plus, elle présente quelques épisodes d'aphonie. Cette aphonie se manifeste chez Dora dans des moments très précis : elle devient aphone lorsque M. K… s'éloigne et qu'elle reste toute seule avec Mme K… Freud évoque le caractère sexuel de cette aphonie en la traduisant comme un appel muet à l'homme aimé (M. K…). Pour Lacan, cette idée rentre tout à fait dans la ligne des préjugés de Freud. Lacan voit plutôt dans cette aphonie qui apparaît lorsqu'elle reste toute seule avec Mme K… un fantasme inconscient de *cunnilingus* sur Mme K…

Reprenons la chose où nous l'avions laissée, à savoir ce « second développement de la vérité », où Dora apparaît comme complice de l'affaire amoureuse entre son père et Mme K... Freud opère, selon Lacan, « un deuxième renversement dialectique » après avoir interprété l'équivoque *Vermögen* :

> « La question devient donc : que signifie sur cette base la jalousie soudainement manifestée par Dora à l'endroit de la relation amoureuse de son père ? [...] Ici se place le deuxième renversement dialectique, que Freud opère par cette remarque que ce n'est point ici l'objet prétendu de la jalousie qui en donne le vrai motif, mais qu'il masque un intérêt pour la personne du sujet-rival [55] », soit Mme K...

C'est de là, selon Lacan, que surgit le « troisième développement de la vérité », conséquence « logique » du « deuxième renversement dialectique » qui le précède, où apparaît « l'attachement fasciné de Dora pour Mme K... ("la blancheur ravissante de son corps") [56] ». Et Lacan d'ajouter cette phrase-clé : « Freud a aperçu la question à laquelle menait ce nouveau développement », ce qui veut dire, selon le commentaire d'É. Laurent [57], que Freud a très bien vu la « question homosexuelle » chez Dora, mais qu'il a agi, une fois encore en vertu de ses préjugés, sans en tenir compte.

Voilà ainsi cette question de « l'homosexualité » de Dora, que personne n'avait pu formuler ainsi avant Lacan : le « troisième développement de la vérité » (« l'attachement fasciné de Dora pour Mme K... ») n'est pas l'attirance homosexuelle pour Mme K... comme l'ont répété tous les psychanalystes depuis Freud. Il aurait donc fallu, selon Lacan, un « troisième renversement dialectique », par où apparaîtrait « la valeur réelle de l'objet qu'est Mme K... pour Dora. C'est-à-dire non pas un individu, mais un mystère, le mystère de sa propre féminité, nous voulons dire de sa féminité corporelle, – comme cela apparaît sans voile dans le second des deux rêves dont l'étude fait la seconde partie de l'exposé du cas Dora [58]. » Et Lacan d'ajouter : « Déjà à notre portée nous apparaît la borne autour de laquelle notre char doit tourner pour renverser une dernière fois sa carrière [59]. »

En effet, Freud écrit : « Lorsque Dora parlait de Mme K..., elle faisait l'éloge de la "blancheur ravissante de son corps" [60]. » Selon Lacan, il ne s'agit pas tout à fait de « l'homosexualité » de Dora, mais il faudrait voir là plutôt l'extrême labilité de toute identification sexuelle, surtout féminine, qui se manifeste chez Dora, selon l'expression de Lacan, sous la forme d'une question « Qu'est-ce qu'une femme ? » Mme K... incarnait pour elle cette énigme, et sa réponse à

55. « Intervention », *op. cit.*, p. 220.
56. *Idem.*
57. *Entre transferencia y repetición.*
58. *Idem.*
59. « Intervention », *op. cit.*, p. 221.
60. *Cinq psychanalyses, op. cit.*, p. 44.

elle, Dora, était de s'identifier à deux hommes : son père et M. K – de manière certes différente. C'est pour cette raison que Lacan pense qu'un « troisième renversement dialectique » (l'énigme qu'était pour Dora Mme K...) aurait donné lieu à « la borne autour de laquelle notre char doit tourner pour renverser une dernière fois sa carrière » : « C'est cette image la plus lointaine qu'atteigne Dora de sa petite enfance [...] : c'est Dora, probablement encore enfant, en train de suçoter son pouce gauche, cependant que de la main droite elle tiraille l'oreille de son frère [...] Il semble qu'on ait là la matrice imaginaire où sont venues se couler toutes les situations que Dora a développées dans sa vie [61]. »

Pourquoi Lacan pense-t-il que le souvenir d'enfance de Dora est « la borne autour de laquelle notre char doit tourner pour renverser une dernière fois sa carrière » ? Selon lui, « Il semble qu'on ait là la matrice imaginaire où sont venues se couler toutes les situations que Dora a développées dans sa vie [62]. » En effet, l'article de Lacan est articulé autour de l'automatisme de répétition, de la répétition du système symbolique et du transfert conçu comme une répétition. C'est pour cette raison d'ailleurs qu'il définit le transfert comme étant les modes permanents selon lesquels le sujet constitue ses objets. Nous avons déjà fait référence au texte de Freud où il définit l'amour de transfert (et donc le transfert) comme un cliché, une réédition de vieilles amours. Par ailleurs, Freud revient sur cette définition dans le cas Dora « Que sont ces *transferts* ? Ce sont de nouvelles éditions, des copies des tendances et des fantasmes qui doivent être éveillés et rendus conscients par le progrès de l'analyse, et dont le trait caractéristique est de remplacer une personne antérieurement connue par la personne du médecin [63]. » Dans le souvenir évoqué par Dora, le vieil amour apparaît comme un rapport à un objet pulsionnel : ceci nous rappelle ce que Lacan appelle l'objet « a ». Le vrai « partenaire » du sujet, là, c'est l'objet oral. Il est question donc de parler de « fantasme oral fondamental » chez Dora. Mais ce n'est pas tout. Pour Lacan, c'est objet « a », objet prégénital des post-freudiens, ne serait être sans rapport avec l'identification sexuelle du sujet, avec la manière dont il assume son propre sexe.

Si Dora se demande « qu'est-ce qu'une femme ? » c'est parce qu'il est question pour elle de savoir avec quoi « on marie » une femme. Pour Freud la réponse est claire : ça se marie à un homme – c'est là son contre-transfert. L'idée de Lacan est de dire que c'est ce « préjugé » de Freud qui fera partir Dora et non la non-compréhension de son « homosexualité » : Freud n'aurait pas compris que la femme ne se marie pas forcément à l'homme – Lacan, par contre, a pu dire à juste titre qu'« il n'y a pas de rapport sexuel [64] ». Quant à Dora, Lacan

61. *Idem*.
62. *Idem*.
63. *Cinq psychanalyses*, *op. cit.*, p. 86-87.
64. Lacan J., *Le séminaire, livre XX*, « Encore », Paris, Le Seuil, 1976.

pouvait déjà affirmer en 1951 que le souvenir où elle tiraille l'oreille de son frère donne « la matrice imaginaire » de l'inertie fantasmatique de Dora, de « toutes les situations que Dora a développées dans sa vie », et il ajoute « Nous pouvons y prendre la mesure de ce que signifie maintenant pour elle la femme et l'homme [65]. » La femme : celle qui suce ; l'homme : celui à qui on s'accroche à travers une identification « moïque », imaginaire. C'est pour cette raison que Lacan affirme que Dora :

> « Pour accéder à cette reconnaissance de sa féminité, il lui faudrait réaliser cette assomption de son propre corps [...] Or pour réaliser la condition de cet accès, elle n'a eu que le seul truchement que *l'imago* originelle nous montre lui offrir une ouverture vers l'objet, à savoir le partenaire masculin auquel son écart d'âge lui permet de s'identifier en cette aliénation primordiale où le sujet se reconnaît comme je [66]... »

On voit donc l'identification au frère comme pouvant donner une réponse à la question du rapport sexuel entre l'homme et la femme. En effet, n'oublions pas cette phrase de Freud répétée inlassablement par ses lecteurs « Je ne réussis pas à me rendre à temps maître du transfert [67]. » Où se situe ce manque de maîtrise ? Bref : en quoi Freud n'a-t-il pas su « diriger la cure » ? Revenons donc à ses préjugés. Tout d'abord, il se met à la place du père de Dora : « Au début, il apparaissait clairement que je remplaçais, dans son imagination, son père. » Freud avait su dire, à chaque occasion « vous faites avec moi comme avec votre père ». Mais le transfert allait plus loin car, – et c'est là où Freud considère qu'il n'a pas vu le transfert – il était clair aussi que la patiente le prenait pour M. K..., comme le suggère l'analyse du « premier rêve ». De quoi s'agit-il ? « Il y a un incendie dans une maison [...] mon père est debout devant mon lit et me réveille. Je m'habille vite. Maman veut encore sauver sa boîte à bijoux, mais papa dit : « Je ne veux pas que mes deux enfants et moi soyons carbonisés à cause de ta boîte à bijoux. » Nous descendons en hâte, et aussitôt dehors, je me réveille [68]. » Avant d'aller plus loin, remarquons un élément important : Dora rapporte « le lendemain » du récit du rêve qu'en se réveillant elle sent « tous les jours » une odeur de fumée. Pour Freud il est clair qu'il s'agit d'un signifiant transférentiel, ce qu'il communique à Dora, mais « elle objectait à cette interprétation exclusivement personnelle que M. K... et son père étaient, comme moi-même d'ailleurs, des fumeurs passionnés. Elle-même fumait aussi au bord du lac, et M. K... lui avait roulé une cigarette avant d'avoir si malencontreusement commencé à la courtiser [69]. » C'est dans cette série construite par Dora elle-

65. « Intervention », *op. cit.*, p. 221.
66. *Idem.*
67. *Cinq psychanalyses, op. cit.*, p. 88.
68. *Idem*, p. 46.
69. *Idem*, p. 53.

même qu'elle prévenait Freud d'un transfert, mais lequel ? Freud y verra clair par la suite, dans l'épilogue du cas clinique, mais trop tard pour réagir : «... j'aurais dû me mettre sur mes gardes et lui dire : "Vous venez de faire un transfert de M. K... sur moi" [70]. » Oui, mais quelle est la valeur de ce transfert ? Qu'est-ce qu'il signifie ? Revenons à la matrice fantasmatique fondamentale où Dora reste accrochée à son frère en même temps qu'elle s'auto-satisfait : ceci constitue sa manière de répondre à la question et de la différence sexuelle (la castration) et de l'assomption (selon le mot employé par Lacan), de sa sexualité et donc de sa propre castration. Son « je » n'est rien d'autre que les différents hommes auxquels elle s'identifie. Et Lacan d'ajouter : « Aussi Dora s'est-elle identifiée à M. K... comme elle est en train de s'identifier à Freud lui-même (le fait que ce fut au réveil du rêve "de transfert" qu'elle ait perçu l'odeur de fumée qui appartient aux deux hommes [indique] que cette hallucination correspondit au stade crépusculaire du retour du moi) [71]. » Autrement dit, Dora se sert des hommes, y compris de Freud lui-même, pour répondre à la question de la féminité. À la question qui suis-je ? Elle répond « je suis mon frère ». Le commentaire de Lacan ne s'arrête naturellement pas là, car il donne une indication précieuse et inattendue sur la façon de manier le transfert dans cette situation (ou au moins, comment Freud aurait pu s'en sortir). Suivant l'idée du « contre-transfert » de Freud, soit de son erreur majeure dans l'analyse de Dora, il explique ce qui aurait pu sauver ce traitement : Freud aurait dû, comme il le pense, suggérer à Dora qu'elle le prenait pour M. K..., même si cette « interprétation du transfert » ne saurait être le dernier mot (à quoi bon « renforcer » le transfert en disant au patient « vous me prenez pour votre père » ?). Lacan précise : « Qu'est-ce alors qu'interpréter le transfert ? Rien d'autre que de remplir par un leurre le vide de ce point mort. Mais ce leurre est utile, car même trompeur il relance le procès [72]. » Car le fait qu'« il [Freud] se fût mis en jeu en personne comme substitut de M. K..., eût préservé Freud de trop insister sur la valeur des propositions de mariage de celui-ci [73] ».

Ainsi, pour Lacan, Freud aurait dû dire à Dora « Vous me prenez pour M. K... », ce qui est un leurre, non parce que ce serait faux, mais parce qu'il s'agit d'un masque. L'idée de Lacan est que ce masque aurait permis de relancer la cure, car cela aurait permis à Freud de contrôler son « contre-transfert », soit son erreur, concernant le rapport sexuel dans lequel la jeune fille devait s'inscrire. Si Freud devenait M. K... il se serait senti inhibé pour insister sur la « victoire de l'amour » avec un mariage avec M. K... comme solution à tous les problèmes de Dora. Derrière le masque du père que Freud a porté pendant tout

70. *Idem*, p. 89.
71. « Intervention », *op. cit.*, p. 222.
72. *Idem*, p. 225.
73. *Idem*.

un temps, il y a eu aussi le masque de M. K... Le problème, comme l'indique É. Laurent, est que, dans le transfert, « Freud s'est arrêté au masque de M. K... [74]. » Face à ce premier rêve (où Freud incarnait M. K...), Freud a bien fait de mettre en valeur le signifiant « boîte à bijoux », en montrant que la boîte à bijoux était Dora elle-même, son propre sexe, le fait qu'elle-même devait échanger son propre corps (« un cadeau en échange »). Mais une fois de plus, Freud complique les choses dans le sens de l'Œdipe et du « rapport sexuel » homme-femme : « M. K... doit être mis à la place de votre père [...] votre maman doit être remplacée par Mme K... [75]. » Or, Dora s'identifiant à Freud, comme jadis à M. K..., prend un sens complètement différent de celui de l'Œdipe ! C'est ainsi qu'il faut savoir voir que le transfert « ne prend son sens qu'en fonction du moment dialectique où il se produit [76] » et qu'en l'occurrence, ce qu'il fallait voir, c'est l'identification virile de Dora.

Ce que M. K... savait

Lacan avance l'idée que Dora se sert de M. K... comme support imaginaire, i (a), de son propre moi afin de pouvoir aborder la question de la féminité :

> « Son père est impuissant avec Mme K ? Eh bien, qu'importe, c'est elle qui fera la copule. Elle paiera de sa personne. C'est elle qui soutiendra cette relation. Et puisque cela ne suffit pas encore, elle fera intervenir l'image, substituée à elle comme je vous l'ai dès longtemps montré, et démontré, de M. K. – qu'elle précipitera aux abîmes, qu'elle rejettera dans les ténèbres extérieures, au moment où cet animal lui dira la seule chose qu'il ne fallait pas lui dire, *ma femme n'est rien pour moi.* À savoir, elle ne me fait pas bander. Si elle ne te fait pas bander, adonc, à quoi est-ce que tu sers [77] ? »

En effet, il s'agit de la fameuse « scène du lac » où, on ne l'a pas encore dit, M. K... a la bonne idée, afin de séduire Dora, de le lui dire « Vous savez, ma femme n'est rien pour moi [78]. » Il a fallu que Freud revienne sur cette fameuse « scène du lac » et qu'il demande à la patiente de lui raconter « cette scène dans tous ses détails ». C'est après cette phrase qu'elle va gifler M. K... et s'enfuir. Selon Lacan, et à juste titre, M. K... est « un animal » : à l'instar de Freud, il n'a pas compris, que le rapport sexuel « homme-femme » ne va pas de soi et qu'il se puisse qu'une femme semble s'intéresser à un homme pour, en réalité, s'intéresser à une autre femme. Mais l'on pourrait renverser l'idiotie de M. K..., et constater qu'il savait au moins quelque chose, même s'il n'en voulait rien savoir : il savait que les femmes sont « du semblant ». Ce semblant... ce n'est

74. *Entre transferencia y repeticion, op. cit.*, p. 148.
75. *Cinq psychanalyses, op. cit.*, p. 51.
76. « Intervention », *op. cit.*, p. 225.
77. Lacan J., *Le séminaire, livre VIII*, « Le transfert », Paris, Le Seuil, 2001, p. 293.
78. *Cinq psychanalyses, op. cit.*, p. 73.

qu'un semblant phallique : elle n'est rien pour moi, comme semblant, elle ne me sert plus. De son côté, Dora déprime et sa névrose se déclenche le jour où on lui suggère que Mme K..., qui représente tellement pour elle, n'est que du semblant phallique. Preuve en est qu'il suffit d'une seule phrase – pouvoir de la parole ? interprétation mutative ? – pour que tout tombe à l'eau... du lac. Ce qui ne veut pas dire que c'est comme cela qu'on doit faire en analyse, bien au contraire : en analyse il s'agit de ne pas être un animal, comme M. K..., mais de « respecter le masque [79] », respecter le semblant – ce qui est une autre manière de faire avec le signifiant.

Lacan signale que Freud a raison de penser que « Le retour à la revendication passionnelle envers le père, représente une régression par rapport aux relations ébauchées avec M. K... [80]. » En effet, Lacan se réfère au passage que nous avons déjà commenté, de la « Psychologie des masses », où Freud voit dans l'identification de Dora à son père via le symptôme de la toux, une régression : « L'identification a pris la place du choix d'objet, le choix d'objet a régressé jusqu'à l'identification [81]. » C'est ainsi que le rapport que Dora entretient avec M. K..., même s'il s'agissait d'une « prothèse imaginaire », semble être un « progrès » vis-à-vis d'une revendication plus oedipienne (nous reviendrons sur ce point plus en détail). Mais pour que ce « progrès » soit consistant, il fallait que Dora se reconnaisse elle-même comme un objet du désir de l'homme – or, son symptôme était précisément cette impossibilité, « les effets symptomatiques du complexe de castration [82] ». Dora ne peut, justement, accepter d'incarner le phallus. Selon Freud et Lacan, le rapport imaginaire a → a'de Dora à M. K... était un progrès pour Dora, si l'on pense qu'elle renoncerait ainsi à la demande de phallus paternel (demande qui sera toujours insatisfaite, car même si elle est inconsciente, Dora sait très bien que le père est impuissant). Avec « l'amour » pour M. K... (identification à un homme, en fait) Dora aurait renoncé à avoir le phallus du père, pour le devenir elle-même. Mais, il n'en est rien ! La revendication vis-à-vis du père est une régression à une situation, si l'on peut dire, plus « oedipienne » en ceci : Dora ne se pose pas encore la question de la castration, soit d'offrir son propre corps comme corps sexué, phallique, objet du désir de l'homme, en « assumant » sa propre féminité.

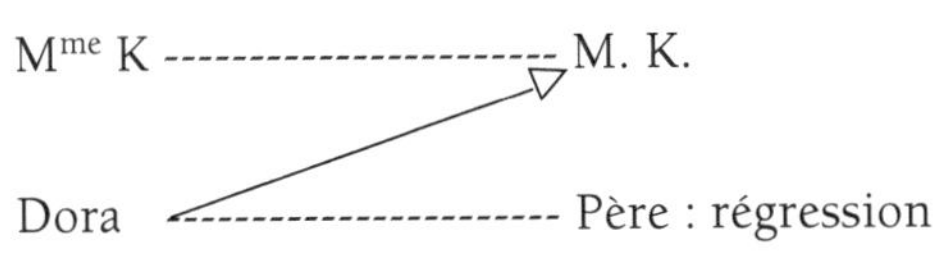

79. Miller J.-A., *Le Gide de Lacan*, revue de *La Cause freudienne*, n° 25, p. 7.
80. « Intervention », *op. cit.*, p. 222.
81. « Psychologie des masses », *op. cit.*, p. 169.
82. « Le Transfert », *op. cit.*, p. 292.

À Lacan d'ajouter : « Mais cet hommage [rapport imaginaire à M. K...] dont Freud entrevoit la puissance salutaire [voire même la « progression »] pour Dora, ne pourrait être reçu par elle comme manifestation du désir que si elle s'acceptait elle-même comme objet du désir, c'est-à-dire après qu'elle ait épuisé le sens de ce qu'elle cherche en Mme K... [83]. »

Le rapport sexuel selon Dora

Si la scène d'enfance où Dora suce son pouce est la matrice fantasmatique qui sillonnait ses rapports à ses différents objets, c'est parce que cette matrice était une condition pour faire exister le « rapport sexuel » qu'il n'y a pas « naturellement » entre l'homme et la femme. Dès lors « la femme c'est [pour elle] l'objet impossible à détacher d'un primitif désir oral [84] », on voit là l'impossibilité inhérente au signifiant « femme » de fonctionner comme signifiant pour l'autre signifiant « homme ». Mais Lacan ne confond pas ceci avec « l'objet partiel » ou avec les objets prégénitaux des auteurs post-freudiens, dans la mesure où cet « objet oral » est lui aussi déterminé par la castration, ainsi Lacan poursuit : « La femme, c'est l'objet impossible à détacher d'un primitif désir oral et où il faut *pourtant* qu'elle [Dora] apprenne à reconnaître sa propre nature génitale [85]. » Mme K... incarnait pour Dora ce que c'est qu'une femme qui sait être le phallus pour les hommes, même si Dora ne peut avoir accès à elle qu'à travers la pulsion orale et le fantasme de *cunnilingus*. Or, pour accéder à cette reconnaissance de sa féminité, il lui faudrait réaliser cette assomption de son propre corps, ce qui, vraisemblablement, ne se produira jamais. Épuiser le sens de ce qu'elle cherche en Mme K... (quitte à ce que cela butte sur un « non-sens ») aurait été de voir ce que Mme K... représentait pour elle : un sujet qui sait être l'objet du désir de l'homme. Ainsi, l'équivoque *Vermögen* d'une part cachait le fantasme érotique de *cunnilingus*, et d'autre part, satisfaisait la pulsion.

Si nous voulions compléter le graphe du désir, nous écririons ceci :

GRAPHE COMPLET.

Le signifiant ouvre la voie de la pulsion ($ <>D).

83 .« Intervention », *op. cit.*, p. 222.

84. *Idem*, p. 221.

85. *Idem* (nous soulignons).

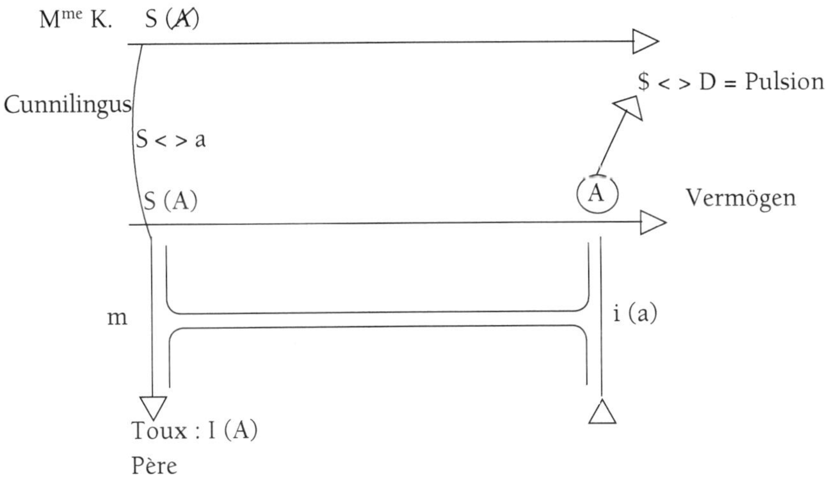

Un dernier mot avant de clore ce chapitre. Nous avons traité des échanges et fait également allusion au passage obligé qu'est Claude Lévi-Strauss. C'est à propos de ces échanges que Lacan voit un problème « pour toute femme [86] » d'être l'objet d'un échange phallique entre les hommes, car « pour des raisons qui sont au fondement même des échanges sociaux les plus élémentaires (ceux-là mêmes que Dora formule dans les griefs de sa révolte), allusion explicite donc aux « structures élémentaires de la parenté » de Lévi-Strauss, « le problème de sa condition », de femme donc, « est au fond de s'accepter comme objet du désir de l'homme », c'est un mode de la castration féminine si l'on veut « et c'est là pour Dora le mystère qui motive son idolâtrie pour Mme K… [87] » Lacan va encore plus loin lorsqu'il avance, à propos de la longue méditation de Dora devant La Madone, que c'est le christianisme qui a donné « à cette impasse subjective » une solution « en faisant de la femme l'objet d'un désir divin ou un objet transcendant du désir, ce qui s'équivaut [88]. » En effet, si l'Ancien Testament incarne « la loi » paternelle, le Nouveau Testament inaugure « la grâce » maternelle et introduit la femme comme pouvant être autre chose qu'un objet d'échange : elle devient l'objet du « désir de Dieu », ou si l'on veut, l'objet d'aucun homme vivant, soit encore un objet au-delà de tout désir phallique. Lacan reprendra cette réflexion vingt ans plus tard, dans son séminaire « Encore [89] ».

86. *Idem*, p. 222.
87. *Idem*.
88. *Idem*.
89. Lacan J., *Le séminaire, livre XX*, « Encore », Paris, Le Seuil, 1973.

Chapitre 4

LACAN ET LA SIGNIFICATION DU PHALLUS

Nous nous permettrons d'ouvrir une parenthèse afin de mieux approfondir les remarques précédentes concernant la valeur du phallus dans la cure, pour ensuite l'appliquer à l'un des cas de Freud : « Sur la psychogenèse d'un cas d'homosexualité féminine ». Dans le séminaire « Les Formations de l'inconscient [1] », Lacan reprend l'équation « pénis = enfant ». C'est une façon de comprendre la fonction du phallus dans l'échange et de considérer les rapports entre l'enfant et la femme dans les lois symboliques :

> « Ce que nous observons en effet, dit Lacan, dans la dialectique de l'entrée de l'enfant dans le système du signifiant, est en quelque sorte l'envers du passage de la femme comme objet signifiant dans ce que nous pouvons appeler la dialectique sociale [...] Or, pour que l'enfant entre dans cette dialectique sociale signifiante, qu'est-ce que nous observons ? Très précisément ceci, qu'il n'y a aucun autre désir dont il dépende plus étroitement et plus directement, que du désir de la femme, et en tant qu'il est précisément signifié par ce qui lui manque, le phallus [2]. »

On constate en lisant ce paragraphe qu'un renversement est opéré : « L'entrée de l'enfant dans le système du signifiant – soit dans le monde symbolique du phallus, à savoir qu'il vient au monde en tant qu'enfant désiré, en tant qu'autre chose de plus que ce qu'il est naturellement – est l'envers du passage de la femme [comme objet désiré] à la femme [comme désirante du phallus qu'est l'enfant] [3]. » Ce « passage » est corrélatif du renoncement narcissique auquel Freud fait référence lorsqu'il affirme : « Nous avons déjà vu que dans d'autres cas c'est d'abord l'enfant qui permet le passage de l'amour de soi-même à l'amour d'objet [4]. » Il y a un chiasme où la femme renonce à être l'objet désiré (le phallus imaginaire qu'elle incarne) pour devenir elle-même désirante d'un objet (le phallus symbolique qu'est l'enfant).

---

1. Lacan J., *Le séminaire, livre V*, « Les Formations de l'inconscient », Paris, Le Seuil, 1998.
2. « Les Formations de l'inconscient », *op. cit.*, p. 274 (c'est nous qui soulignons).
3. *Idem*, p. 285.
4. Freud S., *La Vie sexuelle, op. cit.*, p. 109.

L'entrée de l'enfant dans le circuit (l'entrée du sujet dans le langage) comme objet phallique du désir maternel est l'*envers* du passage de la femme comme objet phallique désiré par les hommes à la femme comme sujet désirant. Elle ne sera plus seulement un objet d'échange, l'objet du désir des hommes, mais elle deviendra désirante d'un substitut phallique (l'enfant). *L'important est que l'enfant en tant que substitut phallique dépend du désir de cette femme qui « circule » comme objet d'échange parce qu'il lui manque le phallus.* Le futur de l'enfant dépend du désir de femme qui habite la mère et de la manière dont celle-ci investit l'enfant comme substitut phallique, tout en renonçant à elle-même comme objet narcissique du désir. Elle sacrifie avec la maternité quelque chose de son image narcissique. C'est ce phallus imaginaire sacrifié, c'est-à-dire le signe de quelque chose qui manque, qui introduit le phallus symbolique comme fonction : *il y a « désir d'autre chose » que cette image qui est sacrifiée.* Ce sacrifice, inhérent au monde symbolique, fait entrer l'enfant dans la voie du désir inconscient. Le désir de phallus est essentiellement le désir d'autre chose qui s'accomplit dans le monde symbolique du signifiant.

« Aimer c'est donner ce qu'on n'a pas », dira Lacan. Cette formule qui peut passer pour poétique est, en réalité, d'une écrasante quotidienneté. Une mère, qui dit avoir eu une vie difficile, parle de sa fille en disant « je veux lui donner tout ce que je n'ai jamais eu ». Voilà le désir dans sa dépendance au signifiant : cette mère désire pour sa fille autre chose que ce qu'elle a – elle désire justement, ce qu'elle n'a jamais eu (désir de pénis oblige) et qui a été refoulé. Cela peut paraître paradoxal car, comment peut-on donner ce qu'on n'a pas ? Ce qu'on n'a jamais eu ? Mais nul n'est besoin d'avoir pour donner – voilà la fonction signifiante du phallus – et encore moins pour désirer, bien au contraire : moins on a eu, plus on désire, et plus on peut donner ce que l'on fait exister à la place du manque.

Toute mère veut donner ce qu'elle n'a pas : elle « donne » du manque, et c'est parce qu'elle est frappée par ce manque qu'elle n'est pas toute pour l'enfant, qu'elle s'adresse à l'enfant en tant que désirante de ce quelque chose qui manque. C'est peut-être ce qui fait la différence entre la mère et la femme, avant qu'elle devienne éventuellement mère : elle peut tout donner (à l'homme), mais à condition d'être toute pour lui, d'être elle-même à son tour un substitut phallique, un objet du désir de l'homme, un objet d'échange qui circule dans la voie du désir. Même la mère qui avoue que son enfant est « tout » pour elle, ne fait qu'avouer qu'elle-même n'est pas toute (pour lui), puisqu'il lui manque son enfant pour la compléter, pour qu'elle devienne toute.

Dans le séminaire « Les Formations de l'Inconscient », Lacan a bien distingué trois étapes dans la constitution et résolution de l'Œdipe, ce qu'il a nommé « les trois temps de l'Œdipe ». Le premier temps, superposable à ce que Lacan a appelé le « stade du miroir [5] » ou encore au jeu du *fort-da*, correspond à cette première relation de l'enfant à cet autre qu'est la mère. Il s'agit d'une relation spéculaire en ce sens que l'enfant est tout ce que la mère désire. On pense ordinairement l'inverse, à savoir que la mère est là pour assouvir tous les besoins de l'enfant. Bien que ceci soit exact, il y a une autre donnée, presque empirique, à prendre en considération : la mère ne peut pas satisfaire à toutes les demandes de l'enfant, ce qui crée chez lui une frustration essentielle. Cette relation asymétrique où c'est la mère qui décide fait de l'enfant le jouet des « caprices » maternels. Cette dimension de « caprice », qui caractérise le désir de femme de la mère, nous la référons au phallus. L'enfant est ce qui manque à la mère, il est le phallus de la mère, mais un phallus imaginaire. Il est clair que cela ne saurait être le dernier mot de l'expérience, faute de quoi tout le monde serait plus ou moins autiste et resterait dans cette première période où l'on est un simple substitut pour l'Autre – de plus, un seul Autre représenté par les premières inscriptions, En effet, la mère n'est pas seule avec l'enfant, elle décide en fonction d'une constellation et d'un environnement social construits. qui déterminent toute une série d'échanges symboliques : ainsi, cet Autre, incarné ne serait-ce que par la loi des échanges familiaux, est constamment présent. Cet Autre rappelle à la mère qu'il n'y a pas que la satisfaction imaginaire de son désir. Voyons dans cet Autre toujours présent tout ce que l'on voudra : la mairie où est inscrit l'acte de mariage de la mère ainsi que celui de la naissance de l'enfant, l'hôpital, le pédiatre... le père. Cette dimension « tierce » est toujours présente, quoique voilée. Cette présence devient plus consistante dans ce que Lacan a appelé le « deuxième temps » de l'Œdipe, caractérisé essentiellement par la présence gênante du père : il est là pour rappeler à l'enfant, mais surtout à la mère, qu'elle n'est pas seule avec son désir de phallus. La présence du père devient ainsi « la présence » par excellence. Pour le dire en un mot, cette présence voilée que nous avions déjà au premier temps de l'Œdipe commence à devenir consistante, à prendre du corps. Il s'agit bel et bien du père « interdicteur » à ceci près qu'il interdit surtout la mère, dans le sens où il châtre la mère de son petit phallus (de son petit bout) qu'est l'enfant ; et c'est la raison pour laquelle le père intervient à travers la parole de la mère (« tu verras lorsque ton père sera là »). Miller soulignait à ce propos le fait que dans le séminaire où Lacan présente ces trois temps de l'Œdipe, il est plutôt dédaigneux envers ce deuxième temps où le père apparaît comme interdicteur. Pour Miller, cela modifie quelque peu l'image que l'on se fait souvent de Lacan comme l'auteur qui revendique le « père interdicteur [6] » : en fait, Lacan marque plutôt sa sympathie pour le troisième temps de l'Œdipe, où le père est identifié

5. Lacan J., « Le Stade du miroir comme formateur de la fonction du Je », *Écrits*, Paris, Le Seuil, 1966, p. 93-100.
6. Miller J.-A., *Seminario de Lectura del libro V de Jacques Lacan*, Barcelona, Escuela del Campo Freudiano de Barcelona, 1998, p. 54-55.

à celui qui a et qui peut donner. Le deuxième temps est le moment « privatif » de l'Œdipe, le moment où l'enfant est « délogé » de la position idéale où il se trouve être l'objet du désir de la mère en tant que phallus désiré.

Finalement, le « troisième temps » de l'Œdipe sera caractérisé par un père qui n'est plus gênant ou privatif mais, bien au contraire, comme celui qui a et peut donner à l'enfant. Il peut donner à l'enfant, soit une promesse de virilité s'il est mâle (un jour il deviendra comme le père), soit une promesse de savoir où aller chercher ce qu'il faut s'il est elle femelle (elle saura s'adresser ailleurs) : « c'est dans cette mesure que le troisième temps du complexe d'Œdipe peut être franchi, c'est-à-dire l'étape de l'identification où il s'agit pour le garçon de s'identifier au père en tant que possesseur du pénis, et pour la fille, de reconnaître l'homme en tant que celui qui le possède [7] ». Dans les deux cas, l'enfant finit par s'identifier à un insigne du père par où il incorpore symboliquement un trait phallique du père. Il ne s'agit plus maintenant du phallus imaginaire que représente l'enfant pour la mère, mais du phallus symbolique en tant qu'il est localisé dans le père, personnage tiers qui ne constitue plus une menace mais une promesse.

Dans le séminaire de Lacan sur « La Relation d'objet », le phallus apparaît comme un objet, objet commun dénominateur de tous les objets imaginaires (un peu à la manière de Freud dans « La Transpositions des pulsions », où tout objet du désir a une signification phallique). En revanche, dans le séminaire de l'année suivante, « Les Formations de l'inconscient », ce phallus imaginaire est promu au statut de symbole majeur, à ce que Lacan appelle un « signifiant ». Le phallus comme élément majeur, marqueur par excellence de tout ce qui est désirable, domine la scène de ce que Lacan appelle la métaphore paternelle. Nous avons déjà vu que le phallus apparaît d'emblée dans la relation avec la mère, dans un au-delà de la relation mère-enfant, et que ce phallus est corrélatif du caprice maternel. Qu'est-ce que ce caprice ? Il consiste en ceci que, si tout va bien, elle ne sera pas toute pour l'enfant, et pour cela il suffit qu'elle désire quelque chose pour cet enfant : si elle désire « quelque chose pour lui », c'est ce que l'on appelle un enfant désiré, c'est que « lui » n'est pas tout ce qu'elle désire. L'enfant est le substitut du phallus, il aura ou il sera tout ce que la mère n'a pas eu.

Mais ce phallus personne ne l'a, il est une énigme, il reste difficile à situer dans un premier temps, il est partout et nulle part, non localisable, comme en témoigne le cas du petit Hans : le « fait-pipi » est partout : dans la girafe, le cheval, la *mère*, etc. Mais avec le troisième temps de l'Œdipe, ce phallus qui est « partout » trouve une localisation précise chez le père : c'est le père qui l'a et qui peut le donner. L'énigme qu'était pour l'enfant le caprice du désir de la mère (et ce caprice de la mère n'est pas un « caprice » : c'est malgré elle qu'elle est capri-

7. « Les Formations de l'inconscient », *op. cit.*, p. 196.

cieuse, elle devient capricieuse pour elle-même, aura maintenant comme point de repère un trait lié au père (elle aura besoin d'un homme qui la « protège », comme l'a fait son père ; il sera médecin, comme son père – ou révolutionnaire, pour ne pas être un médecin bourgeois, comme son père, etc.).

Lacan nomme cette opération par laquelle le père devient pour la mère et l'enfant un simple « outil » symbolique, le « nom du père ». Ces insignes prélevés du père, occupent une place dans le désir de phallus de la mère qui était représenté jusqu'à maintenant par l'enfant. Celui-ci ne trouve plus gênante la présence du père, mais il y trouve bien plutôt un modèle à suivre, puisque c'est ce que désire sa mère, le seul autre pour qui son désir compte. Ce nouveau personnage désiré par la mère la rend moins incertaine qu'avant (soit, à l'époque première où nous l'avions identifiée avec Pavlov et sa sonnerie, ou avec la mère qui va et vient et qui pousse son enfant à la « substituer » par un jeu). Le désir de la mère devient plus localisable, moins énigmatique : elle désire quelque chose qui est en rapport avec le père. Son désir à elle devient moins obscur et s'attache à un signifiant paternel. Le résultat de cette fonction qu'est l'introduction du nom du père, est que la série d'objets, de choix d'objets du sujet sont subsumés par ce nouvel étalon du désir qu'est le nom du père : maintenant, tout ce qui est désirable doit être un rapport à lui.

LA JEUNE HOMOSEXUELLE

Le cas dit de la « jeune homosexuelle [8] » pourrait nous rappeler celui de Dora, à ceci près que Freud fait l'erreur exactement inverse de celle qu'il commet avec Dora. Lacan déclare :

> « Nous avons également un autre cas où le problème s'ouvre au même niveau de la même façon, à ceci près que Freud fait l'erreur exactement contraire. C'est le cas Dora [...] Ces deux cas [Dora et la jeune homosexuelle] s'équilibrent admirablement. Ils s'entrecroisent strictement l'un vers l'autre. D'abord, parce que la confusion de la position symbolique avec la position imaginaire se produit dans chacun en un sens opposé [9]. »

Rappelons l'essentiel du cas : la jeune homosexuelle est une fille de 18 ans, amenée au cabinet de Freud par son père afin qu'on la rende normale. Le début nous rappelle le cas Dora. La jeune homosexuelle était assez « normale » jusqu'à une certaine époque. Même plus : pendant son adolescence (13-14 ans) elle s'occupait d'un petit garçon, de telle sorte que tout le monde la voyait dans la bonne voie, la voie qu'on peut espérer pour toute femme normale : la voie de la maternité. À partir de là, Lacan nous réfère à ce que nous venons de rappeler

8. Freud S., « Sur la psychogenèse d'un cas d'homosexualité féminine », in *Psychose, névrose, perversion*, Paris, PUF.
9. Lacan J., *Le séminaire, livre IV*, « La Relation d'objet », Paris, Le Seuil, 1994, p. 136.

sur les lois de l'échange lévi-straussien et plus précisément ce que Lacan appelle « la symbolique du don » :

> « C'est parce que les choses se passent à ce niveau [celui du don symbolique] que le lien est si étroit entre la symbolique du don et la maturation génitale [...] L'enfant femelle, c'est en tant qu'elle ne possède pas le phallus qu'elle est introduite à la symbolique du don. C'est en tant qu'elle phallicise la situation, c'est-à-dire qu'il s'agit d'avoir ou de n'avoir pas le phallus, qu'elle entre dans le complexe d'Œdipe [10]. »

Freud explique que pendant une bonne partie de l'adolescence de la patiente, celle-ci avait materné un enfant. Elle était ainsi inconsciemment en attente d'un enfant du père, comme l'explique la théorie analytique. Quant à Lacan, il précise : « d'autre part, cet enfant qu'elle pouponne, qu'est-ce qu'il satisfait en elle ? La substitution imaginaire phallique, par quoi, comme sujet, elle se constitue, sans le savoir, comme mère imaginaire [11]. » Pour mieux comprendre cette question classique de la psychanalyse, Lacan met sur les quatre coins de son graphe les différentes variables : le sujet se place comme étant une « mère » en fonction du père symbolique qui est là pour donner le phallus sous la forme de l'enfant :

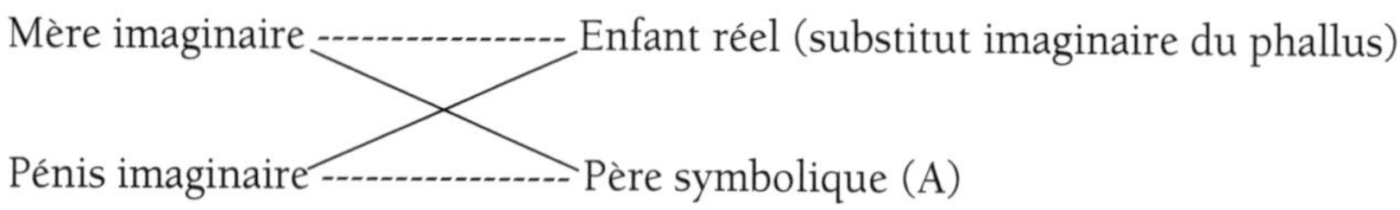

Mais, évidemment, ce n'est pas tout. Car tout à coup, la patiente devient complètement indifférente à cet enfant, et commence à se sentir attirée par des femmes, notamment celles qui sont déjà mères. Freud explique cette attitude par une attirance inconsciente de la patiente envers sa propre mère, car avant que la jeune fille change d'attitude, c'est sa propre mère qui a eu un enfant. Mais il y a plus : lorsque la patiente vient voir Freud, elle le fait après une longue histoire d'amour avec une femme mondaine... Cela dérangeait notamment le père :

> « Un jour ce qui devait arriver dans ces circonstances arriva : le père rencontra sa fille dans la rue en compagnie de cette dame, qu'il connaissait déjà de vue. Il les croisa toutes deux en leur lançant un regard furieux qui ne présageait rien de bon. Immédiatement après la jeune fille s'arracha au bras de sa compagne ; enjamba un parapet et se précipita sur la voie du chemin de fer urbain, qui passait en contrebas [12]. »

Il y a donc bel et bien un passage à l'acte, similaire à celui de Dora lorsqu'elle gifle M. K... Mais de même que chez Dora, ce n'est pas seulement le regard du

10. Lacan J., « La Relation d'objet », *op. cit.*, p. 123.
11. *Idem*, p. 124.
12. « Sur la psychogenèse d'un cas d'homosexualité féminine », *op. cit.*, p. 246.

père qui la fait passer à l'acte. En effet, quelques pages plus tard, comme chez Dora, Freud explique ce qui s'est vraiment passé :

> « Effectivement le père les croisa et jeta un regard furieux à sa fille et à sa compagne [...] Quelques instants plus tard elle se précipitait sur la voie du chemin de fer urbain [...] Elle avait avoué à la dame que le monsieur qui leur avait lancé un regard si mauvais etait son pere [...] La dame s'etait emportée, et lui avait ordonné de la quitter aussitôt, et de ne plus jamais l'attendre ni lui adresser la parole, bref que cette histoire devait prendre fin [13]. »

Et ceci a suffi pour que la jeune patiente fasse une tentative de suicide, tentative sur laquelle nous reviendrons tout à l'heure. Freud met aussi l'accent sur le fait que la jeune fille développe un vrai « amour cavalier » envers la femme mondaine, un amour dépourvu en principe des traits caractéristiques du rabaissement de la vie amoureuse, typique de la sexualité masculine. Lacan quant à lui, attire notre attention sur le fait que la jeune homosexuelle aime chez son amie « ce qu'elle n'a pas », à savoir le phallus en tant qu'instance symbolique déterminante de la valeur de l'objet imaginaire (a → a').

Ainsi, Lacan ajoute ce graphe à la page 128 du séminaire sur la relation d'objet, où il montre comment l'enfant devient un terme inconscient en rapport au pénis symbolique (au phallus), et comment la « dame » apparaît comme un terme imaginaire, tout comme le père, dégradé donc de sa fonction symbolique :

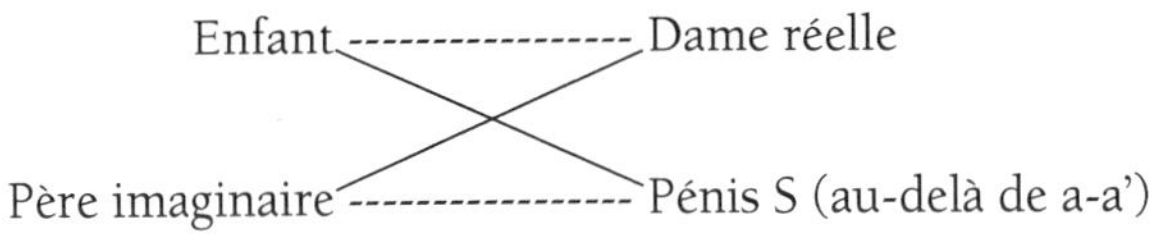

Ce graphe montre le changement de position subjective chez la patiente : la naissance d'un enfant de la mère marquant la coupure entre le graphe précédent et l'actuel. Là où était l'enfant, vient la dame... celle qui « a » quelque chose, à ceci près qu'elle incarne le phallus, donc non pas sous la forme de l'avoir... mais sous celle de l'être. Aimer c'est donner ce qu'on n'a pas : inversement, la dame est aimée parce qu'elle n'a pas, le phallus. Freud reprendra la tentative de suicide, en mettant en lumière, à travers l'équivoque du mot « *Niederkommen* », se laisser tomber, se jeter, équivalent du « *Vermögen* » de Dora, comme étant un désir inconscient d'obtenir un enfant du père, car le mot signifie aussi en allemand « accoucher ». Il s'agit là d'une interprétation symbolique essentielle, par où se dégage la « voie royale » du sujet de l'inconscient.

13. « Sur la psychogenèse d'un cas d'homosexualité féminine », *op. cit.*, p. 260.

LA TROMPERIE DANS LE TRANSFERT

Le cas de la « jeune homosexuelle » nous sert à comprendre ce que l'on entend par tromperie dans le transfert dans la mesure où cette tromperie participe de l'inconscient compris comme le désir de l'Autre. Nous avons fait un long détour pour expliquer ce que l'on entend par phallus en psychanalyse : il ne s'agit pas seulement d'un élément imaginaire, car il est aussi au centre de l'économie libidinale, en donnant matrice au signifiant. La jeune homosexuelle vient voir Freud pour contenter son père, alors qu'elle est dans une attitude de défi envers celui-ci. Dans le même temps, Freud constate qu'il y a une production signifiante (des rêves) destinée, selon lui, à le tromper. De quoi s'agit-il ? La patiente fait une série de rêves où elle se marie et a des enfants. Freud dira à la patiente qu'il se méfie de ce type de rêves, car ils sont destinés à tromper l'analyste. Freud réduit donc un transfert « symbolique » qui n'est rien d'autre qu'un « signifiant du transfert » (« St ») à une résistance imaginaire. En effet, selon Lacan, il y a bel et bien transfert : « Cela est très bien vu par Freud. Mais quelque chose, semble-t-il, lui échappe à savoir qu'il s'agit là d'un transfert, et que la voie lui est ouverte à l'interprétation du désir de tromper. Au lieu d'emprunter cette voie [...] il prend la chose comme dirigée contre lui [14]. » la seule résistance est la résistance de l'analyste, disions-nous. « La voie lui est ouverte », pense Lacan, car il s'agit d'une ouverture de l'inconscient, du registre symbolique ($ → A), et au lieu de profiter de cette ouverture, Freud la referme sur une résistance imaginaire (a → a') en l'interprétant contre lui et en ramenant ainsi la cure sur l'axe du transfert (imaginaire). Freud aurait pu prendre ces rêves comme étant une Demande, car le désir inconscient du sujet s'enchaîne, et s'accomplit, au désir du père (désir de l'Autre), ne serait-ce qu'en le trompant. Elle « désire » être aimable, i (a) : il s'agit là d'un désir inconscient et non d'une « intention », et non envers Freud, mais envers l'idéal du moi, I (A), que Freud est appelé à incarner : « Chez notre rêveuse l'intention de m'induire en erreur, comme elle avait coutume de le faire avec son père, provenait sans doute du préconscient, à supposer qu'elle ne fût pas du tout consciente ; or elle pouvait s'imposer en entrant en liaison avec la motion de désir inconsciente « plaire au père (ou à un substitut du père) », et elle crée ainsi un rêve mensonger. Les deux intentions, tromper le père et plaire au père, proviennent du même complexe [15] » – c'est-à-dire du complexe paternel : l'Idéal du Moi, hérité du complexe d'Œdipe. C'est là où « elle veut » le tromper, mais dans le même temps, et toute la question est là, elle ne saurait faire autrement ! C'est pour cela que Lacan en conclut : « l'essentiel de ce qui est dans l'inconscient est le rapport du sujet à l'Autre comme tel [à entendre par là le signifiant et non pas le semblable] et ce rapport implique à sa

14. « La Relation d'objet », *op. cit.*, p. 108.
15. « Sur la psychogenèse d'un cas d'homosexualité féminine », *op. cit.*, p. 264.

base la possibilité de l'accomplir au niveau du mensonge. Dans l'analyse nous sommes dans l'ordre du mensonge et de la vérité [16] ».

Freud confond donc l'axe symbolique et l'axe imaginaire. De même que Lacan dira qu'il faut maintenir « la plus grande distance » entre le « I » et le « a », de même, il dira à l'époque du séminaire sur la relation d'objet, que l'analyste doit maintenir la plus grande distance, soit ne pas confondre, le registre symbolique et celui imaginaire. Toute la première époque de Lacan (1953-1964) est marquée par cette différence qui fait, pour lui, l'éthique de la psychanalyse : l'idée de séparer le transfert de la répétition s'inscrit dans cette perspective. On pourrait dire que Freud a refusé, comme il se doit, d'incarner lui-même l'hypnotisé [17] mais, pour une fois et seulement à ce titre, il aurait eu intérêt à faire semblant de l'être, en acceptant pendant un temps d'incarner le I (A) pour la patiente. On comprend ainsi la phrase de Lacan « son contre-transfert, d'une certaine façon, aurait pu lui servir [c'est-à-dire à ne pas se laisser hypnotiser, soit "elle veut me tromper"] mais à condition que ce ne soit pas un contre-transfert, c'est-à-dire que lui-même n'y croie pas, qu'il n'y soit pas [18] ». C'est ainsi que l'analyse implique du semblant, car on suppose que la vérité en tant que telle est impossible. Autrement dit on n'oppose pas semblant et vérité. L'analyse participe du semblant. Et Lacan d'ajouter : « Voilà ce qui est au cœur de ce glissement de l'analyse dans l'imaginaire, qui est devenu bien plus qu'un piège, une plaie, à partir du moment où il s'est instauré en doctrine [19]. » C'est-à-dire avec l'idée qu'il faut interpréter le transfert en réduisant l'instance symbolique du transfert à l'axe imaginaire.

***

Dans un texte essentiel intitulé « L'Emploi de l'interprétation des rêves en psychanalyse », Freud considère que la plupart des rêves que l'on retrouve en analyse, il ne faut pas les interpréter. Cette idée peut aussi valoir pour toute interprétation : c'est l'inconscient qui interprète, comme le signale ailleurs Lacan [20]. De même qu'il y a deux types de transfert (Symbolique et Imaginaire), il y a aussi deux types d'interprétations : l'une « vraie », l'interprétation symbolique, et l'autre « fausse » – intervention Imaginaire. Nous avons déjà signalé ce que Lacan écrit à ce sujet : « Une interprétation est vraie à condition d'être une interprétation », et non pas, sous entendu, une intervention. Ainsi dans le cas Dora, lorsque Freud pense que l'aphonie de Dora est liée aux absences de M. K, il y a une intervention – Imaginaire – qui n'est pas une interprétation mais plutôt un forçage. Par contre, il y a une « vraie » interprétation – soit une

16. « La Relation d'objet », *op. cit.*, p. 107-108.
17. « Les Quatre concepts fondamentaux », *op. cit.*, p. 245.
18. « La Relation d'objet », *op. cit.*, p. 108.
19. *Idem.*
20. « Les Quatre concepts fondamentaux », *op. cit.*, p. 118.

interprétation tout court au sens lacanien – lorsque Freud interprète l'équivoque « *Vermögen* ». Dans le cas de la jeune homosexuelle, Freud repère cet aspect Symbolique – lié donc à l'existence d'un savoir inconscient – mais il « agit » sur l'axe Imaginaire, en ramenant la chose au plan transférentiel : vous faites des rêves pour me tromper ! Alors que tout indiquait le contraire : le travail analytique, l'analyse du passage à l'acte suicidaire avec l'équivoque *Niederkommen*, allait dans le sens symbolique suivant : espérer un enfant du père – soit espérer avoir le phallus grâce au père. Freud interprète la tentative de suicide comme une manière d'attendre un enfant du père. Il l'écrit clairement : « Mais l'analyse permit de découvrir derrière son interprétation une autre interprétation allant plus au fond des choses et que les rêves de la jeune fille pouvaient confirmer. » Qu'est-ce cela signifie ? Doit-on penser donc que les rêves sont la conséquence de l'interprétation de Freud sur le sens de *Niederkommen* ? Pourquoi pas ? Cela ne ferait que confirmer la thèse selon laquelle c'est l'interprétation qui produit le transfert, celui-ci compris comme la production d'un matériel inconscient.

On voit le transfert au sens où nous l'avons évoqué tout au début : il est conçu essentiellement comme une répétition. Il est clair que cette instance d'agressivité Imaginaire envers Freud (a – a') est secondaire à ce qui se trouve bien présent au plan symbolique. L'intervention de Freud va dans ce sens :

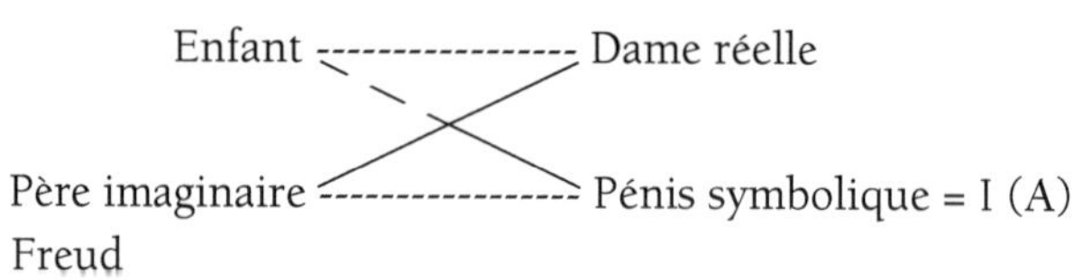

C'est-à-dire que lorsque la patiente faisait des rêves où elle avait des enfants et rencontrait un homme pour se marier, elle ne faisait que « réaliser » l'axe symbolique où le père a cette fonction symbolique de donner quelque chose : un enfant. Et au lieu de « lire » cela, cet aspect qui est au centre de la névrose, Freud ramène la chose au plan Imaginaire avec ce qu'il pense être une « analyse de résistances ». Il se met lui-même à la place du père, envers qui la fille a une attitude de grand défi et de rage – l'analyse se termine. Transfert négatif…

L'INCONSCIENT N'EST PAS LE RÊVE

« L'inconscient n'est pas le rêve [21] », écrira Freud à propos de l'objection que l'on pourrait faire au sujet de la « tromperie » dans le transfert. En effet, si la patiente peut « rêver » pour l'analyste et, en plus, rêver pour le tromper, donc le rêve, sensé être la voie royale de l'inconscient et le plus intime de la

21. « Sur la psychogenèse d'un cas d'homosexualité féminine », *op. cit.*, p. 264.

psyché, pourrait être trompeur ? Comme le dit Lacan, Freud ne voit pas du tout là une objection à l'hypothèse de l'inconscient. Bien au contraire, l'inconscient participe par définition d'une sorte de mensonge, car il a besoin de l'Autre du signifiant pour « ex-sister ». Le rêve en tant que formation de l'inconscient n'est pas l'inconscient. De même, Lacan dira dans un autre registre que « l'inconscient n'est pas le ça », sous-entendant par là, cette fois-ci, que l'inconscient en tant que formation n'épuise pas l'inconscient, refoulé à jamais par le refoulement originaire et réduit au « silence des pulsions » – topologie chère au séminaire XI, d'ailleurs. Il y a ainsi l'ombilic du rêve : l'inconscient est au-delà de l'ombilic, ce qui signifie, pour la technique analytique, qu'on doit manier la cure à travers des signifiants. Lacan pense que Freud aurait dû interpréter les rêves de sa patiente dans le même sens qu'ils se présentaient : soit le désir de tromper le père, « être aimable et/ou défier » le père : « la voie lui est ouverte à l'interprétation du désir de tromper ». Il est clair que là, comme le signale Freud, il y a deux désirs qu'il faut bien distinguer : un désir avec des idées « conscientes ou préconscientes » et un désir refoulé – l'entrepreneur et le capitaliste. Lacan précise : « Il y a lieu de poser comme distinct ce que le sujet amène dans son rêve, qui est du niveau de l'inconscient, et le facteur de la relation duelle, qui tient à ce qu'il s'adresse à quelqu'un quand il raconte de rêve en analyse [22]. » Et encore : « Ce qui s'exprime dans le rêve doit-il être conçu purement et simplement dans la perspective de la tromperie, c'est-à-dire dans son intentionnalisation préconsciente ? [...] Il ne le semble pas. » C'est-à-dire qu'en dernière instance, ce qui est important est la demande qui s'enchaîne au désir de l'Autre, l'Autre paternel. Lacan fait allusion à la « troisième étape » de l'Œdipe, en anticipant ce qu'il allait développer l'année suivante dans son séminaire sur les formations de l'inconscient que nous avons déjà cité, sur le père comme Idéal du Moi : « C'est de là qu'est partie la position, et il s'articule dans le rêve une situation qui satisfait à cette promesse » – celle de recevoir un enfant du père. Lacan insiste sur la distinction à faire entre un transfert symbolique et un autre imaginaire : « Si Freud hésite devant ce contenu, c'est, précisément, faute d'arriver à une formulation épurée de ce qu'est le transfert. Il y a en effet un élément imaginaire et un élément symbolique, et par conséquent un choix à faire [23]. » Ainsi, l'insistance des rêves de la patiente ne faisait que mettre en évidence l'insistance symbolique du transfert, à distinguer des phénomènes transférentiels imaginaires. L'insistance des rêves montrait « le représentant du transfert au sens propre. C'est là que Freud pouvait mettre à coup sûr sa confiance, et intervenir avec audace [24]. » C'est pour cette raison que Lacan soutiendra dès son séminaire sur le transfert, que la fonction de l'analyste est de séparer le « I », signifiant symbolique privilégié, du « a »,

22. « La Relation d'objet », *op. cit.*, p. 134.
23. *Idem*, p. 135.
24. *Idem*.

compris à l'époque du dit séminaire comme l'autre imaginaire, le semblable. Cette boussole nous servira à ne pas nous égarer dans les méandres imaginaires de la cure (transfert, contre-transfert), et ne pas nous laisser illusionner par ce qui satisfait la jouissance du symptôme, et devient une « perte pure » pour le sujet.

Chapitre 5

L'HOMME AUX RATS

Lacan nous conseille de lire le cas de « l'homme aux rats » « comme si c'était une Bible [1] ». Pour judicieux qu'il puisse paraître, ce conseil comporte malheureusement un défaut : c'est qu'aujourd'hui personne ne lit plus guère *La Bible* – pas plus que *L'homme aux rats* d'ailleurs. Il s'agira donc dans ce chapitre de relire l'homme aux rats.

Il s'agit d'un cas typique de névrose obsessionnelle, dira Freud, « à laquelle ne manque aucun élément essentiel [2] ». Le patient dit d'emblée à Freud qu'il craignait que quelque chose de terrible ne puisse arriver à deux personnes qui lui étaient chères : son père et une dame à laquelle « il a voué un amour respectueux ». En effet, le patient commence par dire qu'il connaît les théories de Freud quant à la névrose, et avoue très rapidement qu'il a eu une vie sexuelle très précoce. Par exemple, il fait part à Freud d'une attirance envers une « très belle gouvernante » qui l'avait gardé de 4 et 6 ans. Le patient aurait touché les organes génitaux de cette gouvernante, en se glissant sous ses jupes, après quoi il avait gardé « une curiosité ardente et torturante de voir le corps féminin [3] ». De même, le patient disait « souffrir d'érections » dès l'âge de 6 ans. Cette question, comme chacun le sait, est un des traits très caractéristique de l'obsessionnel : avoir un peu trop joui sexuellement, avec la culpabilité qui s'y rattache. Par ailleurs, le patient pense pouvoir situer le « début » de sa maladie pendant l'enfance, lorsqu'il avait commencé, semble-t-il, à être tourmenté par l'idée que ses pensées pouvaient être connues par les autres (notamment ses parents). Cette question que Freud a nommé « sexualisation de la pensée » fait que, chez l'obsessionnel surtout, la pensée devient essentiellement une activité plus qu'une faculté de l'esprit : elle devient une activité sexuelle. C'est pour cette raison que Freud affirme que ces « activités » ne sont pas le début de la maladie, mais bien plutôt la « maladie même ». C'est aussi la raison pour laquelle la question la plus

1. « Les Formations de l'inconscient », *op. cit.*, p. 399.
2. *Cinq psychanalyses, op. cit.*, p. 204.
3. *Cinq psychanalyses, op. cit.*, p. 203.

pertinente en psychanalyse n'est pas « pourquoi ? », mais plutôt « comment ? » Dans ce « comment ? » nous avons la maladie même : concernant ces pensées, il faut ajouter que la crainte de la mort du père était au centre des tourments du patient – père qui était décédé depuis plusieurs années avant de commencer l'analyse avec Freud. Selon celui-ci, on voit là l'essentiel de la névrose de l'homme aux rats, ce qui constitue le noyau de sa maladie. Face à la sexualité éveillée par le désir de voir des femmes nues, l'appréhension obsédante est l'idée que le père du patient puisse mourir : « Si j'ai le désir de voir une femme nue, mon père devra mourir [4]. »

Pourquoi la mort du père serait-elle une condition d'accès au désir ? Cette question nous rappelle la fonction paternelle chez Lacan, soit le fait que le père est là pour unir le désir à la loi : l'un et l'autre deviennent une seule et même chose. Le signifiant du père est ainsi à la base de la métaphore paternelle, c'est lui qui nomme le désir : d'une part, il tue la chose – le mot est le meurtre de la chose – et d'autre part, il fait désirer, il nomme l'objet qui pourrait « satisfaire » partiellement le désir. Le désir inconscient n'est pas articulé *en tant que tel* (on ne tue pas *réellement* son père), mais dans le même temps, *il est « articulable » par le signifiant*. C'est pour cette raison que Lacan soutient que la fonction du père est celle d'unir le désir à la loi signifiante. Pour désirer, le sujet s'identifie à quelque signifiant qui est en rapport avec le père.

Le « point c » de l'exposé de Freud s'intitule « La grande appréhension obsédante », c'est ainsi que Freud explique ce qui a amené son patient à consulter : « Je crois que je vais commencer, aujourd'hui, par vous raconter l'événement qui me poussa à venir vous consulter [5] » dira-t-il lors de sa deuxième séance avec Freud. Le patient, qui est officier dans l'armée, participe à des manœuvres militaires et, pendant une des haltes, égare ses lunettes. À cette occasion, il fait la rencontre d'un capitaine « au nom tchèque » (désormais le « capitaine cruel ») qui allait avoir pour lui une importance décisive : le patient craignait le capitaine en question « car manifestement il aimait la cruauté ». Cette dernière phrase est soulignée par Freud dans son *Journal d'une analyse* [6], ce qui ne saurait être un moindre détail : il y voit, probablement, le poids du signifiant et, plus précisément, un trait identificatoire. L'homme aux rats précise :

> « Je ne prétends pas qu'il fut méchant mais, pendant les repas, il s'était déclaré à plusieurs reprises partisan des peines corporelles, de sorte que j'ai dû le contredire énergiquement. Or, pendant cette halte, nous eûmes une conversation au cours de laquelle le capitaine en question raconte qu'il avait lu la description d'un supplice particulièrement épouvantable pratiqué en Orient [7]… »

4. *Cinq psychanalyses, op. cit.* p. 205.
5. *Idem*, p. 206.
6. Freud S., *L'Homme aux rats, Journal d'une analyse*, Paris, PUF, 1974, p. 41.
7. *Cinq psychanalyses, op. cit.* p. 206.

En fait, il s'agit du supplice qui donnera son nom au cas de « L'homme aux rats », et qui consiste en l'introduction d'un rat dans l'anus du supplicié à travers d'un pot qu'on rattache à son arrière-train nu. Comme le signale Elza Ribeiro Hawelka, il est probable que le supplice en question ait été « lu » (lu par le capitaine cruel ?) dans un récit du livre *Le Jardin des supplices* d'Octave Mirbeau. Voici le récit du supplice, écourté, écrit par Mirbeau, « pamphlétaire » connu du début du XXe siècle, auteur aussi du *Journal d'une femme de chambre* :

> « Vous prenez un condamné [...] vous prenez un homme, autant que possible, jeune, fort, et dont les muscles soient bien résistants... en vertu de ce principe que, plus il y a force, plus il y a lutte, plus il y a lutte, plus il y a douleur ! [...] Vous le déshabillez [...] Et, quand il est tout nu [...] vous le faites s'agenouiller, le dos courbé, sur la terre, où vous le maintenez par des chaînes, rivées à des colliers de fer qui lui serrent la nuque, les poignets, les jarrets et les chevilles... Bon ! [...] Vous mettez alors, dans un grand pot percé, au fond, d'un petit trou [...] vous mettez un très gros rat, qu'il convient d'avoir privé de nourriture, pendant deux jours, afin d'exciter sa férocité... Et ce pot, habité par ce rat, vous l'appliquez hermétiquement, comme une énorme ventouse, sur les fesses du condamné, au moyen de solides courroies, attachées à une ceinture de cuir, qui lui entoure les reins [...] Vous introduisez une tige de fer, rougie au feu d'une forge... d'une forge portative qui est là, près de vous... Et, quand la tige de fer est introduite, que se passe-t-il ? [...] Le rat veut fuir la brûlure de la tige et son éclaboussante lumière... Il s'affole, cabriole, saute et bondit, tourne sur les parois du pot, rampe et galope sur les fesses de l'homme, qu'il chatouille d'abord et qu'ensuite il déchire de ses pattes, et mord de ses dents aiguës... cherchant une issue, à travers les chairs fouillées et sanglantes [...] Le rat pénètre par où vous savez... dans le corps de l'homme... Et il crève étouffé, en même temps que le patient, lequel, après une demi-heure d'indicibles, d'incomparables tortures, finit, lui aussi, par succomber, à une hémorragie [8]. »

Le récit, que nous écourtons, décrit une certaine volupté chez le « patient » (le supplicié) : il n'en reste pas moins qu'il finit par mourir sous la torture. Ce dernier détail n'a pas été assez soulevé par les auteurs et rendrait encore plus pertinente la remarque de Lacan lorsqu'il avance que la mort n'a pas été assez analysée chez l'homme aux rats.

La description du supplice est, évidemment, insupportable au patient, c'est pourquoi « il se lève » et demande à Freud « de le dispenser de la description des détails ». Face à cet événement, Freud croit convenable de dire au patient que lui-même (Freud) n'avait aucun « penchant pour la cruauté », mais qu'il était essentiel au travail analytique de préciser le contenu du supplice en question. Il va encore plus loin et lui dit que « vaincre les résistances » est une condition du traitement psychanalytique (il lui avait même fait un petit exposé théorique sur ce que c'est la résistance au début de cette deuxième séance). Là, on pourrait

8. Mirbeau O., *Le Jardin des supplices*, Paris, Gallimard, Folio, 1991, p. 209-211.

penser que Freud « anticipe » sur les transferts de son patient. Nous devrions nous arrêter sur les considérations techniques de Freud : en quoi cette attitude du patient constitue-t-elle une « résistance » ? On pourrait penser que Freud se met lui-même à la place du « capitaine cruel », à travers une « dénégation » : par ailleurs, le patient aurait appelé Freud « à plusieurs reprises », selon le cas publié par Freud [9], ou au moins une fois, selon le *Journal d'une analyse* [10], « mon capitaine ». On y reviendra.

Lorsque le patient lui avoue en quoi consiste le fameux supplice, Freud fait un commentaire qui montre, d'une part, le regard médical de Freud (« regard » au sens de Foucault) et, d'autre part, révèle l'existence d'un élément clinique fondamental dont il n'est pas sûr que la plupart des lecteurs de Freud aient pris la mesure : « À chaque moment important du récit [du supplice], on remarque sur son visage une expression que je ne pourrais traduire autrement que comme étant *l'horreur d'une jouissance par lui-même ignorée* [11]. » En effet, nous avons ici une « *grimace* » de la notion lacanienne de jouissance, concept qui n'a précisément rien à voir avec le plaisir et qui même s'y oppose. Lorsque Freud utilise le mot jouissance (*Lust*), il le fait dans le sens d'une « volupté », terme utilisé dans le *Journal* [12], d'un plaisir, voire d'une certaine « obnubilation » face à la scène du supplice. Nous avons là un exemple de ce que c'est qu'un fantasme : le sujet est à proprement parler assujetti à une pensée dont le « gain » de jouissance ne saurait se confondre avec le plaisir. Lacan construira par la suite le concept qu'il a nommé « la jouissance de l'Autre », laquelle se différencie de la jouissance de l'Un, plus liée à l'auto-érotisme : « En réponse à une question de ma part, il dit n'avoir pas été lui-même l'exécuteur du supplice, que celui-ci se réalisait d'une manière impersonnelle [...] Il interrompt son récit pour m'assurer combien ces pensées lui répugnent, combien il les ressent étrangères à sa personne [13]. » Le caractère « impersonnel » du châtiment montre bien la structure « artificielle », voire grammaticale, du fantasme. Rappelons-nous cet autre fantasme décrit par Freud et qu'il intitule « On bat un enfant [14] » : le « on » indique assez précisément l'aspect impersonnel de cette machine à jouir que l'on appelle avec Lacan le fantasme et qui n'a rien à envier aux scénarios pervers dans la mesure où tout fantasme (chez le névrosé) est, par définition, pervers.

Freud cherche, tout en « gagnant la confiance » de son patient, à en savoir plus sur ce supplice. Et comment fait-il ? Qu'est-ce qui ferait que le patient pourrait avoir confiance en Freud ? Ce sera le respect de la règle fondamentale,

9. *Cinq psychanalyses, op. cit.* p. 205.
10. *Journal d'une analyse, op. cit.*, p. 53.
11. *Idem.*
12. *Journal d'une analyse, op. cit.*, p. 45 (terme qui a été choisi par le traducteur pour traduire le mot allemand *Lust*).
13. *Idem.*
14. Freud S., « On bat un enfant », *Psychose, névrose et perversion*, Paris, PUF.

dans la mesure où elle instaure un Autre, qui ouvre la voie de l'autre scène. Ainsi, Freud n'y ira pas avec le dos de la cuillère lorsqu'il demande à son patient si le supplice en question était l'empalement. À ce propos, Mme Ribeiro Hawelka relève dans son commentaire du *Journal d'une analyse* : « Freud est le premier à faire allusion à l'anus, alors que le patient n'a encore rien dit de précis sur le châtiment [15]. » Une fois de plus, s'agit-il du « contre-transfert » de Freud comme cela a été suggéré [16] ? Rien n'est moins sûr. Osons dire que Freud appelle un chat un chat, et que c'est ainsi qu'il gagne le respect et la confiance de son patient : en le laissant parler, en ne le faisant pas taire avec ses préjugés à lui, Freud.

Le « délire » de l'homme aux rats

Après avoir à moitié révélé en quoi consistait le supplice du rat, le patient explique à Freud qu'une idée lui avait traversé l'esprit : « l'idée que cela arrivait à une personne qui m'était chère ». Freud dit « deviner » (autant dire que le patient ne l'avouait pas *spontanément*) qu'il s'agit de l'amie du patient. Mais ce n'est pas tout. L'homme aux rats avait aussi dit à Freud qu'il essayait de se débarrasser de *deux idées* concernant le supplice du rat : Freud demande donc au patient de lui parler de la deuxième des idées. Le patient a dû avouer qu'il s'agissait de son propre père.

Mais il y a encore autre chose qui place ce supplice dans un décor très particulier. À plusieurs reprises Freud fait référence au « délire » de l'homme aux rats. Il faut certainement différencier, comme le signale J.-C. Maleval [17], ce « délire » du délire psychotique. En quoi consiste le « délire » de l'homme aux rats ? Il s'agit de la raison qui l'a fait consulter Freud. De quoi s'agit-il ? Souvenons-nous que le patient avait perdu ses lunettes. Le lendemain du jour où le patient avait entendu le récit du supplice (« ce soir-là », selon le *Journal*), le capitaine cruel lui remet un colis avec les lunettes que le patient avait commandées à Vienne et lui dit « Le lieutenant A... en a acquitté pour toi le montant. Tu dois le lui rendre. » Lorsque le patient entend cela, il se dit : « Ne *pas rendre l'argent, sinon "cela" arrivera (c'est-à-dire le supplice aux rats se réaliserait pour son père et pour la dame).* » Cette injonction allait être « contrebalancée » par un serment : « *Tu rendras les 3 couronnes 80 au lieutenant A...* » Mais les choses se compliquent pour lui à partir du moment où le lieutenant A... lui dit que ce n'est aucunement lui-même qui a avancé l'argent (comme l'avait prétendu le capitaine cruel), mais le lieutenant B... Ce qui impliquait qu'il ne pouvait plus accomplir son serment « tu dois rendre l'argent à A... ». Freud écrit : « Il [l'homme aux rats] s'évertua alors à imaginer les procédés les plus étranges : il irait avec les deux officiers

15. *Journal d'une analyse*, *op. cit.*, p. 43.
16. Mahony P., *Freud et l'homme aux rats*, Paris, PUF, 1991.
17. Maleval J.-C., *Logique du délire*, Paris, Masson, 1996, p. 52.

A... et B..., au bureau de poste, là-bas A... donnerait à l'employée de la poste les 3 couronnes 80, pour qu'elle les remette à B..., et lui, notre patient, rendrait alors, suivant la teneur du serment, les 3 couronnes 80 à A... [18] » Freud ajoute que, certainement, le lecteur aura été incapable de suivre ce qu'il venait d'exposer. Mais à quoi tient ce manque de clarté ?

LA PARENTHÈSE STRUCTURALISTE [19]

Nous nous permettons d'ouvrir une longue parenthèse dans cet exposé, car il faudra mettre de l'ordre dans cette histoire. C'est ainsi que nous allons parcourir les pages d'un texte de Lacan sur l'homme aux rats auquel nous avons déjà dédié un travail [20]. « Le Mythe individuel du névrosé [21] » est une conférence prononcée par Lacan en 1953. Dans cet article, il est question de démontrer comment le cas de « l'homme aux rats » est l'effet singulier de l'histoire particulière de sa famille, et plus particulièrement de son père. Le syntagme « mythe individuel », tout contradictoire qu'il puisse paraître, rappelle le « roman familial du névrosé » de Freud, à ceci près qu'un mythe, à la différence d'un roman, n'est écrit par personne. Dans le mythe, collectif et individuel, loin de s'exclure semblent être articulés par un fantasme inconscient.

Pour Lévi-Strauss, le mythe est une combinatoire signifiante qui va bien au-delà d'un individu particulier. Ce même décentrement est avancé par Lacan lorsqu'il soutient dans l'article précité : « le mythe est ce qui donne une formule discursive à quelque chose qui ne peut être transmis dans la définition de la vérité [22] ». Lacan postule ainsi que le mythe implique une vérité qui n'est dite qu'à moitié. Mais il faut aussi voir que ce travail de Lacan est en quelque sorte « anti-freudien », car il ne pense pas la répétition sous la forme d'une répétition du même, ce qui n'est pas sans rapport avec la séparation qu'opère Lacan en 1964, entre transfert et répétition.

Dans l'article en question, Lacan commence par une mise en garde : l'histoire fantasmatique du « supplice » (l'introduction d'un rat dans l'anus du supplicié) est un point essentiel mais, en même temps, « [dans] toute lecture attentive on s'apercevra que son intérêt principal vient de la particularité extrême du cas [23] ».

18. *Cinq psychanalyses, op. cit.*, p. 208.
19. Nous remercions ici M. Claude Lévi-Strauss d'avoir lu l'essentiel de ce qui suit. Nous remercions également M. Lucien Scubla de s'être intéressé à ce développement : on lira, avec profit, son livre *Lire Lévi-Strauss*, Paris, Editions Odile Jacob, 1998 ainsi que son article « Respuesta à J.-P. Lucchelli », revista *El Caldero de La Escuela*, Escuela de la orientacion lacaniana, n° 84, Buenos Aires, 2001, p. 83-85.
20. Lucchelli J.-P., « Le Mythe individuel revisité », revue *L'Information psychiatrique*, vol. 82, n° 2, 2006.
21. Lacan J, « Le Mythe Individuel du névrosé », revue *Ornicar ?*, n° 17/18, Paris, 1979.
22. « Le Mythe Individuel du névrosé », *op. cit.*, p. 292.
23. *Idem*, p. 295.

Cette particularité consiste en ce que Lacan appelle la « constellation » du cas : cette constellation qui a « présidé à la naissance du sujet, à son destin, et je dirais presque à sa préhistoire, à savoir les relations familiales fondamentales qui ont structuré l'union de ses parents ». Nous voyons déjà l'élément essentiel de la perspective de Lacan dans cet article : tout un tissu symbolique est déjà présent, même avant la naissance du sujet.

Selon Lacan, l'élément essentiel est l'histoire du père du patient, car « ce père s'est trouvé dans la position de faire ce qu'on appelle un mariage avantageux [24] ». Mais, ce n'est pas tout, à cela s'ajoute le fait que le père, juste avant son mariage « avantageux », était semble-t-il vivement attaché à « une jeune fille pauvre mais jolie ». À partir des données du cas clinique de l'homme aux rats, ce commentaire de Lacan semble tout à fait justifié : « [l'attachement à cette fille pauvre mais jolie et le conséquent renoncement] a certainement impressionné profondément le jeune sujet qui deviendra plus tard notre patient [25] ». Nous pouvons déjà nous demander dans quelle mesure ces données sont en rapport avec l'état actuel de l'homme aux rats. En effet, il se trouve que le patient aime son amie (celle qui se trouve être la victime du supplice fantasmatique qui s'impose à l'imagination du patient), mais dans le même temps, il est contraint d'épouser une autre femme, une cousine, proposée par sa propre mère.

À partir de ces éléments, nous pouvons donc aborder ce qu'est le « conflit » qui a, selon Freud, déclenché la névrose de l'homme aux rats :

> « Il me faut à présent décrire de façon circonstanciée la cause occasionnelle de la névrose du patient en question. Sa mère avait été élevée chez des parents éloignés, une riche famille de gros industriels. C'est à la suite de son mariage que son père avait été employé dans cette maison, de sorte qu'il n'était arrivé à sa situation de fortune, assez considérable, que grâce à son mariage. Par des taquineries entre les époux, qui vivaient d'ailleurs dans une parfaite entente, notre patient apprit que son père, quelque temps avant de connaître sa mère, avait courtisé une jeune fille d'une famille modeste, pauvre mais jolie. Tel est le prologue. Après la mort de son père, sa mère lui dit un jour qu'elle avait parlé à ses riches parents de son avenir à lui, et qu'un de ses cousins consentirait à lui donner en mariage une de ses filles, dès qu'il aurait terminé ses études [...] Dès lors s'éveille en lui un conflit : devait-il rester fidèle à son amie pauvre ou bien suivre les traces de son père et épouser la jeune fille, belle, distinguée et riche, qu'on lui destinait [26] ? »

Il est intéressant de constater que, malgré l'objectivité de ces données, le « conflit » femme riche/femme pauvre constitue une hypothèse de Freud. Par ailleurs, lorsque Freud « interprète » ce conflit à son patient, celui-ci n'est pas d'accord [27]. Il est cependant clair qu'il y a dans l'histoire une opposition nette

24. « Le Mythe individuel du névrosé », *op. cit.*, p. 296.
25. *Idem*, p. 297.
26. *Cinq psychanalyses, op. cit.*, p. 228.
27. « Mon explication commença, bien entendu, par n'être pas agréée par le malade », *ibid.*

entre l'amie « pauvre » et une femme riche – toutes les deux étant des cousines du patient. Lacan pousse cette logique plus loin lorsqu'il affirme : « Le conflit femme riche/femme pauvre s'est reproduit très exactement dans la vie du sujet au moment où son père le poussait à épouser une femme riche, et c'est alors que s'est déclenchée la névrose proprement dite [28]. »

Cette affirmation de Lacan pourrait sembler forcée, car c'est la mère qui propose à son fils d'épouser une de ses riches cousines ; pourtant, et c'est précisément cette donnée qui est la clé de l'affaire, il apparaît clairement que c'est le père qui est le personnage interdicteur quant à la femme pauvre. Freud précise à ce sujet :

> « D'ailleurs, peu avant sa mort, le père avait nettement pris position contre les sentiments qui, ultérieurement, devaient jouer chez notre patient un rôle prépondérant. Le père s'étant aperçu que le fils recherchait la société de cette dame, lui avait déconseillé de trop s'engager et lui avait dit qu'il faisait une bêtise qui ne pourrait que le rendre ridicule [29]. »

Il est intéressant de relever qu'après cette donnée historique, Freud enchaîne sur la question de la masturbation et, donc, sur l'interdiction.

La prise de position du père est sans équivoque, et la mère ne fait que maintenir vivante cette parole. La mère (le père) le pousse à épouser une femme riche. Mais l'enjeu n'est pas tellement là, sinon dans le fait qu'il s'agit, selon l'hypothèse de Freud, de suivre ou non la voie paternelle. Doit-il quitter l'amie « pauvre » ? Doit-il avoir une « dette », comme son père, à l'égard de la jouissance phallique en laissant tomber la femme pauvre (et donc jolie) ? C'est l'interdit et la dette qui le font désirer.

La dette

Mais, encore une fois, ce n'est pas tout ce qui caractérise le passé paternel de l'homme aux rats : « Un autre élément du mythe individuel n'est pas de peu d'importance » car, le père avait eu au cours de sa carrière militaire (il était sous-officier) ce que Lacan appelle « des ennuis » : il avait dilapidé « au jeu les fonds du régiment, dont il était dépositaire au titre de ses fonctions. Et il n'a dû son honneur, voire même sa vie, au moins au sens de sa carrière, de la figure qu'il peut continuer à faire dans la société, qu'à l'intervention d'un ami, qui lui a prêté la somme qu'il convenait de rembourser, et qui se trouve ainsi avoir été son sauveur [30]. » Le parallèle avec le fils est tellement flagrant qu'il ne peut guère nous échapper : notre patient (qui est officier dans l'armée) est dans une

28. *Idem.*
29. *Cinq psychanalyses, op. cit.*, p. 230.
30. *Idem.*

région avec son régiment ; il perd ses lunettes et, il en commande une nouvelle paire. Quelqu'un paye à sa place (le « lieutenant A ») et il doit rembourser cette dette. Nous passons sur les détails, car le patient n'explique pas ce qu'il sait dès le départ : soit qu'il doit cette somme à la dame de la poste qui a payé à sa place. Mais, étant donné que le capitaine cruel l'aurait informé qu'il devait cet argent au « lieutenant A », il s'était dit : « tu dois payer cet argent à A », sinon « cela » [le fameux supplice du rat] arrivera « à la femme [pauvre] et à ton père » (déjà décédé).

Bref : il sait qu'il doit de l'argent à la dame de la poste, il a cette certitude mais, comme c'est un obsessionnel, c'est cette certitude qui nourrira le doute. Il s'était dit « payer cette somme à A », et tout se complique. « *Tous les éléments de cette histoire constituent une répétition plus ou moins caractéristique du "passé paternel"* », affirme Lacan. L'homme aux rats se trouve dans la situation de lui-même devoir rembourser une dette : il s'agit d'une somme d'argent qu'il doit à « la dame de la poste », laquelle incarnerait pour lui, selon Lacan, la « femme pauvre ». Mais ce n'est pas si simple pour ce sujet « gravement névrosé » qui s'était mis en tête de rembourser cet argent au « lieutenant A ». Celui-ci incarne, dans sa propre histoire, l'ami sauveur à qui le père devait l'argent dilapidé au jeu (il semblerait d'ailleurs que le père du patient n'ait jamais remboursé la dette à cet ami, toujours). Nous citons Lacan à nouveau :

> « Vous ne pouvez pas ne pas reconnaître, dans ce scénario qui comporte le passage d'une certaine somme d'argent du lieutenant A à la généreuse dame de la poste qui a fait face au paiement, puis de la dame à un autre personnage masculin, un schéma qui, complémentaire sur certains points, supplémentaire sur d'autres, parallèle d'une certaine façon et inverse d'une autre, est l'équivalent de la situation originelle [31]. »

Et ensuite : « [...] Il reflète en effet, d'une façon sans doute fermée au sujet, mais non pas seulement, loin de là, la relation inaugurale entre le père, la mère et le personnage, plus ou moins effacé dans le passé, de l'ami [32]. » Nous voyons donc que dans l'actualité se répète l'histoire du père. Mais ce qui est important n'est pas simplement la répétition plus ou moins évidente et plus ou moins cohérente du passé du père, mais bien plutôt sa variation : l'élément essentiel étant, justement, ce qui ne se répète pas. Lacan précise : « Qu'est-ce qui donne son caractère mythique à ce petit scénario fantasmatique ? Ce n'est pas simplement le fait qu'il mette en scène une cérémonie qui reproduit plus ou moins exactement la relation inaugurale qui s'y trouve cachée – il la modifie dans le sens d'une certaine tendance [33]. » Nous ajoutons : la tendance d'un fantasme inconscient.

31. « Le Mythe individuel du névrosé », *op. cit.*, p. 298.
32. Lévi-Strauss C., *Anthropologie structurale*, Paris, Plon, Pocket, 1958, p. 262.
33. *Idem.*

La répétition n'est pas simplement la répétition du même comme on le croit souvent. En effet, et le paradigme structuraliste l'affirme clairement : « on ne peut connaître que par différence », ce qui n'est pas sans effets sur la question de la répétition. Dans son article, Lacan revient sur la question, évoquée dès le début de son œuvre, du déclin de l'imago paternelle et, ensuite, il nous rappelle l'importance, dans cette constellation, de l'histoire du père : un père qui, loin d'être le père castrateur (comme le voudrait Freud, selon la version œdipienne) est au contraire un « père châtré », depuis qu'il avait dû renoncer à la jeune fille pauvre mais jolie et depuis ses mésaventures dans l'armée.

Nous affirmons que pour bien comprendre le développement fait par Lacan dans son article « Le mythe individuel du névrosé », il faut se référer à l'*Anthropologie structurale* de Lévi-Strauss. En effet, dans son chapitre intitulé « La Structure des mythes », il montre l'existence de différentes versions d'un mythe qui ont, pourtant, une même structure. Nous n'allons pas développer ici les détails des différents mythes analysés par l'auteur, mais nous nous contenterons d'écrire « la formule canonique » de la structure des mythes [34] :

$$Fx\ (a) : Fy\ (b) :: Fx\ (b) : F\ a\text{-}l\ (y).$$

où : $Fx\ (a)$ est à $Fy\ (b)$
ce que $Fx\ (b)$ est à… $F\ a\text{-}l\ (y)$

On pourrait supposer que ce type de rapport devrait donner quelque chose comme un rapport symétrique du genre :

$$Fx\ (a) : Fy\ (b) :: Fx\ (b) : Fy\ (a).$$

Cependant, dans la formule de Lévi-Strauss, il n'y a pas de terme « a », mais plutôt son inverse mathématique « *a* », ce qui se traduit par le passage d'une « variable » à une « fonction ». C'est-à-dire :

$Fx\ (a)$ est à $Fy\ (b)$

ce que « $Fx\ (b)$ » est à quelque chose qui suppose un double échange : des variables et des fonctions. Lévi-Strauss explique ainsi ce dernier changement :

> « [dans cette formule], deux termes *a* et *b* étant donnés simultanément ainsi que deux fonctions, x et y, de ces termes, on pose qu'une relation d'équivalence existe entre deux situations, définies respectivement par une inversion des *termes* et des *relations*, sous deux conditions : 1° qu'un des termes soit remplacé par son contraire (dans l'expression ci-dessus : *a* et *a-l*) ; 2° qu'une inversion corrélative se produise entre la *valeur de fonction* et la *valeur de terme* de deux éléments (ci-dessus : y et a) [35]. »

34. *Idem.*
35. *Idem.*

Lévi-Strauss veut ainsi expliquer ce type de relation :

(Poshaiyanki : x) : (Lea : Poshaiyanki) : : (Poshaiyanki : Tiamoni) : (y : Poshaiyanki)

C'est à partir de ce type de structure qu'il propose la fameuse formule dite canonique : « ces rapports n'étant pas symétriques et ne se réduisant pas à la simple répétition ».

Pour clarifier la première partie de l'article « Le mythe individuel du névrosé », nous proposons d'appliquer la formule de Lévi-Strauss au raisonnement lacanien : comme dans la formule canonique de Lévi-Strauss, on ne devrait pas se limiter à la constatation d'une répétition, mais nous interroger sur l'élément changeant. Quel est l'élément qui ne se répète pas ? Lacan signale un aspect précis : « Pour bien comprendre il faut voir que dans la situation originelle il y a une double dette... il y a d'une part une sorte de castration du père [le renoncement à la femme pauvre mais jolie] et, d'autre part, une dette sociale... la dette envers l'ami [car il n'a jamais pu rembourser la dette] [36]. »

Cette histoire est constituée, nous insistons, par deux éléments-clés liés à l'histoire du père :

a) Le mariage avantageux que fait le père avec la mère de l'homme aux rats, en même temps que l'attachement du père « à une jeune fille pauvre mais jolie »

et

b) la dette du père et l'intervention d'un ami qui paye à sa place.

Nous l'avions déjà dit avec Lacan : « Le conflit femme riche/femme pauvre s'est reproduit très exactement dans la vie du sujet au moment où son père le poussait à épouser une femme riche ; et c'est alors que s'est déclenchée la névrose proprement dite [37]. » Jusque-là, nous sommes dans ce que l'on pourrait appeler le mythe familial, déterminé par la préhistoire familiale. Mais, à partir de là, c'est le « fantasme » qui prend le relais, si l'on peut s'exprimer ainsi. Cette séparation n'est évidemment pas aussi nette mais, admettons-la. Car, désormais c'est la question du choix « femme riche/femme pauvre » qui va jouer pour le sujet. D'une part, nous avons à l'origine une dette du père à l'égard de l'ami et, d'autre part, il y a dans l'histoire du père substitution de la femme riche à la femme pauvre.

Résumons donc :

Pour l'essentiel, nous avons deux fonctions : « payer » et « se faire payer », ainsi que deux termes : « femme riche » et « femme pauvre ».

1°) Première version du mythe laquelle ne correspond pas à la formule canonique : le père.

36. « Le Mythe individuel du névrosé », *op. cit.*, p. 300.
37. *Idem*, p. 297.

(Père : x) : (Ami : *père*) : : (Père : fp) : (FR : *père*)

(dette sociale) ---------→(castration du père) → double dette

Cela doit se lire : la dette du père face à l'armée (Père : x) est à la dette payée par l'ami (Ami : *père*), ce que la « dette » envers la femme pauvre (Père : fp) est au « se faire payer » par la femme riche (FR : *père*). Pour l'homme aux rats, l'histoire du père c'est la dette non-payée et le « se faire payer » et par l'ami et par la femme riche (« substitution du personnage dit de la femme riche à l'ami », écrit Lacan).

2°) Deuxième version du mythe : le fils (« formule canonique » de Lévi-Strauss).

($:x) : (« A » :$) : : ($: dame poste) : [$: F. Riche]
(répétition de la scène originelle) : [choix : « fille de Freud »]

Où nous n'avons pas simplement une « répétition » mais surtout (et c'est ce qui nous intéresse) un changement entre une version et l'autre. La « dette » du sujet ($: x) est à l'argent avancé par « A » (« A » : $), ce que la dette envers la femme pauvre ($: « dame de la poste ») est à... nous devrions dire : « est au « se faire payer » par la femme riche ($: F. Riche) », mais c'est là où tout se complique, car tandis que le père choisi de se faire payer par la femme riche (FR : *père*), l'homme aux rats, confronté au choix « payer la dette à la femme pauvre ou se faire payer par la femme riche » ne choisit ni l'un ni l'autre, ou mieux, il choisit les deux ; ce qui pourrait se résumer par un « payer la dette... à la femme riche » [$: F.Riche]. À ce propos, Lacan indique ceci : « Pour éteindre la dette, il faut en quelque sorte la rendre, non à l'ami, mais à la femme pauvre, et par là à la femme riche que lui substitue le scénario imagé [38]. »

Ceux qui connaissent le cas de « l'homme aux rats » savent que cette « solution » le patient la trouve dans le transfert, en imaginant que c'est Freud qui veut lui offrir sa fille en mariage, en lui demandant (dans son fantasme) de « payer la dette à... la femme riche » : «... le sujet se met à imaginer que Freud ne désire rien moins que de lui donner sa propre fille, dont il fait fantasmatiquement un personnage chargé de tous les biens de la terre » [c'est-à-dire, une « femme riche »]. Autrement dit, il *demande* que Freud lui demande de payer la dette... Inversion donc « des *termes* et des *relations* [39] », ce qui fera dire à Lacan : « Or, à l'intérieur du fantasme développé par le sujet, nous observons quelque chose comme *un échange des termes terminaux de chacun de ces rapports fonctionnels* [40]. »

38. *Idem.*
39. *Anthropologie structurale, ibid.*
40. *Idem.*

Ainsi, « Payer la dette à… la femme riche » est la solution fantasmatique où il y a inversion des *relations* (« payer la dette à » au lieu de « se faire payer ») et des *termes* (non à la « femme pauvre », ce qui aurait comporté un choix, mais « à la femme riche »). Comme le dit Lacan :

> « Eh bien ! à chaque fois que le névrosé réussit, ou tend à réussir, l'assomption de son propre rôle, à chaque fois qu'il devient en quelque sorte identique à lui-même, et s'assure du bien-fondé de sa propre manifestation dans son contexte social déterminé, l'objet, le partenaire sexuel, se dédouble – ici *sous la forme femme riche ou femme pauvre*[41 42]. »

INTERPRÉTATION : VRAIE OU FAUSSE ?

Nous avons vu comment le « sujet » n'est pas la personne (l'homme aux rats lui-même, par exemple). Le « sujet » c'est cet ensemble de relations, des fonctions entre les différents termes, ces différents circuits. Le sujet, en psychanalyse, c'est un concept qui n'a rien à voir avec l'individu. Nous avons pu déceler ce qui conditionnait le désir inconscient de l'homme aux rats, mais en aucun cas nous n'avons traité de ce qui est à la base de ces « échanges » – comme pour Dora, nous sommes toujours sur le terrain des échanges lévistraussiens et sur ce qui fait obstacle à ces échanges : le fantasme inconscient. Nous allons aborder par la suite la question du fantasme, et nous allons voir comment une cure peut se résoudre à travers un changement de position subjective quant au fantasme inconscient. Nous aurons affaire au père « jouisseur », plutôt qu'au père interdicteur de la jouissance : là, c'est l'interprétation de Freud qui pourra changer quelque chose.

En effet, lorsque l'homme aux rats dit à Freud ce qui le tourmentait « depuis le début », on voit qu'il s'agit de rien de moins que de la mort du père. Le patient n'avait pu assister à cette dernière, de telle sorte qu'il culpabilisait beaucoup à cause de cela : cette impression est arrivée au point où le patient « se crut un criminel ». Cette culpabilité s'était réveillée après la mort d'une tante dont le mari faisait allusion au fait que « d'autres hommes se permettent toutes sortes de choses », tandis que lui n'avait vécu que pour sa propre femme. L'homme aux rats imagine que cet homme fait allusion à son propre père, lequel aurait été infidèle à sa femme… On voit apparaître cette image, présente chez notre

41. « Le Mythe individuel du névrosé », *op. cit.*, p. 263.
42. Notons que notre analyse du texte de Lacan coïncide avec ce que Lacan lui-même avait avoué : « comme Lévi-Strauss ne l'ignore pas, j'ai essayé presque tout de suite, et avec j'ose le dire, un plein succès, d'en appliquer la grille [de la « formule canonique »] aux symptômes de la névrose obsessionnelle ; et spécialement, à l'admirable analyse que Freud a donné du cas de l'"homme aux rats" », cf. Société Française de Philosophie, séance du 26 mai 1956.

patient, d'un père sans complexe quant à la sexualité. Freud profite de cette occasion (soit le fait que l'homme aux rats se sent coupable de ce qu'il n'a pas fait), pour lui dire qu'il désire *inconsciemment* la mort de son père. Donc, il ne le déculpabilise pas, à différence de l'ami du patient qui a tout fait pour le convaincre « qu'il n'était pas un criminel » ! Dans les séances suivantes (5e et 6e séances) Freud se livre à différentes explications psychanalytiques, afin de remettre son patient sur les rails.

Il faut noter ici ce qui a été remarqué par Lacan dans son article « Direction de la Cure » : on pense souvent que Freud « endoctrine » son patient. Pas du tout : il fait tout pour « lui donner la parole », la vraie. C'est une manière d'introduire, en permanence, le registre symbolique et de faire vivre l'autre scène, celle de l'inconscient. À partir de là, Freud va insister tout au long de la cure sur l'interprétation centrale de ce cas : le désir de mort du père, ce père qui aurait été interdicteur. Ainsi se succèdent les différentes interventions de Freud : la mort du père est une condition pour accéder au désir (p. 214), le père aurait été gênant quant à la jouissance sexuelle (p. 217), etc.

Revenons un instant sur la question du « choix » et de la première interprétation de Freud : soit le conflit entre femme riche et femme pauvre. L'idée de Lacan est d'affirmer que cette interprétation de Freud est forcée : elle est inexacte, mais vraie.

On constate ainsi que Lacan a deux versions différentes sur l'interprétation de Freud : dans « Le Mythe individuel » (1953), le père apparaît comme clairement interdicteur : il dit à son fils de ne pas faire un mauvais choix. Par contre, selon « La Direction de la cure » (1958), l'interprétation de Freud est démentie pas les faits mêmes : le père est mort « au moment des faits » ! Lacan s'exprime ainsi : « Mais le plus fort est que l'accès à ce matériel [on y reviendra] n'a été ouvert que par une interprétation où Freud a présumé d'une interdiction que le père de l'homme aux rats aurait porté sur la légitimation de l'amour sublime à quoi il se voue [43]. » Le conditionnel (« le père de l'homme aux rats aurait porté ») contredit le texte de Freud où le père interdit le projet de son fils avec sa copine « pauvre ». Lacan poursuit ainsi : « Interprétation dont le moins qu'on puisse dire est qu'elle est inexacte, puisqu'elle est démentie par la réalité qu'elle présume, mais qui pourtant est vraie [44]. » Bref : le fait que le « contenu » de l'interprétation soit faux, n'empêche pas son poids de vérité, à savoir qu'il s'agit d'une manœuvre qui introduit le patient dans la dialectique de l'Œdipe et de l'histoire du sujet (au sens où, nous l'avons dit, le « sujet » n'est pas la personne, mais cette chaîne signifiante qui inclut aussi et surtout l'histoire des parents). De même qu'un souvenir-écran est faux – car inexact –, mais vrai – puisqu'il

43. *Écrits*, *op. cit*. p. 597.
44. *Idem*.

véhicule la vérité du sujet –, de même, une interprétation peut-être « à côté », mais dans le même temps vraie et donc « juste ».

Reprenons :

1) Nous serions tentés d'affirmer que la remarque de Lacan « l'interprétation de Freud est inexacte mais vraie » *est inexacte*, car, nous l'avons vu, le père est interdicteur.

2) Nous serions tentés d'ajouter que l'interprétation de Lacan, même si elle est « inexacte », elle est « vraie », car elle met en lumière l'opposition entre vérité textuelle (Freud suit le texte de la chaîne signifiante) et vérité référentielle (l'inexactitude de l'interdiction), en relançant ainsi la différence entre la fonction paternelle et le père imaginaire.

3) Mais nous allons finalement opter pour l'idée suivante : la remarque de Lacan est exacte et vraie. En effet, le père est réellement interdicteur, mais comme le dit le patient lui-même : « Il dit ne pouvoir admettre un pareil effet de ce projet de mariage, qui ne lui fit, à l'époque, pas la moindre impression [45] », c'est-à-dire tout en étant réelle, l'interdiction, le patient ne l'avait pas vécu comme telle.

Nous voyons comment l'interdiction du père, même réelle, n'est pas devenue un « conflit » pour le sujet – donc l'idée de Lacan est exacte (non parce que le père était mort au moment du projet de mariage, mais surtout parce que la parole du père n'a pas fait « souffrir » le fils sur ce point). La remarque de Lacan, en plus d'être exacte, est aussi vraie : car Freud, même en forçant les choses, introduit le père pour s'en servir. Et à quoi sert ce père ? Il sert à introduire le désir de l'analyste, soit le désir qu'il y ait de l'analyse. Le désir de l'analyste ne pourrait ici se définir autrement que par l'existence d'une tension nécessaire entre vérité et exactitude (ou encore entre les registres symbolique et imaginaire), ce qui peut ouvrir l'analyse à la voie du fantasme et la pulsion. Freud fait des « données » livrées par le patient un ensemble signifiant. Il y a surtout un élément clinique qui tranche dans l'opposition exactitude/vérité, mais dans le sens d'une validation de l'interprétation de Freud : et c'est la production d'un matériel qui la confirme. En effet, à la séance suivante (la 6e), le patient se souviendra d'avoir été amoureux d'une fillette et d'avoir imaginé qu'il pouvait la conquérir si un malheur lui arrivait : par exemple la mort de son père. En plus, il s'est rappelé que, environ 6 mois avant la mort de son père, il avait eu l'idée suivante : si son père mourait, il aurait eu l'argent suffisant pour épouser son amie (pauvre). Dans ces deux souvenirs nous avons la mort du père comme condition d'accès au désir en se débarrassant, du même coup, de la contrainte (celle de ne pas épouser la femme pauvre).

45. *Cinq psychanalyses*, *op. cit.*, p. 229.

Mais il y a encore plus : l'interprétation de Freud a produit un « transfert » très singulier. Comme nous l'avons déjà rappelé, l'homme aux rats s'imagine que Freud veut lui offrir sa fille en mariage. En effet, l'homme aux rats refuse d'accepter l'interprétation de Freud concernant le choix de la femme et l'interdiction du père, mais suite à cela, un transfert très particulier se développe :

> « Au cours du traitement, il dut cependant se convaincre, par une voie singulière, de la justesse de ma supposition. Il revécut comme une chose nouvelle et actuelle, grâce à un fantasme de transfert, ce qu'il avait oublié de son passé ou ce qui ne s'était déroulé en lui qu'inconsciemment. D'une période du traitement, obscure et difficile, il résulta qu'il avait pris pour ma fille une jeune fille rencontrée un jour dans l'escalier de ma maison. Elle lui plut, il s'imagina que si j'étais aussi aimable et aussi extraordinairement patient avec lui c'était parce que je souhaitais la lui voir épouser et il éleva au niveau qui lui convenait la richesse et la distinction de ma famille. Mais l'amour indestructible pour la dame luttait en lui, contre cette tentation. Après m'avoir adressé les pires injures, et surmonté nombre de résistances des plus opiniâtres, il ne put se soustraire à l'effet convaincant de l'analogie complète entre les fantasmes du transfert et la réalité de naguère. Je reproduis ici un des rêves de cette période du traitement pour montrer dans quel style ses sentiments s'exprimaient : *Il voit ma fille devant lui, mais elle a deux morceaux de crotte à la place des yeux*. Pour tous ceux qui connaissent le langage du rêve, la traduction de celui-ci sera facile : *il épouse ma fille, non pas pour ses beaux yeux, mais pour son argent* [46]. »

Nous avons souligné dans le texte le mot « nouvelle », car selon nous il s'agit, maintenant, d'un problème nouveau – nouveau au sens d'inédit et non lié à la répétition. En effet, si dans la répétition il y a lieu de distinguer, selon Lacan, deux aspects différents (*tuché* et *automaton*), nous serions tentés d'affirmer que dans cette séquence du transfert il y a quelque chose d'inédit.

On pourrait trouver une place pour chaque moment de la première partie de cette cure dans le graphe du désir :

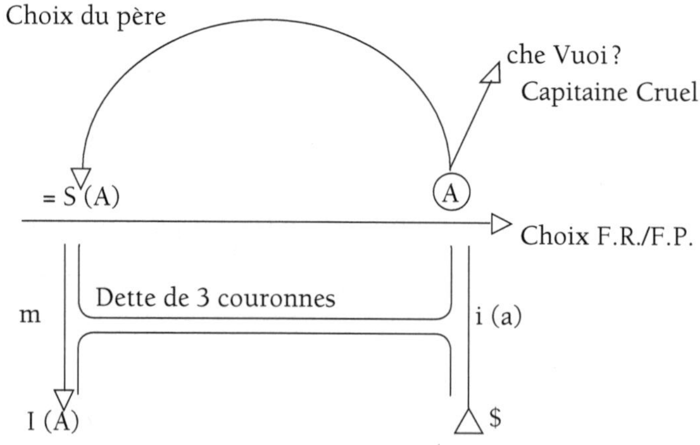

46. *Ibid.*

Si nous suivons l'idée de Lacan selon laquelle l'interprétation de Freud est contredite « par les faits » et que cette interprétation « force » les choses, il n'est pas étonnant que cela produise de la *tuché*. Pour la première fois, l'homme aux rats rencontre un père différent du père mort : c'est un père qui l'introduit dans l'échange des femmes. Par ailleurs, le « matériel » produit est inédit, car la femme riche était jusqu'alors un simple « projet » : *il la voyait maintenant en chair et en os, et en plus « elle lui plut »*. Mais ce n'est pas tout, Lacan nous surprend lorsqu'il affirme : « Ce n'est pas non plus que je tienne l'homme aux rats pour un cas que Freud ait guéri, car si j'ajoutais que je ne crois pas que l'analyse soit pour rien dans la conclusion tragique de son histoire par sa mort sur le champ de bataille, qui n'offrirais-je à honnir à ceux qui mal y pensent [47] ? » Cette affirmation est grave, car elle implique que l'homme aux rats est mort à cause de son analyse ou, tout au moins, à cause de quelque chose qui n'a pas été analysé. Ensuite, Lacan décrit précisément la suite de cette cure qui passe de la rectification subjective (*première interprétation*) au transfert et ensuite à l'interprétation : « selon un procès qui va de la rectification des rapports du sujet avec le réel [à entendre par "réalité"], au développement du transfert, puis à l'interprétation [48] ». La rectification des rapports du sujet avec le réel est ce que Freud articule en montrant au patient qu'il y a un « conflit » entre femme riche et femme pauvre : c'est l'équivalent de ce que Freud a pu dire à Dora « quelle est ta propre part au désordre dont tu te plains ? » Le transfert qui s'ensuit met à Freud à la place du père : *mais pas n'importe quel père*. La phrase suivante de Lacan mentionne deux éléments, à savoir la question de la mort et le fait que c'est le sujet qui « donne » pour recevoir : « Car c'est ainsi que l'homme aux rats arrive à introduire dans sa subjectivité sa médiation véritable sous la forme transférentielle de la fille imaginaire qu'il donne à Freud pour en recevoir de lui l'alliance, et qui dans un rêve-clef lui dévoile son vrai visage : celui de la mort qui le regarde de ses yeux de bitume [49]. » Le fait de « donner » pour ensuite recevoir décrit bien la phénoménologie de l'obsessionnel, telle que nous l'avons proposée ci-dessus avec nos formules : l'obsessionnel « demande » de se faire demander – pour ensuite donner en recevant. Mais ce père lévistraussien ne cache pas ce que dévoile le rêve-clef, où la fille de Freud sert à soutenir la mort à travers le regard. Nous avons là le « nœud » par où la valeur phallique (la fille comme objet d'échange) véhicule, en même temps qu'elle cache, l'objet pulsionnel (le regard), lui-même inéchangeable, non partageable.

Que dire du rapport entre le choix et la mort ? Le choix impossible chez l'obsessionnel signifie ceci : que le sujet met les termes du choix, les signifiants, au-delà de la mort. Ce sont des signifiants non-dialectisables en tant que tels,

47. *Écrits, op. cit.*, p. 598.
48. *Idem*.
49. *Idem*, p. 303.

raison pour laquelle il faut les casser, il faut rectifier le rapport subjectif du sujet à cette « réalité » (réalité dont le moins qu'on puisse dire est qu'elle est raréfiée). Le résultat est une certaine confusion, qui se fait présente dans le transfert, entre la valeur phallique et l'objet pulsionnel.

Éric Laurent [50] souligne le fait que Lacan n'est pas d'accord avec l'interprétation de Freud, au sens où l'équation d'équivalence entre l'argent et la « merde » n'est pas évidente. L'auteur indique que Lacan opte pour le « bitume », par le regard de la mort. Pour quelle raison Lacan se permettrait-il d'invoquer le regard ? Laurent répond que c'est le patient lui-même qui convoquait le regard du père, le regard d'un mort, lorsqu'il imaginait que son père pouvait venir le voir pendant la nuit tandis qu'il préparait ses examens (il « l'attendait » avec son pénis en érection). Donc, le patient convoquait les yeux de bitume de son père mort. Laurent explique ainsi le fait que l'homme aux rats ait fini par épouser la mort, au champ de bataille (soit pendant la Première guerre mondiale) plutôt que de choisir une femme – la torture, la mort, les militaires, étant autant d'éléments qui faisaient partie du scénario fantasmatique de l'homme aux rats. Il ne faut pas oublier que le supplice des rats finissait par la mort du supplicié (ce que le « spectacle » anal cache assez bien).

Le patient trouve chez Freud un père qui lui veut du bien, un père « vivant [51] », mais il s'agit d'un père qui ne lui sert pas encore à séparer la mort de l'Autre sexe, il ne lui sert pas à extraire la jouissance en la séparant du signifiant. À différence de Dora, il ne s'agit pas de séparer la femme de la pulsion orale, mais la femme de la mort via l'objet-regard. Comme le dit Laurent : « Il me semble que la question [...] dans ce cas aurait été celle d'une certaine articulation de l'objet "a", qui dans ce cas est le regard, et de "-ø", la castration [...] [au lieu de cela] nous avons le regard de la mort [52] », c'est-à-dire la confusion des deux !

BONNES INTERPRÉTATIONS, MAUVAIS TRANSFERTS...

On trouve aussi dans ce cas d'autres usages moins prudents de l'interprétation : plus précisément, Freud méconnaît le temps de l'interprétation et, parfois il ne sait pas se taire. Freud parle beaucoup à l'homme aux rats, ce qui n'est pas sans conséquences sur le transfert.

Dans le *Journal*, on lit le rêve suivant :

> « Il est avec la dame. Elle est très gentille avec lui, et il lui raconte ses obsessions [...] dont le sens est qu'il n'a pas le droit de se marier ni d'avoir des rapports sexuels avec elle. "Mais ça, c'est une stupidité, dit-il, tout aussi bien pourrait me

50. Laurent É., *Entre transferencia y repetición*, Buenos Aires, Atuel, 1994, p. 261-268.
51. Laurent É, *op. cit.*, p. 269.
52. *Idem*, p. 268.

venir l'interdiction de ne plus me laver". Elle sourit et lui fait un signe d'assentiment [...] Mais à son réveil, l'idée lui vint qu'elle avait voulu dire qu'il n'avait plus besoin de se laver [53]. »

Freud interprète surtout dans le sens d'une certaine colère et sentiment de vengeance contre la dame. Nous avons déjà insisté sur le fait que Freud ne déculpabilise pas son patient, mais même ceci doit être nuancé. Comme le soutient Cottet, face à ce rêve de guérison, « véritable conte de fées », Freud opte pour le symptôme. Bref : le rêve annonce la guérison, mais le symptôme persiste, quoi faire ? Suivre la voie du symptôme ! Mais compte tenu du fait que le patient « a eu le sentiment dans le rêve d'être délivré », sous-entendu délivré du symptôme, Freud ajoute : « délivré d'elle ». Comme le remarque Cottet à propos de ce rêve : *soit* « cette interprétation qui est juste, renforce néanmoins l'effet du surmoi féroce [...] Freud fait grincer la corde, et refuse de fermer les yeux », *soit* il n'en est rien quant à la supposée guérison, « comme si en appuyant sur la censure du désir, il accentuait davantage la culpabilité [54] ». L'idée défendue par Cottet est que, dans cet exemple, Freud aurait mieux fait de se taire ou, dans tout cas, il aurait fallu ne pas trop vouloir « démasquer » le désir. Cottet insiste sur le caractère inopportun de cette interprétation, surtout parce que le patient voudra, par la suite, « se trancher la gorge [55] ». À notre avis, l'auteur est peut-être trop tranchant, car il n'est pas sûr qu'il y ait un rapport de cause à effet entre l'intervention de Freud et l'idée du patient de se trancher la gorge, idée que celui-ci avait déjà eue auparavant [56]. Mais l'interprétation de Cottet nous semble vraie, même si elle pourrait être inexacte : l'interprétation de Freud, même juste, nourrit un certain transfert négatif. Le messager se confond avec le message. Preuve en est ce qu'ajoute Freud : « La colère contre le médecin, il la confirme [57]. » Comme le suggère Cottet, Freud aurait mieux fait de ne pas trop culpabiliser le sujet (le surmoi du patient s'en occupe déjà assez bien) et laisser passer l'exactitude de son intervention sous silence.

La lecture américaine : la faute de frappe ou le contre-transfert de Freud

Le livre du Canadien Patrick Mahony intitulé *Freud et l'homme aux rats* a été publié pour la première fois en français en 1991 [58]. Même s'il ne s'agit pas d'un livre récent, il nous semble qu'il vaut la peine de revenir sur certains points

53. *Journal, op. cit.*, p. 123.
54. Cottet S., « Les Limites de l'interprétation du rêve chez Freud », *in* revue *La Cause freudienne*, n° 32, « Vous ne dîtes rien », Paris, 1996, p. 128.
55. *Journal, op. cit.*, p. 125.
56. *Idem*, p. 31.
57. *Idem*, p. 125.
58. Mahony P., *Freud et l'homme aux rats*, Paris, PUF, 1991.

qui constituent le fil rouge de l'ouvrage. Le but de l'auteur est d'approfondir la connaissance du célèbre cas de Freud, notamment en mettant l'accent sur certaines failles du texte freudien qui aident à mieux comprendre la nature de la thérapie entreprise par Freud avec son patient Ernst Lanzer. On verra ainsi se déployer devant nos yeux de lecteurs le pragmatisme cher au continent nord-américain, notamment en ce qui concerne la précision « des faits ». Pour l'essentiel, Mahony essaie de mettre en évidence le contre-transfert de Freud dans cette cure, caractérisée notamment par une confusion de l'histoire des deux hommes, Freud et Lanzer : « Comme on peut s'y attendre [*sic*], le contre-transfert dans le cas de l'homme aux rats soulève aussi des problèmes complexes, sans compter que les termes désignant le phénomène n'existaient pas encore [59] » – en effet, l'auteur s'interroge sur la nature même du succès de Freud : « Mais, concernant ce que l'on sait au sujet des particularités historiques du contre-transfert de Freud, peut-on soutenir qu'il n'y ait que pure coïncidence dans le fait que les sujets de ses cas les plus célèbres et [...] les seuls à avoir été publiés avec succès [...] étaient dramatiquement anaux ? » De cette manière, le contre-transfert n'est qu'une simple question de déduction : « Freud, selon les informations de Mahony, souffrait d'un "colon irritable" », et ceci expliquerait l'abondance du matériel « anal » apporté par l'homme aux rats. Mais Mahony ne s'arrête pas là : il est tellement aveuglé par l'idée de démontrer le contre-transfert de Freud à l'égard de son patient, qu'il attribue à Freud une lettre que celui-ci aurait envoyée à Abraham alors que, au contraire, il s'agit d'une lettre d'Abraham à Freud [60] ! Mahony trahit ainsi sa propre quête scrupuleuse de l'exactitude des faits. Et ce qui n'arrange pas les choses, c'est que le traducteur français, qui se rend compte de l'erreur, écrit une note en bas de page présentant elle aussi une faute de frappe : « Une erreur *c'est glissée* à cet endroit de l'édition originale », etc. Il n'y a pas de métalangage ! Bien sûr, Mahony n'épargnera pas Lacan dans sa « critique » des « textes français » qui traitent de l'homme aux rats. Il critiquera notamment le fait que Lacan oppose « la femme riche et la femme pauvre » dans son texte : « On peut apporter encore une autre objection à la supposition purement gratuite de Lacan qui pense que la dame du bureau de poste était riche et la serveuse de l'auberge, pauvre ; nous savons que le père de celle-ci était le propriétaire de l'auberge [61] ! » Aucune prise en compte donc de la distinction entre vérité matérielle et historique, alors qu'il paraît difficile de lire Freud sans cette distinction. On voit une fois de plus que le « retour à Freud » est toujours nécessaire et d'actualité.

59. Mahony P., *op. cit.*, p. 110.
60. *Idem*, p. 110.
61. *Idem*, p. 70.

Le pot et le rat

Revenons aux choses sérieuses. Nous avons suggéré plus haut que la question de l'articulation de l'objet a (le regard) et la mort devrait donner lieu à une autre articulation : celle du regard (objet a) et « -ø », à savoir la castration. La scène du supplice des rats est essentiellement une scène « que l'on voit ». Qu'est-ce que l'on voit? Le pot. Ce même pot qui s'introduit à nouveau dans la chaîne signifiante de la cure en rapport avec la castration, et *in fine* avec la différence sexuelle :

> « Je lui fais part de mon soupçon que sa curiosité sexuelle se serait enflammée au contact de ses sœurs, ce qui produit un résultat immédiat : il se souvient que c'est chez sa sœur, maintenant décédée, Helga (de cinq ans son aînée), assise sur le pot [*Topf*] ou quelque chose comme ça, qu'il a pour la première fois remarqué la différence des sexes [62]. »

Le mot *Topf* est le même utilisé dans le *Journal* pour parler du supplice des rats [63]. Il est étonnant d'ailleurs que le texte du *Journal* dise « assise sur le pot *ou quelque chose comme ça* » : cette imprécision, qui correspondrait à une hésitation dans la parole du patient, devrait attirer notre attention – on peut supposer que le sujet y est. Ce qui est encore plus étonnant, c'est qu'il s'agit de la sœur décédée, Helga. Cet élément n'a pas été suffisamment exploité par les différents commentateurs [64]. Cette première rencontre entre le regard et la différence sexuelle, qui plus est chez la sœur décédée, constitue une constellation propice à « nouer » ce qui sera par la suite, selon l'analyse de Lacan, le vrai symptôme de l'homme aux rats : *être marié à la mort*.

Il y aurait une « deuxième partie » dans l'analyse du récit de Freud qui commence, selon nous, par le paragraphe intitulé « Le complexe paternel et la solution de l'obsession aux rats [65] ». Freud reconstruit le cas ainsi : « Un fil reliait cette cause occasionnelle de la névrose adulte [le choix à faire entre femme riche et femme pauvre] à l'enfance de notre patient ». D'une part, « Il se trouvait, dans la situation par laquelle son père d'après ce qu'il savait ou supposait lui-même, avait passé avant son mariage; il pouvait donc s'identifier à celui-ci » et, d'autre part, le fait patent que « le père défunt intervenait d'une autre façon encore dans la maladie actuelle du patient. Son conflit morbide était, en effet, essentiellement une lutte entre la persistance de la volonté paternelle et ses propres sentiments amoureux [66] ».

62. *Journal, op. cit.*, p. 135.
63. *Idem*, p. 45.
64. À quelques exceptions près : cf. Mahony P., *op. cit.*, p. 67.
65. *Cinq psychanalyses, op. cit.*, p. 229.
66. *Idem*.

En ce qui concerne cette « intervention » du père mort, Lacan est encore plus précis, car il explique que dans cette interprétation cruciale de Freud, il « y fait preuve d'une intuition où il devance ce que nous [donc : Lacan] avons apporté sur la fonction de l'Autre dans la névrose obsessionnelle, en démontrant que cette fonction [...] s'accommode d'être tenue par un mort [67] ». Nous reconsidérons ainsi la présence du trait identificatoire manifeste par où le patient s'identifie à son père à travers le signifiant de l'armée. Nous avons vu comment, non seulement le patient est à l'armée comme son père, mais de plus il répète un scénario fantasmatique autour du choix « femme riche/femme pauvre ». Il s'agit pour le patient d'un « *vel* aliénant [68] » : ou bien l'une ou bien l'autre, qui se traduit par un « ni l'une ni l'autre ».

Cette identification au père « sous-officier » n'est pas seulement en rapport avec le père « interdicteur » quant à la jouissance sexuelle – nous avons vu que c'est l'axe interprétatif de Freud, « l'interprétation » freudienne : le père comme gênant quant à la jouissance sexuelle – il y a aussi et surtout l'apparition, en rapport avec les fantasmes de l'homme aux rats, d'un père jouisseur, d'un père qui le pousse dans le symptôme : c'est le « capitaine cruel » lui-même qui lui indique, de manière erronée, « il faut rendre l'argent à A »... Bref : le père interdicteur (interprétation de Freud) doit être mis en rapport avec le père jouisseur.

C'est ainsi que les interventions, visant une seule et grande interprétation, produisent « une extraordinaire abondance de matériel associatif » qui conduira Freud, après un certain temps, à « la solution de l'obsession aux rats [69] ». En attendant, Freud s'arrête dans le récit du cas clinique sur toute une série d'associations entre le signifiant rat et d'autres signifiants auxquels ce « signifiant maître » est attaché. Selon Freud, cet « essaim » de signifiants lié au S1 « rat », s'est produit « dans le laps de temps écoulé entre le récit [du supplice du rat] du capitaine et son invitation à rendre l'argent [70] ». Par exemple, « le châtiment par les rats réveilla, avant tout, l'érotisme anal qui avait joué dans l'enfance du patient un grand rôle [71] ». Mais le rat signifiait aussi l'argent, car le patient disait payer Freud en « quote-parts » (*Rate*) ; par ailleurs, le père était un « rat de jeu » (*Spielratte*) et le rat était aussi en rapport avec le fait de « se marier » (*heiraten*), etc. Si nous avions encore des doutes sur l'assertion de Lacan selon laquelle « l'inconscient est structuré comme un langage », en voici un exemple massif. Dans la cure, d'autres significations se rattachaient au mot « rat » : via

---

67. *Écrits, op. cit.*, p. 597-598.
68. « Les Quatre concepts fondamentaux », *op. cit.*, p. 185.
69. *Cinq psychanalyses, op. cit.*, p. 242. En effet, à la page 239, Freud déclare que « malgré la richesse du matériel, la signification de l'obsession demeura obscure ».
70. *Cinq psychanalyses, op. cit.*, p. 238.
71. *Idem.*

l'infection syphilitique, le rat était aussi un pénis [72]. Cette dernière signification donne lieu à une autre série d'interprétations, liées aux génitaux féminins : « La présence de poils chez sa maîtresse lui a rappelé une peau de souris, et cette souris lui semble être en rapport avec le rat [73]. » Mais aussi la mère est convoquée : « Pendant que sa mère se peigne, il a l'habitude de tirer sa natte, maintenant très clairsemée, et de l'appeler "queue de rat" (*Rattensechweif*) [74]. » Mais ce n'est pas tout, car Freud stipule aussi qu'il y a une identification entre le sujet et le rat : « Mordre et ronger avec des dents pointues avait pour lui toujours été lié à l'idée de rat [...] Or, lui même avait été un petit animal dégoûtant et sale qui, lorsqu'il se mettait en rage, savait mordre et subissait pour cela de terribles punitions [...] Il pouvait en vérité reconnaître dans le rat son "image toute naturelle" [75].» C'est identification du sujet ($) au signifiant maître « rat » (S1 ou I (A)) est essentielle.

Avançons donc avec un graphe du désir maintenant plus complet :

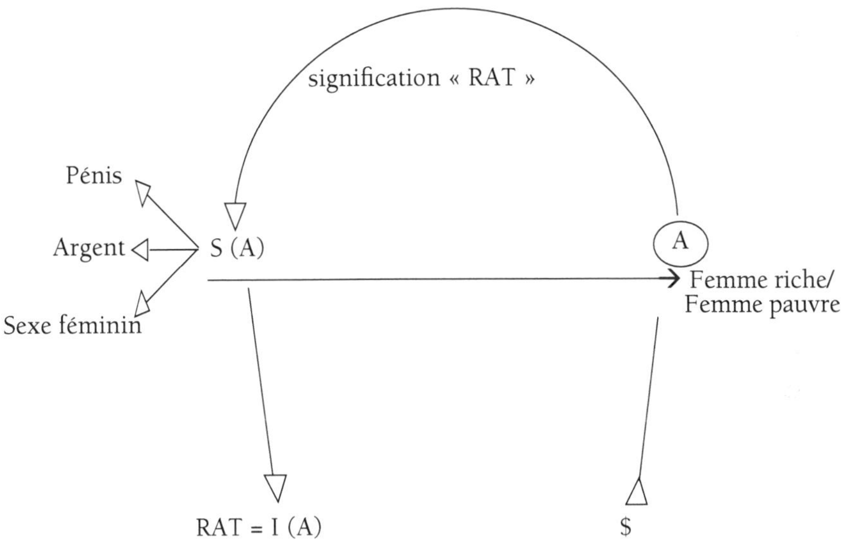

Cependant, le symptôme concernant le rat resta obscur jusqu'au jour où le patient associa le rat aux enfants : « malgré la richesse du matériel, la signification de l'obsession demeura obscure jusqu'au jour où, dans ses associations, surgit la demoiselle aux rats du *Petit Eyolf*, d'Ibsen, ce qui permit de conclure

72. *Ibid.* Notons qu'il s'agit d'une interprétation de Freud, confirmée par la suite par l'apparition d'un nouveau matériel (*Journal, op. cit.*, p. 231).
73. *Journal, op. cit.*, p. 241.
74. *Idem*, p. 235.
75. *Cinq psychanalyses, op. cit.*, p. 240.

irréfutablement au fait que, dans de nombreuses phases du délire obsessionnel, les rats avaient signifié aussi des enfants [76]. » Il y a là deux éléments à distinguer : premièrement, les rats sont des enfants, ce qui posait un problème dans la mesure où l'amie du patient avait subi une « ovariectomie bilatérale », raison pour laquelle elle était stérile ; deuxièmement, le rat c'est le sujet lui-même. Pour Freud, c'est en dévoilant ces deux points qu'il « devient possible de comprendre l'obscur processus de la formation de l'obsession ». En effet, pour Freud les deux éléments ne font qu'un, ce qui traduit d'abord un fantasme sadique du sujet, par où on devrait appliquer le supplice du rat au père (et au capitaine cruel en tant que substitut du père « jouisseur »), mais surtout l'accomplissement d'un désir impossible : celui de faire des enfants à sa cousine (« femme pauvre »). Pour Freud c'est même un « double impossible », qu'il énonce ainsi : « Oui, je rendrai l'argent à A..., quand mon père ou mon aimée auront des enfants [77]. » Freud finit ce paragraphe sur la « solution de l'obsession aux rats », en expliquant que le conflit entre le père et son amie traduit une « théorie sexuelle infantile » : celle de l'accouchement anal [78]. Voici finalement ce que l'on pourrait appeler un « fantasme inconscient » : ce n'est qu'à travers son élaboration que s'est produite, apparemment, la levée du symptôme – « La solution une fois trouvée, l'obsession aux rats a disparu [79]. » Il y a dans cette élaboration plusieurs points à développer, mais ce qui paraît évident est que Freud oriente la cure à travers la subjectivation de la castration avec la mise en évidence d'un objet qui vient l'obturer :

$$\frac{\$ <> a}{\frac{(a)}{-\varnothing}} \quad \begin{array}{l} \text{: accouchement anal} \\ \text{: regard} \end{array}$$

L'objet anal, objet imaginaire ($ <>a), « semblant de jouissance », sert à accomplir un fantasme d'accouchement anal là où il n'y a pas de rapport sexuel, ce qui traduit un « désir impossible », car il montre l'inconsistance de l'Autre du signifiant (le choix impossible « femme riche/femme pauvre [80] »). Mais le « reste » de cette opération est le regard, présent dans le transfert avec Freud, comme étant ce qui « résiste » à la batterie signifiante représentée par l'enjeu « femme riche/femme pauvre ».

Une espèce de « diagonale [81] » (S1 → a), insigne du sujet, qui va de l'identification du sujet (S 1) au rat à l'objet « a », plus-de-jouir, *est* à la place de la castra-

76. *Cinq psychanalyses, op. cit.*, p. 239.
77. *Idem*, p. 24.
78. *Idem*, p. 242.
79. *Idem*.
80. Cf. Soler C., *Identification et interprétation, Les Identifications et le désir*, Actes de l'École de la Cause freudienne, XI, Paris, 1986.
81. Au sens que lui donne J.-A. Miller dans son cours « Ce qui fait insigne », nous y reviendrons.

tion : vide essentiel, manque-à-être où le sujet est appelé à « combler le vide » avec sa chair. Ainsi, le transfert est connecté plus avec la pulsion (fantasme, objet « a » : accouchement anal, regard), qu'avec la simple répétition (la « fille de Freud » en tant que « femme riche ») ou qu'à une réponse à la demande.

Pour passer au « deuxième étage » du graphe, on pourrait avancer que l'équivalence « rat = enfant » implique le $ <> a de l'accouchement anal, ce qui ne saurait être autre chose qu'une réponse face à la castration féminine : « l'ovariectomie bilatérale » de l'amie. *C'est là où nous situons les signifiants du manque dans l'Autre (s (A)), dont le fantasme d'accouchement anal (selon Freud) ou le regard (selon Lacan) vient à tamponner.* Là aussi le fantasme d'accouchement anal (« Oui, je rendrai l'argent à A… quand mon père ou mon amie auront des enfants ») est difficile à dissocier du supplice appliqué à ceux qui sont censés « accoucher » (le père et l'amie), ce qui impliquerait leur mort.

Graphe complet de l'homme aux rats

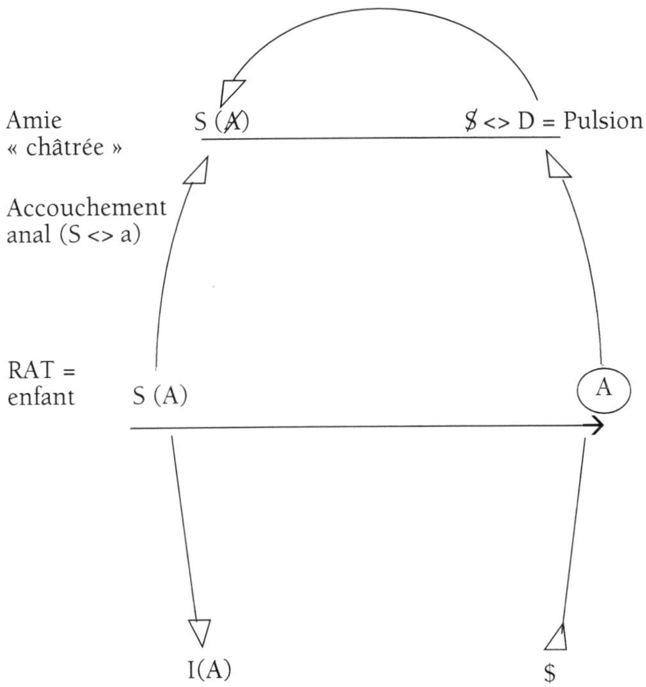

RAT : identification du sujet « toute naturelle » Freud, *op. cit.*, p. 240.

Troisième partie

Lacan : le transfert entre interprétation et répétition

Chapitre 6

TRANSFERT ET INTERPRÉTATION

> « Le début d'un discours est sa partie la plus difficile, et je me méfie de ceux qui commencent par là. » M. Fernandez

Nous nous proposons de développer ici de manière succincte deux questions concernant le transfert. Le premier des points porte sur le rapport étroit qu'il y a entre interprétation et transfert. Le deuxième, que nous développerons plus loin, touche à la distinction lacanienne entre transfert et répétition.

Le déclin de l'interprétation

La question de l'interprétation a toujours été un thème controversé en psychanalyse, tout comme celui du transfert. Quand une interprétation est-elle vraie ? Quand faut-il interpréter ? L'interprétation est-elle ce qu'on dit au patient ? Y a-t-il des interprétations que l'on ne dit pas, mais qui fonctionnent comme telles ? Sur quoi repose l'efficacité d'une interprétation ? Est-elle une simple suggestion ? Et pour finir : quel rapport y a-t-il entre transfert et interprétation ?

Si Freud a pu donner quelques règles concernant l'interprétation Lacan, quant à lui, ne les a pas données [1]. À notre avis, les règles de l'interprétation freudienne se trouvent dans un texte de l'année 1912 où Freud traite du maniement de l'interprétation des rêves : c'est également dans ce texte qu'il aborde la question des cas où, selon lui, il vaut mieux s'abstenir d'interpréter. Il y aurait ainsi, comme l'a signalé Serge Cottet, un « déclin de l'interprétation [2] » en psychanalyse qui avait déjà commencé chez Freud, concernant tout particulièrement les rêves. En effet, malgré le titre de l'article (« Le maniement de l'interprétation

1. *Écrits*, « La Direction de la cure », *op. cit.*
2. Cottet S., « Les Limites de l'interprétation du rêve chez Freud », *in* « Vous ne dîtes rien », revue *La Cause freudienne*, n° 32, Paris, 1996 et « Le déclin, et après ? », revue *La lettre mensuelle*, n° 153, Paris, nov. 1996.

des rêves en psychanalyse [3] »), Freud indique dès le départ « Nous ne parlerons ni de la façon d'interpréter [les rêves] ni de l'emploi des interprétations, mais seulement de la manière dont l'analyste doit se servir de l'art d'utiliser ces interprétations au cœur du traitement [4]. » D'emblée, Freud met en garde les praticiens, en soulignant le fait que les rêves ne sauraient être conçus en psychanalyse en dehors du traitement et qu'ils se heurtent à des « résistances » de la part de l'analysant, au point même que les rêves eux-mêmes, leur abondance, peuvent être l'expression de la dite résistance. Il donne ainsi les mêmes conseils pour les rêves que pour le transfert : il est essentiel de savoir « ce qui occupe la surface psychique du malade ». Or la « surface » ne peut être que la relation transférentielle elle-même, c'est du moins ce que Freud indique dans ses textes « La Dynamique du transfert » (1912) et « Observations sur l'amour de transfert » (1915). Ce postulat pose un problème : celui du « continuum » du registre Imaginaire par rapport à la « discrétion » du registre Symbolique. Pour cela, il n'y a qu'une seule règle, qui est celle de la « coupure », ainsi Freud poursuit ce paragraphe en disant « Il ne convient presque jamais que le but thérapeutique cède le pas à l'intérêt suscité par l'interprétation du rêve. Comment alors, au cœur des analyses, concilier l'élucidation des rêves avec cette règle ? À peu près de la façon suivante : le psychanalyste doit chaque fois se contenter des données de l'interprétation obtenues en une séance [5]. » Bref : il doit se contenter de la coupure, de l'unité discrète du discours qui coïncidera, pour Lacan, avec la durée de la séance elle-même.

Voici les règles de l'interprétation selon Freud :

1) « Si de nouveaux rêves surviennent avant que les anciens aient été interprétés, il convient de s'intéresser à ces récentes productions [6] », et non aux anciennes ;

2) « Si les rêves deviennent par trop prolixes et diffus, qu'on renonce à les expliquer immédiatement [7] » ;

3) « Il faut se garder généralement de montrer, pour l'élucidation des rêves, un trop vif intérêt car l'on risquerait alors faire croire au malade que le travail stagnerait s'il n'apportait pas de songes », autrement dit, il ne faut pas que la clé de l'énigme dépende du patient – il vaut mieux que l'énigmatique soit l'analyste… ainsi Freud poursuit « L'analyste doit plutôt convaincre le patient du fait que l'analyse, même si les rêves font défaut et quel que soit l'intérêt de ces derniers, ne peut manquer de matériaux. » Voilà un exemple de ce que Lacan appelle « le désir de l'analyste » : c'est le désir qu'il y ait de l'analyse ;

3. Freud S., « Le Maniement de l'interprétation des rêves en psychanalyse », in *La Technique psychanalytique*, Paris, PUF, 1953.
4. *Idem*, p. 43.
5. *Idem*, p. 44-45.
6. *Idem*, p. 45.
7. *Idem*.

4) « Une production onirique riche en matériaux doit, en principe et selon toute précision, être considérée comme non entièrement explicable. » Bref : on ne s'en occupe pas. Il en va ainsi par exemple, des rêves « biographiques », les « rêves programmes [8] » ;

5) Freud précise que souvent les rêves « biographiques », « contiennent tout le contenu de la névrose », donc les interpréter signifierait « interpréter » toute la névrose, ce qui serait complètement sauvage et surtout ne constituerait nullement une interprétation ;

6) « Il ne faut pas non plus espérer tirer grand-chose d'un rêve survenu au début du traitement [9] » ;

7) « Des beaux exemples de rêves entièrement interprétés nous ont montré que plusieurs scènes successives d'un même songe peuvent avoir un contenu semblable », donc ce n'est pas la peine d'insister lorsqu'il y a une « série de rêves [10] » ;

8) « Nous avons appris également que plusieurs rêves d'une même nuit peuvent n'être que des tentatives pour représenter de manière différente un contenu identique [11] » ;

9) « Je parlerais enfin d'un genre particulier de rêves qui, suivant les cas, ne surviennent qu'au cours d'un traitement analytique [...] faciles à interpréter et dont la traduction ne fournit rien de plus que ce que le traitement a pu découvrir [...] Tout se passe comme si le patient avait l'amabilité d'apporter, sous forme de rêve, exactement ce que nous venions juste auparavant de lui "suggérer" [12]. » L'analyste doit être conscient du fait que la suggestion existe pendant la cure analytique et qu'il faut savoir la repérer. Nous entendons par là ce que Lacan a pu stipuler sur le risque de cette suggestion : le premier à être « suggestionné » c'est l'analyste lui-même ;

10) Bref : « La plupart des rêves vont plus vite que l'analyse », donc il ne faudrait pas « forcer » l'interprétation dans une cure à cause d'une interprétation de rêve, ce qui revient à dire qu'il ne faut tout simplement pas forcer l'interprétation : celle-ci trouve sa place à un moment précis. Pas d'interprétation sans « moment de comprendre » qui puisse la valider.

Comme nous l'avons suggéré, nous pouvons appliquer ces « règles » à l'interprétation en général. Une remise en question de l'interprétation signifie surtout qu'elle ne peut se limiter à donner un sens à ce qui se passe en analyse. Freud conseille aux analystes de se taire, de dire le minimum indispensable. La plainte transférentielle devrait être plutôt « Vous ne dîtes rien [13]. »

8. *Idem*, p. 45-46.
9. *Idem*, p. 46.
10. *Idem*.
11. *Idem*.
12. *Idem*, p. 49.
13. « Vous ne dîtes rien », revue *La Cause freudienne*, n° 32, Paris, 1996.

VÉRITÉ ET EXACTITUDE

La psychanalyse s'écarte donc de toute « psychologie de la conscience », elle s'écarte du « mythe de la subjectivité », solidaire du sens commun, celui qui est souvent déçu par la science : celle-ci exige donc du sérieux, elle exige de se taire là où on n'a rien de vrai à dire. Nous reconnaissons la fameuse « septième proposition » du *Tractatus* de Wittgenstein : « ce dont on ne peut parler, il faut le taire [14] ». Pour la philosophie analytique anglo-saxonne, l'enjeu fondamental est d'analyser le langage et de vérifier dans quelle mesure des énoncés peuvent être étudiés par la logique et savoir s'il s'agit des énoncés scientifiques ou pseudo-scientifiques... tout un programme. Une assertion, par exemple, peut être vraie ou fausse en fonction de sa valeur de vérité. Selon Frege, la valeur de vérité concerne la référence (*Bedeutung*) et non le sens, c'est-à-dire la proposition qu'elle exprime. L'exemple classique de Frege est l'énoncé « l'étoile du soir » et « l'étoile du matin », ils ont des sens différents, mais désignent un même référent : la planète Venus [15]. Bref : l'émotivité, les sentiments, les affects, les connotations subjectives, voire l'accord de toute une communauté qui reconnaît un énoncé fondé sur le fait qu'il fait nuit ou qu'il fait jour est secondaire, car le « référent » (la chose réelle), qui définit la valeur de vérité de l'assertion, est le même (la planète Venus). Ainsi, la vérité de l'énoncé est déterminée par la « réalité » à laquelle l'énoncé fait référence. Dans le fameux article intitulé « *On denoting* [16] » (1905), Russell cite comme exemple l'énoncé « Le roi de France est chauve. » Il définit cet énoncé comme étant faux, car il n'y a pas de roi en France. Même si cette analyse va montrer que l'énoncé « le roi de France » a un sens, étant donné que rien ne satisfait cette proposition, il est faux.

La psychanalyse, quant à elle, vise souvent l'invraisemblable : elle découvre une scission entre la vérité d'un fait et son exactitude matérielle. Prenons l'exemple, que nous discutions précédemment, du cas de Freud connu comme l'homme aux rats. Celui-ci a la certitude d'être coupable de la mort de son père, alors que « tout le monde » serait convaincu du contraire : il n'y est pour rien. Freud, au contraire, pense que l'homme aux rats a raison de se sentir coupable : *inconsciemment* il y est pour quelque chose. Mais voilà que c'est dans cet *inconsciemment* que tout se joue. Comme l'a bien signalé Serge Cottet, il y a un paradoxe dans les formulations même de Freud qui ne permet pas de saisir de manière immédiate ce qui est vraisemblable de ce qui ne l'est pas dans le sentiment de culpabilité qui éprouve son patient [17]. Le sens commun indique qu'il

14. Wittgenstein L., *Tractatus logico-philosophicus*, Paris, Gallimard, 1961, p. 107.
15. Frege G., *Écrits logiques et philosophiques*, Paris, Le Seuil, Point Essais, 1971, (trad. Imbert C.), p. 108.
16. Russell B., *Logic and Knowledge*, ed. Robert Marsh, 1956.
17. Cottet S., *Freud et le désir du psychanalyste*, Paris, Le Seuil, 1996, p. 81-82. On discutera ce point plus loin.

n'est pas coupable : « Cela est le point de vue de l'ami qui doit le rassurer, le point de vue du bon sens, le point de vue de tout le monde [18]. » Nous voyons déjà la différence qu'il y a entre cette optique et celle de la psychanalyse : Freud prouve au patient que lui-même a raison de se sentir coupable, car il hait inconsciemment son père. Lacan, quant à lui, va montrer que cela fait partie de l'*épique* freudienne, mais qu'au fond la question est que le névrosé est « suspendu au nom du père ». Quoi qu'il en soit, il est vrai qu'il hait inconsciemment son père, même s'il ne s'agit pas d'une donnée objective. Vérité et exactitude sont foncièrement scindées dans l'expérience analytique. Mais ceci nécessite encore d'autres formulations, comment se fait-il que la cure analytique transforme en vrai ce qui n'est pas exact ? S'agit-il d'un artifice, d'une fiction ?

À ce propos, il est utile de se référer à l'article de Glover sur l'interprétation inexacte : comment se fait-il qu'une interprétation inexacte est-elle pourtant thérapeutique ? Glover se demande : « Ce problème pourrait s'énoncer comme suit : quel est l'effet de l'interprétation inexacte par opposition à celui de l'interprétation apparemment exacte [19] ? » La question ne manquerait pas d'intérêt si ce n'était que Glover croit un peu trop à la vérité (pour lui, synonyme d'exactitude) d'une interprétation : « Si nous admettons que l'exactitude de l'interprétation contribue, entre autres facteurs, à accélérer la cure et si, d'autre part, nous admettons que de nouveaux systèmes fantasmatiques sont de temps en temps découverts, que devons-nous penser des cures effectuées avant que ne fussent découverts ces systèmes [20] ? » On voit donc que l'auteur confond vérité et exactitude. Pour Glover il y a des interprétations « suggestives » qui n'ont rien à voir avec « la vérité ». À aucun moment l'auteur ne questionne le statut même de ladite vérité, alors que ceci avait déjà été abordé par Freud lui-même. L'avancée de Lacan sera d'affirmer qu'il n'y a pas de correspondance entre vérité et exactitude, qu'une interprétation peut être « vraie, quoique inexacte [21] ». Il cite comme référence l'interprétation freudienne dans le cas de l'homme aux rats, où Freud « invente » la figure du père interdicteur quant à la jouissance sexuelle du patient. L'idée est que même si cette interprétation est un leurre, « elle permet de relancer le processus » de l'analyse dans la mesure où elle instaure le père comme agent de la castration. C'est ainsi qu'il n'est pas vraiment question de savoir si une interprétation est vraie ou fausse, mais de savoir plutôt si une interprétation est une interprétation.

18. *Idem.*
19. Glover E., « L'effet thérapeutique de l'interprétation inexacte : contribution à la théorie de la suggestion », in *Technique de la psychanalyse*, Paris, PUF, 1958, p. 420.
20. *Idem.*
21. *Écrits, op. cit.*, p. 597.

Interprétation et transfert

Depuis Freud, on ne se lasse pas de répéter que pour interpréter il faut attendre qu'un transfert solide s'établisse. Ceci est considéré comme un canon par la plupart des analystes. Or, cette manière de voir les choses suppose une conception très discutable tant du concept d'interprétation que de celui du transfert. Alors que la première serait « ce qu'on dit au patient », le deuxième serait constitué des liens affectifs qui lient le patient à son analyste. Freud lui-même a pu écrire : « Abordons maintenant une question essentielle, celle du moment où nous devons commencer à interpréter les dires du patient. Quand est-il temps de lui dévoiler le sens caché de ses idées [...] ? » Nous constatons que dans ce paragraphe l'interprétation est réduite à ce qu'on dit, comme intervention, au patient. Et Freud d'ajouter : « Voici notre réponse : pas avant qu'un transfert sûr, un rapport favorable, ait été établi chez le patient. Le premier but de l'analyse est d'attacher l'analysé à son traitement et à la personne du praticien. » La notion de transfert est donc centrée sur l'attachement imaginaire (a → a', dirions nous) à la personne du praticien. Ceci a donné sens, certainement, à l'amalgame fait entre transfert et affect, contre lequel Lacan s'est levé dès le début de son enseignement. En ce qui concerne le rapport entre interprétation et transfert, Lacan ne voit là rien d'autre qu'un paradoxe lorsqu'il examine la formule qui voudrait qu'on doive attendre que le transfert soit là pour interpréter. Ainsi il affirme « le transfert est le moyen par où s'interrompt la communication de l'inconscient, par où l'inconscient se referme. Loin d'être la passation de pouvoir à l'inconscient, le transfert est au contraire sa fermeture [22]. » Ici, Lacan oppose transfert et inconscient, alors que la tradition psychanalytique ne pouvait que les voir ensemble. Lacan précise « Cela [le transfert conçu fermeture de l'inconscient] est essentiel à marquer le paradoxe qui s'exprime assez communément en ceci – qui peut être trouvé même dans le texte de Freud – que l'analyste doit attendre le transfert pour commencer à donner l'interprétation [23]. » Mais il est encore plus lapidaire lorsqu'il ajoute « Je veux accentuer cette question parce qu'elle est la ligne de partage de la bonne et de la mauvaise façon de concevoir le transfert [24]. » Nous nous trouvons face à un point très délicat de la technique analytique où la conception qu'on a de l'interprétation devient décisive : l'interprétation ne saurait se limiter à un énoncé proféré et encore moins à une stratégie visant à « réduire le transfert ». Interpréter le transfert, Lacan insiste, c'est un paradoxe : « il n'en reste pas moins qu'il y a un paradoxe à désigner dans ce mouvement de fermeture le moment initial où l'interprétation peut prendre sa portée ».

22. « Les Quatre concepts», *op. cit.*, p. 146.
23. *Idem.*
24. *Idem.*

Nous trouvons également trace de cette question dans les *Écrits*, « La Direction de la cure », où on peut lire : « le grave est qu'avec les auteurs d'aujourd'hui, la séquence des effets analytiques semble prise à l'envers », – nous revenons au fameux paradoxe –, « l'interprétation ne serait, à suivre leurs propos qu'un ânonnement par rapport à l'ouverture d'une relation plus large où enfin l'on se comprend [25] ». Par cette dernière phrase Lacan se réfère explicitement au rapport imaginaire a → a', si l'on reprend le graphe L, où il situe le transfert comme résistance imaginaire. Dans le même temps, il y a chez Lacan une revalorisation de l'interprétation qui était réduite, par les psychanalystes, au seul « contrôle » du transfert : « L'interprétation devient ici une exigence de la faiblesse à laquelle il nous faut venir en aide. » Dans la page suivante, Lacan reprend sa critique de l'interprétation du transfert lorsqu'il soutient « le transfert dans cette perspective », celle que nous sommes en train de critiquer avec Lacan, « devient la sécurité de l'analyste, et la relation au réel » – réel à entendre comme réalité imaginaire (a → a')-, « le terrain où se décide le combat. L'interprétation qui a été ajournée jusqu'à la consolidation du transfert » – c'est notre point de départ dans cet exercice – « devient dès lors subordonnée à la réduction de celui-ci ». Et Lacan d'ajouter : « Mais a-t-on observé, à critiquer la démarche de Freud, telle qu'elle se présente par exemple dans l'homme aux rats, que ce qui nous étonne comme une endoctrination préalable, tient simplement à ce qu'il procède exactement dans l'ordre inverse ? » – soit donc que l'interprétation précède et produit le transfert – « à savoir qu'il commence par introduire le patient à un premier repérage de sa position dans le réel » c'est-à-dire que Freud donne des balises symboliques, signifiantes, afin de « donner la parole » au patient ? Dans la page suivante Lacan continuera à marteler « Mais le plus fort est que l'accès à ce matériel n'a été ouvert que par une interprétation où Freud… », etc. Lacan prendra aussi appui sur le cas Dora, comme il l'avait déjà fait dans son « Intervention sur le transfert », où Freud commence par « rectifier » la position subjective de la patiente quant à sa plainte, ce qui introduit Dora dans les mouvements dialectiques décrits par Lacan. L'idée est que ce qu'on appelle « rectification subjective » dans « La direction de la cure », est déjà « une première interprétation ». D'autres développements ultérieurs, notamment le fameux « algorithme du transfert », montreront bien que c'est la rencontre entre deux signifiants (Sq → St) qui constituera après-coup le signifiant du transfert (appelons-le par son nom) ! Ceci indique bien que le transfert, ici compris comme la production d'un savoir (ou plutôt d'un « référent », au sens de la logique, d'un « supposé savoir »), ne saurait ne pas être la conséquence d'une première rencontre qui a le poids d'une interprétation.

La question qu'on peut soulever ici est : s'agit-il donc d'un conseil technique ? Devons-nous interpréter d'abord et attendre ensuite « qu'un transfert solide s'éta-

25. *Écrits*, *op. cit.*, p. 595.

blisse » ? Ceci serait très délicat et pourrait être à l'origine d'une rupture précoce si, une fois de plus, on confond l'interprétation avec « ce qu'on dit au patient ». En effet, Lacan a pu parler de l'algorithme du transfert pour bien montrer que l'efficacité du dit interprétatif se trouve dans la rencontre de deux signifiants. Surtout d'un signifiant quelconque – soit sans rapport avec la détermination signifiante dont le sujet est un effet – avec un autre signifiant auquel le sujet s'identifie et qui devient ainsi « le signifiant du transfert ». Cette identification à un signifiant qui représente le sujet au début de la cure, produit un transfert, voire un « amour de transfert ». C'est pourquoi Lacan parle d'algorithme du transfert et commence son écrit par cette phrase « au commencement était le transfert ». Il est clair que le transfert ne peut être « au commencement » que s'il y a quelque chose qui le met en place. Ce quelque chose est, pour Lacan, l'articulation de deux signifiants qui produit l'effet d'une première interprétation et ce n'est que par la suite que nous aurons le commencement du transfert. Or, cette première rencontre ne peut naturellement être programmée – elle pourra être éventuellement « calculée ». Elle ne peut être « dite » en tant que telle. Elle s'est déjà produite lorsque nous en constatons les effets.

L'ALGORITHME DU TRANSFERT

Dans « l'algorithme du transfert [26] », Lacan met en évidence que ce qui produit le transfert est essentiellement une « rencontre » entre deux signifiants. Cette rencontre n'a en principe rien à voir avec les signifiants de l'histoire du sujet : elle produit par contre un « référent » qui implique l'existence d'un savoir inconscient. Cette rencontre crée et soutient donc l'hypothèse de l'inconscient. C'est pour cette raison que l'algorithme du transfert est soutenu par l'hypothèse d'un savoir, soit donc un savoir supposé à l'inconscient. Il ne s'agit donc pas de « ce qui a été dit » par le patient ou ce qui ajouté l'analyste : ce qui est dit produit une rencontre et constitue un ensemble où des éléments sont susceptibles de s'ajouter en devenant des signifiants.

$$\frac{S \text{ --------------}\rightarrow \qquad Sq}{s\,(S1,\, S2,\, \ldots Sn)}$$

L'ensemble « s » devient donc le référent d'un savoir inconscient, que Lacan appelle « sujet supposé savoir », et c'est cela qui produit le transfert. Nous pourrions mettre dans le S → Sq la manœuvre de Freud lorsqu'il dit à Dora, selon Lacan, « quelle est ta propre part dans le désordre dont tu te plains ».

26. Lacan J., « Proposition du 9 octobre 1967 sur le psychanalyste de l'École », *Autres Écrits*, Paris, Le Seuil, 2001, p. 248.

INTERPRÉTATION ET « MUTATION »

On doit à James Strachey la formule « interprétation mutative ». Dans un article célèbre, qui ne manque ni de rigueur ni de talent et où il questionne les fondements de l'interprétation, Strachey [27] aborde la question de l'interprétation et de la prudence, au sens aristotélicien de l'occasion (*kayros*), qui lui permettrait d'agir. On verra aussi que l'interprétation garde un lien étroit avec le temps :

> « C'est ainsi qu'on nous dit que si nous interprétons trop tôt ou inconsidérément nous courons le risque de perdre le patient ; mais aussi qu'à moins d'interpréter vite et profondément nous courons ce même risque ; que l'interprétation peut donner lieu à d'intolérables crises d'angoisse, impossibles à maîtriser, parce que, en interprétant, nous aurons « libéré » l'angoisse ; mais aussi que l'interprétation représente la seule façon de rendre le patient capable de faire face à une crise d'angoisse ; que les interprétations doivent toujours se rapporter au matériel qui est sur le point d'émerger à la conscience ; mais aussi que les interprétations les plus fructueuses sont en fait les interprétations profondes ; "soyez prudents avec vos interprétations !", dit l'un ; "dans le doute interprétez !", dit l'autre. Néanmoins, bien qu'évidemment la confusion règne en la matière, je ne pense pas que toutes ces vues soient nécessairement incompatibles ; il se pourrait que ces diverses positions soient en fait relatives à des circonstances, des cas, différents, et aussi à des sens différents du mot interprétation [28]. »

Voilà sur quoi nous insistons dès début de ce chapitre. Qu'entendons-nous par interprétation ? Strachey tranche :

> « De telles interprétations descriptives n'ont évidemment aucun rapport avec notre présent propos, et j'en viendrai donc, sans plus de détour, à définir aussi clairement que je le puis une sorte particulière d'interprétation qui me paraît représenter en fait l'instrument essentiel de la thérapeutique psychanalytique et à quoi, par commodité, je donnerai le nom d'interprétation "mutative" [29]. »

C'est comme si Strachey prenait toutes les considérations à propos des tactiques interprétatives (ce à quoi, finalement, Glover consacre son article) pour attirer notre attention sur le fait qu'une interprétation doit être « mutative » pour opérer (n'oublions pas que l'article traite de la « nature thérapeutique » de la psychanalyse). Ce qui rend intéressante cette question de Strachey est que l'interprétation concerne essentiellement une modification au niveau de la jouissance, ce qu'il formule par ces mots « C'est ainsi que l'interprétation est mutative, puisqu'elle a réussi à faire une brèche dans le cercle vicieux névrotique [30] », Lacan dirait dans le « plus-de-jouir » névrotique.

---

27. Strachey J., « La Nature de l'action thérapeutique de la psychanalyse », trad. fr. in *Revue française de psychanalyse*, 1970, 2, p. 255-284.
28. *Idem*, p. 268.
29. *Idem*, p. 269.
30. *Idem*.

Prenons des exemples. On a le droit de penser que l'interprétation de Freud concernant le mot « *Niederkommen* » ou « *Vermögen* », produit un matériel et consolide un transfert. Dans le cas de la jeune homosexuelle, cette interprétation de Freud produit une sorte de « mutation » chez le sujet avec : 1) la production de rêves qui confirment cette intervention de Freud en la transformant donc en une interprétation et 2) en mettant en évidence l'Idéal du Moi, soit un signifiant qui est au centre des autres signifiants de l'histoire du sujet, de telle sorte qu'ils en constituent une constellation. Cet Idéal du Moi est référé au fait de plaire et/ou défier le père – moins la personne du père que le père en tant que signifiant incorporé par l'Œdipe, duquel le sujet attend un équivalent du phallus sous la forme de l'enfant. Finalement, et ceci n'est que la conséquence des deux points précédents, cette interprétation place Freud comme Idéal du Moi.

Quant à Dora, l'équivoque mis en évidence par Freud, le mot *Vermögen*, produit : 1) une modification du symptôme et, 2) la production d'un matériel, des souvenirs, qui confirment en quelque sorte l'attachement du sujet à un reste de jouissance orale, liée au fantasme et référée à la castration.

À partir de ces deux exemples, on peut facilement comprendre qu'une interprétation se mesure à travers ses effets, mais de sorte qu'elle ne peut être confirmée comme interprétation qu'après-coup. On pourrait en déduire donc que toute interprétation digne de ce nom est capable de produire « un avant et un après » et qu'elle fonctionne par définition comme *coupure*. À ce propos, il paraît clair aussi que celui qui interprète est le sujet et non l'analyste. C'est l'inconscient qui pourra confirmer une interprétation et ceci au-delà de ce que le patient « dit ». Preuve en est l'hypothèse freudienne concernant la négation, le fait qu'un « non » du patient, après avoir entendu une intervention de l'analyste, peut tout à fait être une confirmation de la validité du dit interprétatif.

Nous avons évoqué la question de la mutation à propos de l'article de Strachey de 1938, intitulé « La Nature de l'effet thérapeutique de la psychanalyse », dans lequel il explique la nature de l'efficacité de l'interprétation analytique. Il met ainsi en avant la nature « mutative » de l'interprétation. Lacan quant à lui, a repris cette idée de Strachey, en faisant référence à une interprétation « transmutative ».

Lacan parlera de « rectification subjective » où l'on voit opérer comme une sorte de « première interprétation ». Il peut s'agir d'une coupure et celle-ci peut être « calculée », être intégrée dans un calcul, une stratégie, et être reconnue après-coup comme faisant partie d'une séquence. Mais elle peut aussi être calculée « avant-coup », s'agissant ainsi d'un pari que l'on fait sur les dits du sujet. Nous donnerons ci-dessous un échantillon de rectification subjective.

LE FILS DU SERVEUR [31]

Il s'agit d'un jeune patient de 21 ans, qui vient nous voir « en urgence » parce qu'il a des épisodes d'angoisse majeure depuis environ 15 jours. Il va visiblement mal et ne sait pas ce qui lui arrive – lorsqu'il a ses angoisses, il pense qu'il va devenir fou… ou bien qu'il va mourir. Ce premier entretien démarre donc avec ses plaintes ; au début il ne fait que répéter ce qui lui arrive, il décrit ses angoisses de différentes manières… On constate une certaine perplexité sur son visage ou, pour être plus précis, une certaine « stupeur »…

C'est la première fois que cela lui arrive, ces angoisses qu'il subit depuis une quinzaine de jours. Est-ce qu'il s'est passé quelque chose il y a une quinzaine de jours ? Quelque chose qui est peut-être à l'origine de ce mal-être ? Rien du tout, rien de spécial…

« Je ne vois pas. » Il ne voit pas – on peut bien le croire.

« Seulement, il y a 15 jours, j'ai commencé une formation… une école de cafetier. » C'est une formation qui dure 2 ans et qui permet d'ouvrir un café, un bar, un pub.

« Est-ce que cette formation se passe mal ? »

« Au contraire, cela se passe très bien ; j'ai bien réussi mes premières évaluations. »

Les minutes passent… notre patient ne nous apporte rien d'autre. La stupeur qui se lit sur son visage depuis le début de l'entretien persiste.

« Aucun problème donc ? »

« Au contraire, tout va très bien. »

« Êtes-vous surpris de cette apparente réussite dans cette école ? »

« Oui, un peu… on dirait que je pourrais un jour concrétiser mes projets… ouvrir un pub, un café »

Pour l'instant on ne sait que ceci : tout va très bien – il a tout pour être heureux (il a aussi une copine avec qui cela se passe bien, etc.).

À nouveau donc : « Êtes-vous surpris de cette réussite à l'école ? »

« Oui… car mon père m'a toujours dit que je ne serai pas capable de suivre des études »

« Ah ! »

« Oui »

« Quand vous a-t-il dit cela ? »

« Il y a quelque temps… Il a dit que ce n'est pas la peine de suivre des études… qu'il vaut mieux travailler et gagner tout de suite de l'argent… il vaut mieux travailler comme serveur. »

« Alors que vous, vous voulez aller plus loin que cela ? » lui dis-je.

---

31. Publié sous le titre « La psychanalyse expliquée », revue *Quarto*, n° 85, novembre 2005, Bruxelles.

« Oui »

« Vous voudriez plutôt avoir des serveurs qui travaillent pour vous »

« C'est cela », dit-il

« Dites… votre père, qu'est-ce qu'il fait dans la vie »

« Vous voulez dire comme métier ? »

« Oui »

« Il est serveur. »

Malheureusement, il le dit, mais vraisemblablement il ne s'entend pas. Il faut donc l'aider un peu.

« Donc, si vous réussissez dans cette école… vous allez arriver plus loin que votre père… »

« Je n'avais pas pensé à cela », dit-il partagé entre le scepticisme et la curiosité… hésitation comparable sans doute au fameux « non » qu'attendait Freud lorsqu'il donnait une interprétation. Pour lui c'était une confirmation claire de la validité du dit interprétatif – c'est le sujet qui parle, pas l'individu.

Voilà donc un exemple de dire interprétatif. Nous sommes loin de la « coupure » : le procédé a été somme toute peu « lacanien », dans la mesure où on aurait pu se contenter lorsque le patient répondait à la question « qu'est-ce que fait votre père dans la vie ? » avec sa réponse « il est serveur »… on aurait pu arrêter l'entretien en ce moment-là. Il est clair qu'en lui « interprétant » « vous allez arriver plus loin que votre père », nous sommes loin d'une coupure et plus proche de l'interprétation en tant que « donner du sens » à ce que le patient nous dit. Le risque est, probablement, de « noyer le poisson » avec du sens.

Récapitulons :

1- Cela a commencé il y a 15 jours

2- Il a commencé son école de cafetier

3- Cette démarche lui permet, selon lui, d'ouvrir un café, etc.

Ce troisième élément n'est pas négligeable. Pourquoi ? Parce que c'est en fonction de ceci que se produit un certain ratage – c'est ce que l'on constate. Quelque chose ne va pas là où il pourrait ouvrir un café. Soit un acte manqué, par exemple, on a loupé un train. Bien. Mais il y a des petits indices qui montrent que le sujet y est pour quelque chose dans ce ratage. Mais, au fond, on doit s'intéresser à la destination du train – où ce train menait-il ? Nous voyons que la psychanalyse c'est du concret, c'est plus proche des chemins de fer que de la théorie. Ce train allait où ? – à la fac, où le patient allait passer son dernier examen. Bien. Et puis ? Ce dernier examen allait lui permettre d'obtenir un diplôme… et exercer le même métier que son père… ou bien ce diplôme allait lui permettre de formaliser une relation stable avec sa copine et se marier à elle, etc. Donc, le but d'ouvrir un café n'est pas anodin. Mais nous voyons aussi qu'il y a très peu de chose dans cette première partie qui méritent d'attirer notre attention. Pourtant, le moment où débute le symptôme, l'événement lié à ce début paraît essentiel. Essentiel à quoi ? Nous n'en savons rien ! Ce sont de points de repère supposés, lesquels n'auront peut-être aucune importance. On tâtonne. C'est un pari, on parie là-dessus :

$$\frac{\text{« Ouvrir un café »}}{(x)\,?}$$

Lacan évoque la « ponctuation » lorsqu'il s'agit de l'interprétation et non, par exemple, de « focalisation ». Le fameux *focus* au nom duquel on a pu dire tout et n'importe quoi, mais surtout au nom duquel on fait tout sauf de la psychanalyse, est à bannir. La psychanalyse, contrairement à la focalisation, prône une association libre – soit donc le contraire de toute focalisation qui ne ferait que renfermer le sujet dans la spirale de son symptôme.

Par exemple, si on en était resté dans l'école de cafetier, on ne serait jamais sorti de là, pour la simple raison qu'à l'école en question « tout allait pour le mieux ». Le problème n'est pas donc à chercher dans la réalité, puisque celle-ci est tout à fait à sa place. Ponctuation donc et non focalisation, dans la mesure où elle va nous servir de tremplin pour aborder une suite, une suite qui reste à dire, à préciser et à vérifier. Cette ponctuation qui peut aussi avoir le poids d'une interprétation. On y reviendra.

Cet exemple nous permet aussi de mettre en évidence cet axe symbolique qui dévoile l'inconscient. En effet, on a déjà évoqué le fameux graphe « L » où on pouvait voir se dessiner ces deux ordres différents, ces deux registres – symbolique et imaginaire –, qui doivent être distingués dans une cure, si courte soit-elle.

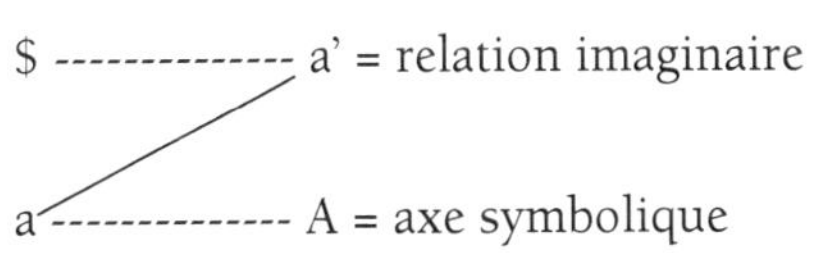

Dans a --- a', nous plaçons la plainte du patient, les différents avatars qui l'ont conduit à venir nous voir. Il s'agit d'une relation spéculaire, symétrique, où le sujet se mesure avec les autres objets. Par contre, dans $ --- A nous plaçons ce qui est la manifestation d'autre chose, l'inconscient, si l'on peut dire. Inutile de dire que si l'inconscient est une hypothèse, c'est à nous de le « faire exister » – sur l'axe symbolique.

Nous reprendrons le cas du patient obsessionnel qui présentait une grande inhibition sexuelle et qui voulait nous convaincre de sa masculinité en nous faisant croire qu'il n'était plus inhibé face aux femmes, ce en quoi précisément consistait son symptôme. Il partira ainsi, pendant la cure, en vacances en Espagne avec deux filles… À son retour, pour parler de la deuxième des filles – puisqu'il mettait un ordre là-dedans –, au lieu de nous dire « la deuxième fille », il dira

« la troisième fille » – en se comptant lui-même comme fille, puisqu'ils n'étaient que trois. Nous vérifions ici l'hypothèse lacanienne selon laquelle « l'inconscient interprète [32] ». L'inconscient, sa manifestation est déjà une interprétation. Qu'est-ce qui a été clé dans ce cas ? Ce n'est pas du tout le fait que le jeune homme serait un « homosexuel refoulé ». Ce qui était évident c'est qu'il est allé en Espagne « en tant que fille », ce qui n'a qu'une seule traduction possible : « il n'avait absolument rien à perdre ». Il ne serait donc pas angoissé dans cette confrontation à l'autre sexe. Nous n'avons donc pas besoin d'ajouter… « vous êtes homosexuel ». De plus, en le formulant, on n'aurait négligé ce lapsus, qui mettait en évidence l'existence de cet axe symbolique, différent du tête-à-tête imaginaire avec son thérapeute.

L'inconscient = $ ------------- a' = le thérapeute

Le patient = a ------------- A = « la troisième fille »

Dans le cas que nous avons nommé « le fils du serveur », il y a tout sauf « focalisation ». On serait resté dans l'embarras si nous nous étions contentés de situer « l'école de cafetier » comme un supposé « facteur de crise ». Il ne faut jamais trop comprendre les facteurs de crise… ils ont l'air d'aller de soi, mais il n'en est rien. Plus on comprend, plus on déraille.

Imaginons les hypothèses suivantes : On aurait pu se contenter de dire : « eh bien mon vieux, cette école est un vrai projet de vie ! C'est tout un facteur de crise ! Vous angoissez à cause de cela, donc vous n'avez qu'à vous calmer un petit peu » – c'est la voie du sens commun. Deuxième alternative, moins crétine : nous concentrer sur ce facteur de crise… mais c'est sans issue ! Car tout allait bien à l'école ! Comme dit Lacan « Même quand on fait quelque chose qui réussit, ce n'est justement pas ce qu'on voulait. » Bref : il va mal parce qu'il réussit – il n'y a même pas l'ombre d'un doute. Freud a pu d'ailleurs décrire cela sous le titre : « Ceux qui échouent du fait du succès [33]. »

Ce dernier point est essentiel. Car ce que l'on veut au niveau des objets narcissiques, devenir médecin, devenir maître cafetier – n'est pas le vrai but du désir – du désir inconscient. Dans le cas précité, il y a un seul désir : celui qui s'accomplit dans l'alternative aliénante « être ou ne pas être un serveur ». Il s'agit d'une identification très puissante à ce père, à ceci près qu'il s'agit d'une contre-identification « il ne faut pas être comme le père » – ce qui constitue, nous insistons, une identification.

Quelle a été notre manœuvre dans ce cas ? Rester sur la réussite du sujet dans cette école, aurait été sans issue, on n'y aurait rien compris. C'est seule-

32 .« Les Quatre concepts fondamentaux », *op. cit.*, p. 118.

33. *In* « Quelques types de caractère dégagés par le travail analytique » (1916).

ment lorsqu'on laisse parler le patient qu'on retrouve une clé, une issue. C'est seulement lorsqu'il parle du père que des signifiants surgissent. Mais comment amène-t-il l'histoire du père ? Suite à notre question « Êtes-vous surpris de cette réussite à l'école ? » – « Oui, car mon père m'a toujours dit que je ne serai pas capable de suivre des études. » La question que nous avons introduite est bel et bien le corrélat de notre propre surprise – n'avait-il tout pour être heureux ? Surprise, c'est une façon de parler, car un homme averti en vaut deux, surtout pour ce qui a trait au bonheur. Bref : nous ne croyons pas à son objet narcissique. Sommes-nous pour autant des misanthropes ? Pas du tout ! Nous n'y croyons pas parce que le sujet présente un affect précis : il angoisse – seul affect qui ne trompe pas. Avec son angoisse il nous indique qu'il ne faut pas y croire. Il y a eu dans ce cas une interprétation. L'effet de cette interprétation est double : d'une part, elle a désangoissé le sujet et, d'autre part, il y a eu un gain de savoir : maintenant, le jeune homme saura pourquoi il suit l'école de cafetier – ce qu'auparavant il ne le savait pas.

$$\text{Souffrance} = \frac{1}{\text{Savoir}}$$

L'interprétation n'est pas ce qu'on imagine communément, elle ne saurait se réduire à ce que l'on dit au patient. Ce qui implique qu'on ne peut parler d'interprétation qu'à partir des effets qu'elle produit. Le processus interprétatif, identifié seulement après-coup, commence, vraisemblablement, lorsqu'on dit au patient « Êtes-vous surpris de cette réussite à l'école ? » On pose cette question parce qu'on suit la voie du symptôme, c'est-à-dire que nous n'abordons pas la chose à partir du « sens commun ». Le sens commun consisterait à supposer « s'il va bien à l'école, le problème ne peut être là, naturellement ». Il faut se méfier de ce type de raisonnement, il faut apprendre donc à ne pas trop comprendre. Il y a un temps 1, constitué par cette phrase « Êtes-vous surpris de cette réussite à l'école ? » et donc un temps 2 qui en est la réponse : il ne s'agit pas de sa réponse « mon père m'a dit que je ne serai pas capable... », mais bien plutôt « mon père est serveur ». Et finalement temps 3, qui constitue la vraie interprétation, c'est-à-dire la preuve qu'il y a eu une « mutation » dans sa position subjective : « je n'avais jamais pensé à cela ». Et c'est en ce sens que nous disions que, ce n'est qu'après-coup que l'on peut valider la vérité d'un dit interprétatif.

Mais reprenons notre question initiale : qu'est-ce qu'une mutation ? Elle suppose qu'après l'interprétation le sujet n'est plus le même : il aura modifié le rapport subjectif qu'il entretient avec sa plainte. Dora ne pourra plus « dénoncer » son père comme elle le faisait avant l'interprétation initiale de Freud (souvenons-nous du fameux « Quelle est ta propre place dans le désordre dont tu te plains ? »).

Freud proposait pour l'écoute analytique ce qu'il appelait une « attention flottante ». Cette technique servira à privilégier l'axe symbolique sur l'axe imaginaire. Nous étudierons maintenant un exemple traité par Lacan où l'analyste confond les deux axes, en privilégiant l'axe imaginaire en interprétant, comme il dit, « par la surface ». Il s'agit du cas connu comme « l'homme aux cervelles fraîches [34] ».

LE CAS DE L'HOMME AUX CERVELLES FRAÎCHES

L'auteur, Ernst Kris, est l'un des représentants de l'« ego psychology » américaine de l'après-guerre. Quant au patient, il s'agit d'un homme névrosé qui a la hantise d'être un plagiaire. Il se compare notamment avec un collègue qui réussit dans ses études alors que lui-même n'arrive pas à avancer dans sa thèse. Finalement, pendant l'analyse, il finira sa thèse, mais en découvrant très rapidement qu'une autre thèse trouvée à la bibliothèque de l'université traitait du même sujet que la sienne : il se trouvait être plagiaire malgré lui. Alors que se passe-t-il ? Nous citons Lacan :

> « En quoi va consister la prétendue interprétation par la surface que nous propose Kris ? Probablement en ceci – Kris s'intéresse effectivement à ce qui s'est passé et à ce qu'il y a dans l'article. En y regardant de près, il s'aperçoit qu'il n'y a pas du tout là l'essentiel des thèses apportées par son patient, dont la thèse est donc pleinement originale. Il faut partir de là, dit Kris, c'est ce qu'il appelle – je ne sais pourquoi – une prise des choses par la surface [35]. »

Dans cette intervention « par la surface », l'auteur entend pouvoir (et devoir) court-circuiter le développement dialectique de la cure, sans quoi celle-ci pourrait s'éterniser sans issue. Ainsi, prône-t-il une intervention, pour ainsi dire, dans « la réalité », et non seulement au niveau « fantasmatique » ou du signifiant.

Ce que nous entendons ici est que Kris intervient à travers le registre Imaginaire et au détriment du registre Symbolique. Lacan fera un commentaire très original concernant cette « interprétation » forcée. Voyons les mots qu'utilise Lacan pour définir la stratégie de Kris et la manière de manœuvrer avec l'interprétation : « l'appel au moi du sujet », « l'abord par la surface », « la référence à la réalité [36] ». Dans tous les cas, il s'agit clairement de court-circuiter l'axe symbolique de la parole et de privilégier le registre imaginaire :

34. Kris E., « Psychologie du moi et interprétation dans la thérapie psychanalytique », in *De l'interprétation*, Les Documents de la Bibliothèque de l'École de la Cause freudienne, n° 2 (nouvelle série), Paris, 1996.
35. « Les Écrits techniques de Freud », *op. cit.*, p. 71.
36. *Idem*, p. 394.

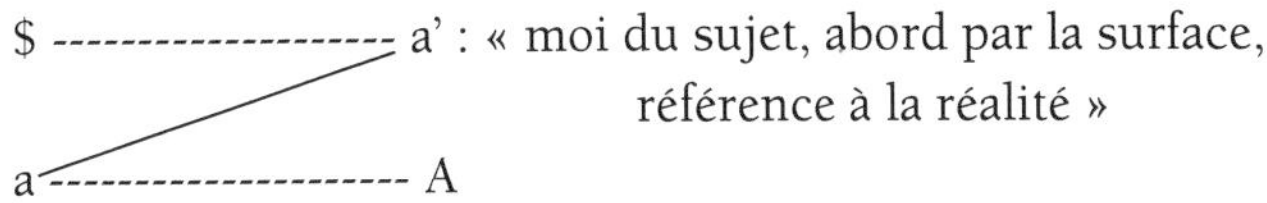

Souvenons-nous que le patient de Kris finit sa thèse et va bientôt la publier, mais qu'il vient de prendre connaissance de l'existence à la bibliothèque d'une publication ancienne qui développe la même thèse que la sienne. Nous citons Kris :

> « Il semble alors bizarrement si enjoué et si excité que je crois bon de l'interroger en détail sur ce texte qu'il craignait plagier. Son examen minutieux révèle alors que ce document ancien contient bien des références utiles à sa propre thèse, mais pas le moindre soupçon de la thèse elle-même. Notre patient avait fait dire à l'auteur exactement ce que lui, en fait, avait voulu dire. Une fois cela admis, le problème du plagiat prend une nouvelle tournure : bientôt transpire que l'éminent collègue s'est emparé de façon réitérée des idées du patient, les a arrangées à son goût et tout simplement démarquées sans en faire mention [37]. »

Nous constatons ainsi que cette opération se produit lorsque Kris intervient « dans la réalité », afin de rassurer son patient, afin qu'il ne s'éternise pas dans son symptôme : « C'est ici qu'Ernst Kris, de sa science et de son audace, intervient… […] Il demande à voir ce livre. Il le lit. Il découvre que rien n'y justifie ce que le sujet croit y lire [38]. » Dans le texte de Kris, celui-ci ne dit à aucun moment avoir lu le livre en question [39], mais il faut voir que cela ne change en rien la critique que lui adresse Lacan. Ce qu'il faut retenir est le fait que Kris fait appel à la réalité, en voulant montrer par là le « mal fondé » de la croyance du patient – il s'agit à proprement parler d'une démarche « cognitive » : il y a un faux jugement de la réalité. La manœuvre de Kris n'est pas la bonne en raison de ceci : 1) il ramène le sujet à la réalité au lieu de reconnaître l'insistance de la chaîne symbolique et, surtout, 2) ce faisant il « déculpabilise » le sujet en le rassurant sur le fait que c'est précisément l'autre qui lui volait ses idées ! Comme le souligne Lacan, Kris aurait pu se souvenir de Freud lorsque celui-ci met en garde Dora contre sa participation au désordre dont elle se plaignait :

> « À la vérité, si l'on peut être certain que ce ne sera point sans profit qu'on ramènera la belle âme de sa révolte contre le désordre du monde, à la mettre en garde quant à la part qu'elle y prend, l'inverse n'est point vrai, et il ne doit point nous suffire que quelqu'un s'accuse de quelque mauvaise intention pour que nous l'assurions qu'il n'en est point coupable [40]. »

---

37. « Psychologie du moi et interprétation dans la thérapie psychanalytique », *op. cit.*, p. 30.
38. *Idem.*
39. Kris écrit : « Il semble alors bizarrement si enjoué et si excité que je crois bon de l'interroger en détail sur ce texte qu'il craignait plagier », *op. cit.*, p. 30.
40. *Écrits, op. cit.*, p. 395.

Si le patient, contrairement à l'hystérique, se sent coupable, c'est certainement qu'il a des raisons de le faire ! Il ne s'agit pas de le déculpabiliser ! L'homme aux rats nous a appris quelque chose là-dessus.

Une fois que la manœuvre par laquelle on ramène le patient sur l'axe imaginaire a été accomplie, Kris « interprète » au patient ceci : « Il n'y a que les idées des autres qui sont intéressantes, ce sont les seules qui soient bonnes à prendre ; s'en emparer est une question de savoir s'y prendre [41]. » Après ce commentaire qui « pousse » le patient au plagiat, il y a un long silence et, ensuite le patient dit que tous les midis, après la séance d'analyse, il mange son plat préféré : des cervelles fraîches.

Lacan, quant à lui, considère que cette « conduite » n'est rien d'autre qu'un acting-out, une réponse sauvage à une intervention (et non une interprétation), sauvage elle aussi. C'est la réponse du sujet à une intervention forcée : c'est à la fois une attaque au symptôme et la mise en acte de quelque chose de pire que le symptôme. Manger les cervelles fraîches, soit s'emparer « matériellement » des idées des autres. La « déculpabilisation » pousse le patient à agir ce qui lui a été « interprété [42] ».

UNE INTERPRÉTATION N'EST VRAIE QU'À CONDITION D'ÊTRE MUTATIVE : INTERPRÉTATION ET ÉQUIVOQUE

Pour paraphraser Lacan, nous pourrions dire qu'une interprétation n'est vraie qu'à condition d'être mutative. Prenons l'exemple d'un cas où l'interprétation est dépendante de l'équivoque. En effet, Lacan a pu formuler que l'interprétation fonctionne essentiellement à travers l'équivoque, « seule arme contre le symptôme [43] ». Il y a aussi, nous l'avons vu, l'opportunité de l'interprétation, l'occasion, il y a ainsi le « facteur temps » : l'interprétation est le temps de l'interprétation. Prenons un dernier exemple : il s'agit d'un cas rapporté par Mme R.-P. Vinciguerra [44], où un jeune homme (Aurélien) vient la voir en analyse en raison de l'impossibilité de faire un choix pour sa carrière. Ces choix difficiles, « en cascade », ont à l'origine une interrogation : faire ou ne pas faire le même métier que son père ? Le patient présente aussi d'autres symptômes, hormis son impossibilité à choisir : par exemple, il a une anosmie, ainsi qu'une maladie de la peau localisée sur son pénis. On passe sur les détails de son « roman familial », une grand-mère paternelle très dure et exigeante qui est en conflit

41. Kris, *op. cit.*, p. 31.
42. Non moins original sera le diagnostic de Lacan quant à ce patient : il s'agit d'un cas « d'anorexie mentale ».
43. *Le séminaire, livre XXIII*, « Le Sinthome », Paris, Le Seuil, 2005, p. 17.
44. Vinciguerra R.-P., « Interprétation et équivoque », revue *La Cause freudienne*, « Vous ne dîtes rien », n° 32, Paris, 1996, p. 56-59.

avec la mère du patient, un père qui va et vient entre ces deux femmes, etc. La scène primitive ne manque pas non plus, où le sujet apparaît féminisé. Passons au moment interprétatif et à ses possibilités : il y a un lapsus lorsque le patient dit « mon mec » à la place de « mon père ». Dans le même temps, il dira « elle », lorsqu'il veut parler de son père : celui-ci se plaignait d'ailleurs, de ne pas être « l'homme » dans son couple. Le père est donc, dans le même temps, féminisé et exalté en tant que « mec [45] » : « Entre le père "mec" et le père "féminisé", il ne s'y retrouve guère. Le père, dit-il, mélange tout », ajoute Vinciguerra [46]. Par ailleurs, il se sent obligé de « faire l'homme », en faisant le dur, et en ayant ainsi plusieurs accidents où il « se casse ». Un autre lapsus apparaît « ça fait mel », au lieu de ça fait mal. Vinciguerra isole là une position subjective par où le sujet « s'efforce ainsi d'incarner l'Un-tout-seul, d'être l'homme d'exploit qui plairait au père et réconcilierait tout le monde [47] » : ceci semble essentiel. Car à partir de là, le signifiant qui représente le sujet, deviendra le signifiant « mec ». Mais ceci semble n'être qu'un prélude. Fort heureusement, une analyse est faite pour qu'à partir d'un signifiant maître (S1 : le signifiant « mec » est l'un de ces signifiants), donne suite à une chaîne signifiante qui aboutira au « non-sens » de ce signifiant maître. Celui-ci est essentiellement « insensé » dans la mesure où il ne peut être qu'un semblant du sujet. Il condense à lui tout seul, comme le « rat » chez l'homme aux rats, la jouissance arrachée au névrosé. En même temps, on voit que ce signifiant répond chez le sujet à un idéal, répond donc au regard de l'Autre (les femmes dans cette famille, le père). Passons donc à la suite : le symptôme de l'anesthésie olfactive disparaît lorsque le patient est dans le maquis... (le « mac-quis »). Un rêve évoque le patient en train de donner un coup-de-poing (« comme un mec ») à un autre homme : tout ceci se passe dans un « Mac Do ». Vinciguerra ajoute : « un Mac Do... l'envers d'un mec ? Son envers féminisé, dédoublé [48] ? » Mais il y en a plus : le père lui achète un ordinateur qu'il installe dans la chambre de son fils, c'est un « Macintosh ». Le fils dira en analyse : « mon père a mis un Mac dans ma chambre ! » Là, il y a une différence : le père apparaît, plus que jamais, comme un père jouisseur. L'auteur précise : « D'être ainsi féminisé sous le regard de la jouissance du père comportait pour lui quelque chose d'insupportable, à quoi en même temps il se sentait céder par sacrifice [49]. » Suite à un dialogue un peu confus rapporté par le patient où deux professeurs discutent avec un autre élève et le patient lui-même (on peut se demander pourquoi ce dialogue est confus), l'analyste ajoute « quel mec-mac ! » Son patient rit, mais surtout apporte le matériel suivant : « je pense

45. « Macho et féministe », dira un de nos patients.
46. Vinciguerra R.-P., *op. cit.*, p. 57.
47. *Idem.*
48. *Idem*, p. 58.
49. *Idem.*

à tout à fait autre chose : ma sœur a la même maladie de peau que moi, mais chez elle, c'est à la lèvre ». La maladie peut devenir « une maladie d'homme ou une maladie de femme », bref : la référence à la différence sexuelle et à la castration (la sœur, sa lèvre), est obtenue à travers l'équivoque, purement artificielle d'ailleurs, « mec-mac ». On peut dire que là, le signifiant « mac », est un savoir gagné par l'analyse, un signifiant nouveau, un savoir qui semblerait amputer quelque chose à la jouissance du symptôme. Vinciguerra explique :

> « le "mec-mac", à la place du micmac [soit en tant qu'équivoque], évoquant le mélange des sexes, des générations, l'embrouille dans laquelle Aurélien se débat est comme un rappel du "mel-mal" du lapsus antérieur [...] Le déplacement d'une lettre institue ici une équivoque qui, semble-t-il, renvoie à l'impossible du rapport sexuel, fait coupure entre jouissance et signifiant [...] Elle fait trace de la jouissance en tant qu'interdite [50] ».

En effet, bien que la jouissance ait été « amputée » au sujet (la jouissance est « interdite » à celui qui parle comme tel), il n'empêche qu'elle peut faire retour sous la forme du symptôme. Celui-ci est une réponse à l'impossibilité du « rapport sexuel », comme le stipule Lacan (soit à l'inadéquation foncière qu'il y a entre la pulsion et son objet, pour le dire en termes freudiens) : rapport sexuel il y a lorsque le signifiant « mec » réussit à s'accorder à un ordre sexuel qui cache la dysharmonie existante entre l'homme et la femme en matière sexuelle. Tout ensemble signifiant, soit ce que l'on peut appeler aussi « univers du discours », est par définition « inconsistant ». Il y aura toujours un signifiant qui lui fera défaut (l'Autre sera toujours « barré »). Un signifiant maître c'est le signifiant qui fait tenir l'ensemble, qui peut lui donner un ordre ; mais dans le même temps, il est la marque d'un élément qui échappe à l'ensemble (la « jouissance » à laquelle on vient de faire allusion, « interdite » comme telle – mais « autorisée » sous la forme du semblant phallique, ce qui revient à dire aussi « obligatoire » pour le sujet). Le signifiant maître (S1) est corrélé à un autre qui « décomplète » l'ensemble. Vinciguerra précise : « Aussi cette équivoque renvoie-t-elle par l'inscription de la différence signifiante pure (mec-mac) à la différence sexuelle [51]. » On a vu que chez l'homme aux rats, le signifiant rat était finalement corrélé à la différence sexuelle et même à la solution fantasmatique du sujet face au manque de rapport sexuel : le fantasme d'accouchement anal isolé par Freud. Il faut aussi préciser que cette élucidation dans la cure s'est accompagnée, chez le patient présenté par Vinciguerra, d'une amélioration symptomatique : aussi bien sur le plan « professionnel » que sur le plan sentimental [52].

---

50. *Idem*.
51. *Idem*, p. 59.
52. *Idem*.

UN CAS DE STRESS POST-TRAUMATIQUE [53]

Il s'agit du cas déjà évoqué d'un homme de 25 ans qui vient nous voir en raison de ce que l'on appelle un PTSD, *post-traumatic stress disorder* ou syndrome de stress post-traumatique. Il avait fait, trois mois auparavant, un voyage en Turquie. Deux hommes l'invitent à prendre une bière. Ils s'assoient dans un bar... ensuite il perd connaissance, et se réveille 4 jours plus tard dans un lit d'hôpital. Il avait été kidnappé durant cette période. Il y avait des traces de piqûres sur les veines de ses bras, etc. Rapatrié en Suisse, il passe environ 15 jours sans problèmes, occupé par les bilans de santé, et ce n'est qu'après que des rêves surviennent, remémorant le voyage, les visages des hommes, etc. Il présente aussi des angoisses importantes. À l'hôpital on lui avait conseillé de consulter un thérapeute pour un débriefing, de suivre une thérapie cognitivo-comportamentale, ce qu'il a fait. Après une vingtaine de séances à deux fois par semaine, le patient décide, en commun accord avec sa thérapeute, d'arrêter le suivi. Que s'est-il passé ? Le jeune patient dit avoir présenté une diminution des angoisses après les premières séances, ceci probablement grâce aux exercices proposés par la thérapeute : sorties tout seul dans les supermarchés, exercices de respiration et méditation, ainsi que l'internet : ce dernier afin de mieux s'informer sur les mesures de sûreté lors des voyages à l'étranger. Le thème des voyages était très présent dans ces entretiens. Un programme de « désensibilisation » avait été entamé, en fréquentant des situations « proches » du thème des voyages. Un voyage en Turquie avait même été évoqué – pour que le patient comprenne que, objectivement parlant, être touriste en Turquie ne présentait pas de risques... pour qu'il comprenne le caractère purement contingent du traumatisme. Le patient, quant à lui, avait préféré repousser ce projet. Après cette période d'amélioration initiale, il n'a plus de cauchemars, mais des angoisses réapparaissent, ainsi que des « flash-back ». Le patient se pose beaucoup de questions concernant sa propre responsabilité dans l'affaire : pourquoi a-t-il accepté de boire une bière avec des inconnus ? La thérapeute avait tenté de le rassurer, mais voyant que ces « ruminations » prenaient de l'ampleur, elle avait décidé d'expliquer au patient ceci : son PTSD se présentait sur un versant « obsessionnel » plutôt que « compulsif », ce qui expliquait que la TCC était moins efficace. À vrai dire, le patient pensait que, bien que cette thérapie l'eût aidé, il ne voyait plus l'intérêt de continuer eu égard à l'augmentation des symptômes.

C'est ainsi qu'il vient nous voir, conseillé par un médecin psychiatre travaillant dans les urgences psychiatriques d'un hôpital. Il a commencé par nous raconter ceci : tout avait commencé à l'âge de 12 ans, lors d'un voyage en Scandinavie où il était allé avec son père. À un moment donné, il était avec

53. Lucchelli J.-P., « Un cas de stress post-traumatique », *La Lettre mensuelle*, n° 243, 2005.

un homme qui avait fait une allusion concernant le pénis du patient : celui-ci avait en effet eu une érection. C'est-à-dire qu'il se trouvait, malgré lui, impliqué dans cette tentative de séduction. On voit que son entrée dans la sexualité est marquée du sceau du « trauma ». C'était la première fois qu'il parlait de cette histoire à quelqu'un, car il ressentait une grande honte et de la culpabilité : après nous avoir confiés cela, pratiquement tous les symptômes de PTSD ont disparu. Il ne lui restait que quelques « ruminations » concernant sa responsabilité dans l'histoire, mais même cela était plus supportable.

Le thème des voyages revenait avec insistance : il allait souvent en Espagne, où habitait son père. Il pensait que peut-être l'Espagne était un « juste milieu » entre la Turquie et la Scandinavie… ainsi, au début, il essayait de faire lui-même sa propre thérapie cognitivo-comportamentale. Quelques séances après, il nous dira qu'il n'avait eu qu'une seule copine par le passé et qu'il présentait depuis toujours, une grande inhibition face aux femmes : *il n'osait même pas les regarder dans les yeux.*

La « troisième fille »

Pendant les premiers mois de la cure, il partira en vacances en Espagne avec deux filles… Lorsqu'il sera de retour et voudra nous parler de la deuxième des filles – puisqu'il mettait un ordre là-dedans – au lieu de dire « la deuxième fille, qui me plaisait » etc. il dira « la troisième fille » – en se comptant lui-même comme fille, puisqu'ils n'étaient que trois. Bref : il n'avait rien à perdre.

Cette question était, selon lui, en rapport avec un dilemme qu'il énonçait ainsi : *ou bien* il était un « macho », comme son père, et couchait avec les femmes en les prenant « comme des objets », ce qu'il ne supportait pas ; *ou bien*, il serait un féministe, comme l'était aussi son père, avec l'inconvénient qu'il ne pourrait pas toucher les femmes – car un féministe respecte les femmes [54]. Dans ce « ou bien… ou bien », il ne faisait ni l'un ni l'autre. On lui a fait entendre que, peut être, le mot « féministe » cachait le mot « féminin ». Cette remarque l'avait soulagé car, maintenant, il pensait que peut-être son propre père était « un peu féminin ». Souvenons-nous que grâce à sa thérapie cognitivo-comportamentale, il ne faisait plus de cauchemars, mais pas de rêves non plus : on lui a suggéré qu'il fallait peut-être « faire des rêves » pour « arrêter de rêver »… Par moments, il se plaignait d'insomnie, en nous demandant des somnifères : pas question, il venait nous voir non pour mieux dormir, mais plutôt pour se réveiller. Et cætera. Ce patient est venu nous voir pendant un an et demi.

L'évolution de la cure montre bien qu'il y a eu un changement chez lui, non sans passer par de moments difficiles au niveau du transfert : suis-je

54. Nous reviendrons sur cette question au cours de notre dernier chapitre.

homosexuel ? Ainsi, il disait se sentir « acculé » face à son thérapeute... il n'a pas manqué d'associer ce mot à d'autres qui montraient bien le rapport, selon lui « passif », qu'il avait toujours eu avec son père. Il paraît clair qu'il avait une certitude : il n'était pas homosexuel, et c'est justement cette certitude qui était à l'origine du doute. Il pensait même que nous voulions le « rendre homosexuel », en le culpabilisant. Il a fallu le rassurer et lui dire « qu'on voulait son bien », car pousser le sujet à travers la jouissance d'un surmoi féroce, qu'il nous appelle à incarner, n'est peut-être pas la meilleure stratégie.

UN RÊVE

Un rêve semble avoir marqué un point d'inflexion dans la cure : le sujet rêve d'un petit « Calimero » avec des grands yeux. Son thérapeute, qui est dans le rêve, lui dit « regard ce Calimero ». Il nous dira qu'étant petit on l'appelait Calimero, et qu'il en souffrait. N'oublions pas que le regard est présent dans la scène « traumatique » scandinave, car l'homme en question « regarde » son pénis en érection. Le regard du rêve n'est le regard de personne, car on lui dit de regarder un regard (celui de ce « Calimero » qui se trouve être le sujet lui-même). Il y a l'identification du sujet à n'être réduit qu'un regard. Pourquoi ce rêve marquerait-il un « point d'inflexion » ? Après ce rêve, on lui dira que, quant aux femmes, il se limite à les « regarder » (souvenons-nous d'une de ses premières phrases au début du traitement : les femmes, il n'osait même pas les regarder dans les yeux.). Cela a eu des effets, car il a commencé à sortir avec une jeune femme, la « deuxième » des filles, à qui il faisait la cour depuis quelque temps, et avec qui il avait des rapports sexuels satisfaisants.

Comme nous avions déménagé, le patient « voyageait » plus de 100 km pour venir nous voir : les séances duraient entre 10 et 20 minutes. Bref, son thérapeute était devenu un peu traumatisant pour lui. Ainsi, Éric Laurent a pu soutenir : « si l'analyste peut aider un sujet à retrouver la parole après un traumatisme, c'est qu'il arrive à être lui-même, le thérapeute, à la place du trauma. C'est en ce sens que Lacan a pu dire que "l'analyste est traumatique". Le psychanalyste peut alors se qualifier comme un traumatisme "suffisamment bon" [55]. » Après un an et demi, il nous a demandé s'il fallait continuer, car maintenant il se sentait mieux, il se sentait « vivre ». De surcroît, il avait trouvé cette copine, d'origine espagnole, avec qui il allait partager un appartement – ce qui constituait, certainement, un juste milieu...

55. Laurent É., « Le Trauma à l'envers », revue électronique *Ornicar digital*, n° 204, mai 2002.

ÉPILOGUE

Heureusement, une série de méta-analyses [56] ont pu démontrer que les « débriefing » non seulement ne préviennent pas le PTSD, mais que bien au contraire ils les provoquent. D'autres méta-analyses, montrent que les TCC constituent le meilleur traitement pour les PTSD... Le PTSD ne saurait se limiter au seul fait traumatique, car celui-ci montre plutôt la faille qui fait de l'homme un être essentiellement inadapté. Cette cure a permi à ce sujet névrosé de se « sentir vivant », selon ses propres mots, grâce au dispositif analytique. Grâce au fait de lui avoir « donné la parole ». Le père lui a servi à traiter la jouissance phallique, laquelle jouissance, en effet, n'est « ni macho ni féministe », mais bien plutôt jouissance séquestrée au sujet parlant. Il y a eu « condensation » entre une identification du sujet au « Calimero » et l'objet regard, qui supplée le manque laissé par la castration et qui assujettissait ce névrosé à une passivité mortifiée. Toucher du doigt cette position subjective avec un simple « vous limitez à “regarder” les femmes » a sans doute permis un questionnement de cette identification passivée et l'objet plus-de-jouir (dans ce cas-là, le regard).

CONCLUSION

Pour résumer : l'interprétation va, en quelque sorte, « contre-le-transfert ». Il n'y a pas d'interprétation de transfert, mais bien plutôt, des signifiants qui serviront à cerner la pulsion. Il y a ainsi plus de rapport entre l'interprétation et la répétition – en tant que rattachée à la pulsion (à entendre par là : rattachée à un objet manquant) – qu'à l'interprétation du transfert, fût-elle du transfert comme répétition. Dans le chapitre suivant, il s'agira de mieux préciser ce point.

56. Van Emmerik A.-A.-P. *et al.*, *Single session debriefing after psychological trauma : a meta-analysis*, Lancet, 2002 ; 360 : 766-71.

Chapitre 7

TRANSFERT ET RÉPÉTITION

Nous avons pu montrer dans les chapitres précédents que toute la théorie du transfert chez Freud tourne autour de la question de la répétition. Cette notion inaugure l'un des textes les plus importants sur la technique analytique, « La Dynamique du transfert », où Freud conçoit la répétition comme étant liée au narcissisme, à l'investissement narcissique de l'objet, que Lacan appellera « i (a) ». Ainsi, tout objet du désir ne sera que le masque, le cliché, qui vient à actualiser un rapport libidinal refoulé. C'est ce refoulement qui introduit la répétition et le « cliché qui, au cours de l'existence, se répète plusieurs fois, se reproduit quand les circonstances extérieures et la nature des objets aimés accessibles le permettent [1] ». C'est ainsi que s'explique le transfert car « Le patient intègre le médecin dans l'une des "séries psychiques" qu'il a déjà établies dans son psychisme [2]. » Dans ce sens, nous avions repris le texte de Lacan « Intervention sur le transfert », où le transfert était défini comme les « modes permanents selon lesquels [le sujet] constitue ses objets ». L'accent mis sur le caractère permanent nous montre bien que la répétition participe d'une véritable inertie fantasmatique qui, dans le cas Dora tel qu'il est lu par Lacan, coïncide avec une « stagnation » de la cure, celle-ci conçue, à son tour, comme le progrès dialectique du registre symbolique. Dans le texte précité, Freud conclut que c'est l'apparition de l'imago paternelle, par exemple, qui deviendra le support du transfert et qui permettra l'intégration de la personne de l'analyste par le patient. De même, dans son texte technique « Remémoration, répétition, perlaboration » (1914), Freud insiste sur le fait que la répétition nourrit bel et bien le transfert et agit comme une résistance à la cure analytique. Mais par ce biais, une fois de plus, Freud réduit la répétition à l'Œdipe : « Prenons un exemple : l'analysé ne dit pas qu'il se rappelle avoir été insolent à l'égard de l'autorité parentale, mais il se comporte de cette façon à l'égard de l'analyste [3]. » Il est vrai que Freud avait une

1. *La Technique analytique*, *op. cit.*, p. 51.
2. *Idem*.
3. *Idem*, p. 108.

certaine facilité à se mettre à la place du père, notamment dans certaines de ses analyses, mais de plus, il est clair que cette conception qui lie étroitement la cure à une certaine relation à l'Œdipe via le transfert, restera comme un canon pour tous les psychanalystes. Dans une analyse il s'agit d'amener le patient à revivre l'Œdipe grâce à l'artefact du transfert. Par ailleurs, l'interprétation est l'arme qui permettra le désamorçage de cette répétition symptomatique : « Nous allons naturellement nous intéresser au premier chef aux rapports de cette répétition avec le transfert et la résistance. Nous observons bientôt que le transfert n'est lui-même qu'un fragment de répétition et que la répétition est le transfert du passé oublié [4]. » Nous avons déjà traité du texte de Freud « Observations sur l'amour de transfert » (1915) : là aussi, le transfert est conçu sous l'angle de la répétition. Le transfert est souvent « amour de transfert » et il tend à se répéter inexorablement : « Mais bientôt l'état de la malade va nécessiter une seconde tentative de cure analytique chez un autre médecin. On constatera bientôt que la patiente s'est à nouveau éprise de cet analyste, puis après de son successeur, et ainsi de suite [5]. » Nous insistons : le transfert est identifié à la répétition et c'est pour cela qu'il bute sur le masque que porte l'analyste – ainsi l'analyse ne saurait fonctionner sans une « interprétation du transfert », destinée à montrer au patient qu'il se trompe d'interlocuteur.

Même si déjà depuis son séminaire I sur « Les Écrits techniques » de Freud, Lacan critique ces points de vue sur le transfert, ce n'est qu'à partir du séminaire XI sur « Les Quatre concepts fondamentaux de la psychanalyse », qu'il va clairement distinguer et séparer le transfert de la répétition, ce qui aura des conséquences précises dans l'évolution et la conception de la cure analytique. On peut dès maintenant voir les choses depuis deux angles différents : soit le transfert est conçu comme une répétition, la cure se résumerait donc à un déploiement du mode permanent qu'à le sujet de constituer ses objets ; soit, au contraire, le transfert suppose aussi autre chose que la répétition symptomatique, quelque chose qui reste « hors répétition », ce qui deviendra forcément un matériel nouveau et différent de ce qui est produit sous la forme de la répétition. Il est clair que cette nouveauté obéit à tout un cheminement dans l'œuvre de Lacan, parce que, comme nous l'avons vu, dans « Intervention sur le transfert », il identifie encore transfert et répétition ; et ce n'est que dix ans plus tard qu'il introduira une différence entre les deux. Dans la première partie du séminaire XI, celle consacrée à « L'Inconscient et la répétition », nous lirons « C'est monnaie courante d'entendre, par exemple, que le transfert est une répétition. Je ne dis pas que ce soit faux, et qu'il n'y ait pas de répétition dans le transfert. Je ne dis pas que ce ne soit pas à propos de l'expérience du transfert que Freud ait approché la répétition. Je dis que le concept de répétition n'a rien

4. *Idem*, p. 109.
5. *Idem*, p. 118.

à faire avec celui de transfert [6]. » Donc l'assertion est sans ambiguïté : il s'agit de comprendre ce que c'est la répétition et, par ce biais-là, comprendre ses rapports avec le transfert, ce qui ne saurait être sans conséquences pour la direction de la cure. Lacan interpelle ainsi Freud et veut montrer que la répétition n'a rien à voir avec la répétition que l'on trouve dans, par exemple, « Remémoration, répétition, perlaboration ». La remémoration n'est pas une réminiscence – quelque chose qui nous vient de l'au-delà – et encore moins une activité introspective. La remémoration est quelque chose « qui nous vient des nécessités de structure ». Donc d'une part la remémoration est plutôt référée à l'insistance de signes et, d'autre part, la répétition ne saurait se limiter au transfert qui bute sur une résistance qui serait l'analyste lui-même. Ainsi Lacan dira :

> « Ce que j'ai à vous dire maintenant est si nouveau que j'ai cru devoir vous formuler dès aujourd'hui comment j'entends la fonction de la répétition. Cette fonction [...] n'a rien à faire avec [la remémoration]. Freud, je ne dis pas l'introduit, mais pour la première fois l'articule, dans l'article de 1914, "Erinnern, wiederholen, durcharbeiten", qui est bien le texte sur lequel s'est fondée, dans analyse, la plus grande stupidité, pour aller aboutir au chapitre cinq de *Jenseits des Lustprinzip* [7]. »

L'idée est qu'on peut toujours remémorer, suivant ce que nous apporte la batterie signifiante, l'histoire du sujet, on peut toujours savoir comment il a été marqué par des différentes identifications, mais tôt ou tard, cela bute contre une limite « qui s'appelle le réel ». Le réel est introduit par Lacan comme « ce qui revient toujours à la même place [8] » où, précisément, le sujet « ne le rencontre pas ». C'est ainsi que Lacan introduira, dans le chapitre suivant, la différence entre « *tuché* et *automaton* ». Une chose paraît désormais claire, car il évoque aussi la question de Freud quant à la répétition traumatique (pourquoi le « trauma » vécu par le soldat revient souvent dans ses cauchemars alors que, pendant la veille, ce même trauma ne semble pas le troubler autant ?), et c'est que de toute évidence, ce qui se répète (le trauma, mais aussi le transfert) ne saurait se confondre avec ce qui est répété (le réel récemment évoqué).

Il y a ensuite dans le séminaire XI, d'autres références sur la question du transfert et la répétition et de la nécessité de savoir les différencier. On lira, par exemple :

> « Ainsi, il n'y a pas lieu de confondre avec la répétition ni le retour des signes, ni la reproduction, ou la modulation par la conduite d'une sorte de remémoration agie [claire allusion à "Remémoration, répétition, perlaboration"]. La répétition est quelque chose qui, de sa véritable nature, est toujours voilé dans l'analyse, à

6. « Les Quatre concepts », *op. cit.*, p. 34.
7. *Idem*, p. 48-49.
8. *Idem*, p. 49.

> cause de l'identification de la répétition et du transfert dans la conceptualisation des analystes. Or, c'est bien là le point où il y a lieu de porter la distinction [9]. »

La répétition ne serait pas articulable en tant que telle ni dans la chaîne signifiante ni, encore moins, dans un agir répétitif repérable dans la cure. La répétition, à entendre par là, le réel en tant qu'il est sa « cause », est liée à ce qui ne se répète pas, qui reste immobile comme trace pulsionnelle. C'est là que les reformulations de Lacan sur « L'Esquisse [10] » de Freud pèsent de tout leur poids, à ceci près que la lecture faite dans le séminaire II (« Le moi dans la théorie analytique ») appartient bel et bien à une strate préalable de l'enseignement de Lacan où il s'agissait de faire prévaloir l'hégémonie du symbolique par rapport aux avatars imaginaires. Or, c'est à partir du séminaire XI que Lacan introduira l'objet « a » comme étant un « objet » cause de la répétition et du désir et, par là même, un objet hétérogène par rapport au signifiant : il est un « complément » du sujet du signifiant. Cet objet « a » tire aussi son origine de « L'Esquisse » et de l'importance de la « trace mnésique », dans la mesure où celle-ci ne saurait être aucun « objet ». Il s'agit, comme l'a indiqué J.-A. Miller, d'une « référence négative » de la jouissance : c'est la jouissance qu'il faut qu'il n'y ait pas – c'est une « jouissance – 1 », prélevée au corps signicantisé.

Lacan veut mettre l'accent d'abord sur ce qui est « absence » dans le transfert, et non seulement « présence », mais ensuite sur ce qui serait une présence au-delà du masque porté par l'analyste. Il souligne à ce propos, et dans la continuation du paragraphe précité :

> « La relation au réel dont il s'agit dans le transfert a été exprimée par Freud dans ces termes, que rien ne peut être appréhendé *in effigie, in absentia* – et pourtant le transfert ne nous est-il pas donné comme effigie, et relation à l'absence ? Cette ambiguïté de la réalité en cause dans le transfert, nous ne pourrons arriver à la démêler qu'à partir de la fonction du réel dans la répétition [11]. »

En effet, la question de la réalité en cause dans le transfert avait déjà été traitée par Lacan dans son séminaire sur le transfert à propos d'un article de Numberg intitulé « Transfert et réalité ». On revient une fois de plus sur la notion d'erreur : le patient se trompe d'interlocuteur dans le transfert, il fait erreur sur la personne, comme s'il faisait un faux numéro : on n'a qu'à lui dire que ce n'est pas le bon. L'inconvénient étant que cela suppose qu'il y aurait un « bon numéro », auquel on n'a qu'à téléphoner ! Lacan dira que le faux numéro c'est un lapsus [12], et que c'est avec le faux interlocuteur qu'il va falloir s'expliquer. Par ailleurs, l'expérience prouve que les faux numéros sont à l'origine de

9. « Les Quatre concepts », *op. cit.*, p. 54.
10. Freud S., *La Naissance de la psychanalyse*, Paris, PUF.
11. « Les Quatre concepts », *op. cit.*, p. 54.
12. Lire à ce propos le livre de Allouch J., *Allô, Lacan ? Certainement pas*, Paris, EPEL, février 1998.

beaucoup de rencontres. Et Lacan d'ajouter : « La fonction de la *tuché*, du réel comme rencontre – la rencontre en tant qu'elle peut être manquée, qu'essentiellement elle est la rencontre manquée – s'est d'abord présentée dans l'histoire de la psychanalyse sous une forme qui, à elle toute seule, suffit déjà à éveiller notre attention – celle du traumatisme [13]. » Ce qui est intéressant c'est que Lacan a pu dire que l'analyste est « traumatisant ». Il est là pour ouvrir le hiatus entre le masque et une autre présence « in absentia ». L'analyste deviendra ainsi l'objet « a » pour le sujet dans la mesure où il ne sera pas son semblable – ne serait-ce qu'en portant le masque d'un autre semblable (le père, etc.).

ICI ET MAINTENANT

Lacan va donc critiquer l'idée d'un « ici et maintenant » comme déterminant principal de la relation transférentielle et de la cure. Lorsqu'on dit « ici et maintenant » on oublie très souvent qu'on est en train de prononcer un paradoxe. « Ici et maintenant » implique deux coordonnées distinctes : le temps et l'espace. Depuis Einstein, le temps n'est qu'une autre variable, comme l'espace. Si je dis « Ici », il me faudra ensuite un autre espace et un autre temps pour dire « maintenant ». L'« Ici et maintenant » est donc impossible comme tel [14]. Soit je suis ici, mais je ne suis pas maintenant, soit je suis maintenant, mais pas tout à fait ici. Par exemple, si quelqu'un commence à articuler la phrase « je suis ici... » et tout à coup, le toit s'effondre... la personne n'aurait même pas le temps de dire « maintenant » et de finir la phrase. Il a été ici, mais jamais maintenant. Cela nous rappellera l'autre paradoxe prononcé par Epicure : « je n'ai pas peur de la mort, parce que lorsque je suis là elle n'est pas là – et lorsqu'elle est là, je n'y suis plus ». C'est ainsi qu'il faut interroger le transfert à travers l'appareillage symbolique de l'énonciation, ce qui implique une sorte de *Spaltung* que Lacan réfère au cogito cartésien [15].

Nous ouvrirons ici une parenthèse afin de pouvoir continuer à suivre Lacan dans sa démonstration selon laquelle la répétition est en rapport avec quelque chose qui ne se répète pas : il s'agit plutôt de rencontre unique – celle qui nous montrera que l'autre n'est pas seulement un semblable (i (a)), mais aussi qu'il est à la place d'une dissemblance que Lacan appelle objet « a ». Pour ce faire, et ceci est en rapport avec la différence opérée par Lacan entre transfert et répétition, nous évoquerons un rêve de la « Science des rêves » commenté dans le séminaire XI. Il s'agit du rêve « Père ne vois-tu pas que je brûle ? » Il vaut la peine de se référer au texte de Freud pour mieux sentir la force de ce rêve.

13. « Les Quatre concepts », *op. cit.*, p. 54.
14. Je dois cette idée à German Garcia.
15. « Les Quatre concepts », *op. cit.*, p. 127-130.

Nous le retrouverons dans le fameux chapitre VII de la *Traumdeutung* intitulé « Psychologie des processus du rêve » :

> « Un père a veillé jour et nuit, pendant longtemps, auprès du lit de son enfant malade. Après la mort de l'enfant, il va se reposer dans une chambre à côté, mais laisse la porte ouverte, afin de pouvoir, de sa chambre, regarder celle où le cadavre de son enfant gît dans le cercueil, entouré de grands cierges. Un vieillard a été chargé de la veillée mortuaire, il est assis auprès du cadavre et marmotte des prières. Au bout de quelques heures de sommeil, le père rêve que l'enfant est près de son lit, lui prend le bras, et murmure d'un ton plein de reproche : "Ne vois-tu donc pas que je brûle ?". Il s'éveille, aperçoit une vive lumière provenant de la chambre mortuaire, s'y précipite, trouve le vieillard assoupi, le linceul et un bras du petit cadavre ont été brûlés par un cierge qui est tombé dessus [16]. »

Lacan voit dans ce rêve le paradigme du réel comme rencontre essentiellement manquée. Il y a pour lui quelque chose du réel qui se fait présent, du réel comme rencontre unique – c'est cette rencontre et cette « représentation » qui montrent que la répétition ne se réduit pas à ce qui se répète, mais qu'il y a bel et bien « ce qui est répété » – le réel. Cet aspect montre en quoi l'objet narcissique, l'objet du désir, est supporté par un autre objet dissemblable, qui n'est pas pris dans la représentation signifiante en tant que répétition de signes. Lacan se demande :

> « quelle rencontre peut-il y avoir désormais avec cet être inerte à jamais – même à être dévoré par les flammes – sinon celle-ci qui se passe justement au moment où la flamme par accident, comme par hasard, vient à le rejoindre ? Où est-elle, la réalité, dans cet accident ? – sinon qu'il se répète quelque chose, en somme plus fatal, *au moyen* de la réalité [ ] Ainsi la rencontre, toujours manquée, est passée entre le rêve et le réveil [17] ».

Ce qui est clair pour Lacan c'est que la réalité sert de véhicule à la réalisation d'un désir. C'est *au moyen* de la réalité, au moyen de la flamme si l'on veut, que se fait présent l'objet en tant que manque, en tant que représentation d'autre chose. Et ce manque, nous le verrons dans la fonction même du réveil car il désigne la limite même de la représentation de l'objet narcissique, l'objet du désir, laissant la place à la perte de l'objet – unique objet de la pulsion. Et Lacan d'ajouter : « Mais l'enfant mort prenant son père par le bras, vision atroce, désigne un au-delà qui se fait entendre dans le rêve », donc un au-delà de la représentation elle-même, ainsi « le désir » de l'enfant lui-même- soit le désir inconscient comme étant distinct de l'objet du désir-, « *s'y présentifie de la perte imagée au point le plus cruel de l'objet* [18] » – soit le point où il est essentiellement un objet perdu.

16. Freud S., *L'Interprétation des rêves*, Paris, PUF, 1967, p. 433.
17. « Les Quatre concepts », *op. cit.*, p. 57.
18. *Idem*, p. 58.

La réalité, le rêve, le signifiant, nous les plaçons sur un vecteur horizontal. Dans le vecteur rétroactif nous mettons « ce qui est répété » comme étant le réel, distinct de la réalité : l'enfant qui est en train de brûler. C'est pour cette raison que Lacan va ajouter « C'est dans le rêve seulement que peut se faire cette rencontre vraiment unique [...] puisque personne ne peut dire ce que c'est que la mort d'un enfant – sinon le père en tant que père – c'est-à-dire nul être conscient [19]. » Le père en tant que père n'est rien d'autre que le nom-du-père, la possibilité même de l'existence d'objets du désir, du narcissisme, là où s'inscrira par exemple le transfert. La « flamme » du rêve désigne donc l'ombilic de celui-ci, la *Vorstellungsrepräsentanz* [20]. Il y a, si l'on veut, une bande de Möbius sur laquelle la flamme glisse – celle-ci passe d'un côté à l'autre de la représentation, du rêve au réveil, ce qui montre que dans toute répétition peut apparaître ce que celle-ci n'arrive pas à choper : l'objet perdu. C'est là que Lacan voit la fonction de la répétition comme étant différente de la répétition qui se produit dans le transfert : c'est la rencontre manquée qui détermine la répétition que l'on trouve dans la relation transférentielle. Il est donc vrai que le rêve est un « accomplissement du désir », comme le défend Freud lors du commentaire de ce rêve, car le désir qui s'accomplit n'est pas du tout « ce qu'on désire » au niveau du Moi, de la subjectivité ou de la conscience. Le désir dont il est question est un désir ignoré par le sujet, donc désir de l'Autre : mais il n'est pas le désir de voir l'enfant vivant, comme le rappelle Lacan contre l'avis de Freud, c'est la possibilité même de l'existence de l'enfant comme un objet du désir et du fait que devant un objet du désir, on satisfait autre chose que ce désir (ce « désir d'autre chose » que nous avons déjà évoqué).

Mais il y a plus dans ce rêve : il y a l'idée que c'est le désir inconscient qui détermine la réalité – celle-ci ne fait que tomber à pic, comme le suggère Lacan :

> « Si la dernière fois, c'est autour du rêve du chapitre sept de la *Science des rêves* que j'ai abordé ce dont il s'agit dans la répétition, c'est parce que le choix de ce rêve [...] est ici indicatif au moment où c'est du processus du rêve dans son ressort dernier qu'il s'agit. La réalité qui détermine l'éveil, est-ce bien le bruit léger contre lequel l'empire du rêve et du désir se maintient ? N'est-ce pas plutôt quelque chose d'autre ? N'est-ce pas ce qui s'exprime au fond de l'angoisse de ce rêve ? – à savoir, le plus intime de la relation du père au fils, et qui vient à surgir, non pas tant dans cette mort que dans ce qu'elle est au-delà, dans son sens de destinée [...] Entre ce qui arrive comme par hasard, quand tout le monde dort [...] et ce qu'il y a de poignant, quoique voilé, dans le *Père, ne vois-tu pas, je brûle* – il y a le même rapport à quoi nous avons affaire dans une répétition [21]. »

19. *Idem.*
20. *Idem.*
21. « Les Quatre concepts », *op. cit.*, p. 66.

Donc le « bruit » de la flamme sert de prétexte à une autre rencontre : celle avec l'objet cause du désir, à ceci près qu'il s'évanouit avec l'éveil en même temps qu'il le provoque. L'objet « a » comme objet qui est en rapport avec la pulsion, se noie dans le fantasme, celui qui fait le décor de ce rêve/réveil : « La place du réel, qui va du trauma au fantasme – en tant que le fantasme n'est jamais que l'écran qui dissimule quelque chose de tout à fait premier, de déterminant dans la fonction de la répétition [22]. » L'important à retenir est que dans ce rêve-réalité ce n'est pas la flamme qui brûle dans la réalité qui provoque la représentation – autrement dit ce n'est pas la flamme de la relation thérapeutique avec l'analyste, par exemple, qui est la cause de tout ce qu'on connaît comme transfert et résistance. Ce qui est essentiel c'est que ce « transfert de flamme », cette répétition « actuelle » de la chose, n'est que l'indice d'un au-delà de l'objet qui s'accomplit et qui est en rapport avec l'objet perdu, manquant : l'objet pulsionnel. Pourquoi évoquer ici la pulsion ? Parce que pour la théorie analytique, cette pulsion est au centre de l'économie libidinale – l'objet manquant se soustrait toujours à la répétition et la constitue comme ratage : « Ce qui se répète, en effet, est toujours quelque chose qui se produit [...] – *comme au hasard* ». Or ce hasard provient du fait que, de toute manière, il est à l'heure avec un manque : un manque d'objet, soit la « trace » de jouissance ou plutôt du manque de jouissance – soit ce qui reste de la jouissance prélevée par la castration à l'être parlant. Ainsi, la phrase obscure des *Écrits* « c'est de ce qui n'était pas, que ce qui se répète, procède [23] » peut se lire : ce qui se répète, procède de ce qui n'était pas – un objet à jamais perdu dont l'objet « a » est un semblant [24].

Fermons cette parenthèse avec une idée qui servira à éclairer notre lanterne :

> « Le côté fermé de la relation entre l'accident, qui se répète, et le sens voilé, qui est la véritable réalité et nous conduit vers la pulsion – voilà ce qui nous donne la certitude que la démystification de cet artefact du traitement qui s'appelle le transfert ne consiste pas à le *ramener* à ce qu'on appelle l'actualité de la situation [...] Le juste concept de la répétition doit être obtenu dans une autre direction que nous ne pouvons confondre avec l'ensemble des effets de transfert. Ce sera notre problème, quand nous aborderons la fonction du transfert, de saisir comment le transfert peut nous conduire au cœur de la répétition [25]. »

Ainsi, il ne s'agit pas de *ramener* l'accident transférentiel – ou ce que le transfert a d'hasardeux dans ce qui le provoque (une phrase équivoque, un geste) – à la situation duelle : il y a la nécessité plutôt de mettre en évidence le caractère raté de toute répétition dans la mesure où celle-ci obéit à une autre « raison »

---

22. *Idem*, p. 59.
23. *Écrits, op. cit.*, p. 43.
24. Lacan J., *Le séminaire, livre XX*, Paris, Le Seuil, 1973, p. 83.
25. « Les Quatre concepts », *op. cit.*, p. 67 (nous soulignons).

que celle de son objet imaginaire, prétexte de la répétition. Nous avons souligné le verbe « ramener », car on pourrait suivre une sorte de fil rouge dans les séminaires de Lacan où ce verbe apparaît toujours lié au transfert et notamment au maniement de celui-ci. L'analyste doit ramener le transfert plutôt à sa « cause », soit à la pulsion, à ce qui complète et décomplète le sujet du signifiant. Distinguer le transfert de la répétition, c'est situer cette dernière en dehors de l'actualité de la situation duelle avec l'analyste et plutôt la mettre en rapport avec l'objet pulsionnel. Ainsi cette séparation opérée dans le séminaire XI nous mène à réintroduire dans le transfert une autre répétition qui est plutôt un ratage de l'objet. L'analyste incarnera lui-même ce ratage – les masques transférentiels qui tombent mettent en évidence un autre masque, semblant de jouissance, objet « a », que l'analyste est appelé à son tour à incarner ! Et c'est la raison pour laquelle Lacan dira que le « désir de l'analyste » est la fonction qui sert à séparer, à distinguer, à éviter de confondre le « I » des identifications avec le « a », objet cause du désir et semblant de jouissance : « Il reste que cette schize n'est là encore que représentant la schize plus profonde, à situer entre ce qui réfère le sujet dans la machinerie du rêve, l'image de l'enfant qui s'approche le regard plein de reproches et, d'autre part, ce qui le cause et en quoi il choit, invocation, voix de l'enfant, sollicitation du regard – *Père, ne vois-tu pas* [26]... »

Comme le souligne J.-A. Miller dans son cours inédit de l'année 1994-1995 intitulé « Silet », Lacan opère dans le séminaire XI deux disjonctions quant à la répétition. La première disjonction est celle que nous avons traitée, à savoir la distinction entre transfert et répétition. Comme nous l'avons dit, cette distinction repose sur l'opposition entre « transfert imaginaire » (stagnation symbolique, résistance) et « répétition symbolique », cette dernière étant identifiée au retour du refoulé, au retour des signifiants dans la cure. On pourrait dire qu'il y a déjà dans cette distinction « deux répétitions » : celle imaginaire où on prend son analyste pour son père, et celle symbolique, qu'incarne le retour du refoulé. Mais à vrai dire, cette distinction n'a de sens que si nous la complétons avec une deuxième, toujours selon J.-A. Miller, entre répétition et pulsion. Si le transfert, selon le séminaire XI, est « fermeture de l'inconscient », l'ouverture sera liée aux signifiants, au discours. Mais, finalement, nous sommes là en train de suivre la même logique que celle de « L'Intervention sur le transfert ». Ajouter à cette distinction une deuxième disjonction où la répétition symbolique se distingue de la pulsion comme réel, c'est différent. C'est la nouveauté du séminaire XI. Identifier le transfert à « la mise en acte de la réalité de l'inconscient [27] » signifie aller aussi bien au-delà de la conception du transfert comme simple stagnation symbolique et résistance imaginaire. Si la répétition symbolique est une

26. *Idem*, p. 68.
27. *Idem*, p. 137.

« condition » de l'existence de l'inconscient, c'est parce que la batterie signifiante est pré-subjective [28], c'est parce qu'on n'a pas besoin d'un sujet [29] car la chaîne symbolique est toujours là. Il faut se rappeler ici que le symbolique (*Fort-Da*) est repris dans ledit séminaire comme quelque chose qui peut être décomplété par un objet. En effet, dans ce séminaire, bien que le symbolique garde son statut de « meurtre de la chose » et création, donc, d'un circuit signifiant, il met l'accent notamment sur l'objet perdu. Lacan reprend ainsi à nouveau le jeu du *Fort-Da* pour accentuer le statut de l'objet perdu dont le semblant est la « bobine » avec laquelle s'exerce le jeune enfant.

Cette opération introduite dans le séminaire XI va à produire une scission dans le concept même de répétition : nous l'avons déjà souligné, si le retour de signes dans l'inconscient est identifié à *l'automaton*, la *tuché* sera le nom d'un reste non symbolisé (et non symbolisable), identifié au trauma [30]. Ainsi le réel est-il identifié au sexuel traumatique. Le développement que nous avons fait à propos de l'homme aux rats, vise à démontrer que le réseau signifiant (cf. par exemple, la « formule canonique » de Lévi-Strauss) ne suffit pas à loger une rencontre ratée dans le transfert, non avec la fille de Freud (répétition du scénario fantasmatique), mais avec le regard de la mort – reste non symbolisable par l'analyse (et donc non analysé).

Comme le remarque J.-A. Miller, la disjonction entre transfert et pulsion ne constitue pas le dernier mot du séminaire XI quant au transfert, il y a encore cette conjonction « secrète » entre répétition (*tuché*) et pulsion (par exemple, regard de la mort chez l'homme aux rats).

Voici trois opérations :

1) Disjonction :

Transfert	Répétition	
I	S	

2) Disjonction :

Répétition	Pulsion	
S	Réel	= « répétition 1 », ratage : (a), référence négative

3) Conjonction :

Pulsion	Transfert	
Réel	S	= « répétition 2 », présence : (a), référence positive

28. *Idem*, p. 28.
29. *Écrits*, *op. cit.*, p. 43.
30. « Les Quatre concepts », *op. cit.*, p. 54.

Il y a donc deux disjonctions et une conjonction. Les deux dernières opérations sont le résultat du séminaire XI, toutes deux concernent l'objet « a », nouveauté du séminaire. À ceci près que dans la disjonction entre répétition (S) et pulsion (R), la répétition apparaît comme ratage et l'objet « a » comme une référence négative ; tandis que dans la conjonction entre pulsion (R) et transfert (S), la répétition est plutôt rencontre, et l'objet « a » apparaît comme présence dans le transfert. C'est ce qui s'est passé avec le transfert de l'homme aux rats avec Freud. Démêler cette conjonction entre répétition et pulsion, en la rendant « disjonctive », c'est ce à quoi sert le « désir de l'analyste ».

DEUX THERMODYNAMIQUES DE LA RÉPÉTITION [31]

Freud et Lacan ont tous deux eu recours à un certain usage de la thermodynamique, mais chacun de façon différente. Nous partons de l'hypothèse qu'il y a au moins deux thermodynamiques : une thermodynamique de l'époque de Freud, du XIXᵉ siècle (une thermodynamique « classique »), et une autre, beaucoup plus récente, qui constitue elle-même une lecture de la physique traditionnelle et qui a pris son essor dans la deuxième moitié du XXᵉ siècle.

LES DEUX PRINCIPES ET LA MACHINE SIGNIFIANTE

Commençons par le deuxième principe de la thermodynamique : tout système isolé a une tendance à la perte d'énergie, c'est-à-dire à l'entropie. Le travail, par exemple, produit une perte de chaleur. Le premier principe pose, quant à lui, qu'on peut transformer la chaleur en travail, et de ce fait, conserver l'énergie. Il s'oppose donc au deuxième principe. S'il faut pour transformer la chaleur en travail une machine, celle-ci, à son tour, perdra de l'énergie (en application du deuxième principe). Dans ces conditions, il apparaît que le premier principe (transformation de la chaleur en travail) ne serait pas concevable en pratique sans le deuxième, car la machine elle-même « fonctionne » sur la base du deuxième principe (transformation de travail en chaleur). Le paradoxe est dès lors celui de la réfrigération où l'on produit en quelque sorte du froid avec du chaud (la chaleur qui se dégage du moteur du réfrigérateur). En pratique donc : pas de premier principe (conservation de l'énergie) sans l'intervention du deuxième principe (perte d'énergie ou entropie).

Pour Lacan, on ne peut parler d'énergie que s'il y a une machine signifiante. Cela relèverait presque de la tautologie : toute machine ne saurait être en effet que signifiante. Mais « cette machine n'est pas ce qu'un vain peuple

31. Lucchelli J.-P., « Deux thermodynamiques de la répétition », *La Lettre mensuelle*, n° 175, Paris, 1999.

pense », prévient Lacan [32]. Effectivement, il ne s'agit pas de *l'homme-machine* de La Mettrie, mais bien plutôt de la machine conçue dans son autonomie par rapport à l'homme. Ainsi définie, la machine suppose un circuit, un ordre, une certaine combinatoire.

À propos du principe d'entropie Lacan soutient : « Dans l'état actuel des choses, [cette entropie] c'est la quantité d'information [33]. » On ne peut comprendre cette affirmation si on ne prend en compte la lecture développée dans les années cinquante par la cybernétique et divulguée, parmi d'autres, par N. Wiener [34]. En effet, c'est à partir de la naissance de l'informatique qu'on a commencé à relire la thermodynamique et à considérer l'énergie comme information [35]. Comment l'énergie serait-elle concevable à partir de l'information ? Et bien, d'abord en ne la considérant pas comme une substance. Cela suppose sa formalisation, sa traduction dans un langage formel. Soit l'équation suivante :

Information = 1/entropie

On peut en déduire que le maximum d'information produira un minimum d'entropie. En effet, en quoi réside l'efficace de l'information sinon dans le fait qu'elle réduit le message à ses éléments minimaux ? C'est ainsi que s'est élaborée la notion de néguentropie : plus on obtient d'information, moins on dépense de l'énergie, plus on épargne sur la perte. On peut dès lors parler « d'entropie négative ». C'est ainsi que cette notion a vu le jour. Appliquée à l'informatique, cela correspond à l'idée de la construction d'un langage formel qui ne connaîtrait aucune dégradation. Ce serait là l'équivalent du premier principe de la thermodynamique (la conservation de l'énergie).

MAIS TOUTE INFORMATION, ET DONC, TOUTE MACHINE SUPPOSE AUSSI UNE PERTE

Au point où nous en sommes, nous avons l'ordre du système (combinatoire ou information), qui, normalement, répond au premier principe de la thermodynamique. Mais ce n'est pas tout. Dans le séminaire « L'Envers de la psychanalyse », Lacan soutient : « Il y a quelque chose d'autre, dont quelqu'un s'est aperçu, c'est que le savoir, ça implique l'équivalence entre cette entropie et une information [36]. » Notons le changement : il n'y a pas que l'ordre du système (la combinatoire, le savoir, l'information) et sa conséquence (la néguentropie), il y

32. Lacan J., *Le séminaire, livre II, op. cit.*, p. 94.
33. *Idem*, p. 104.
34. Wiener N., *Cybernétique et Société*, Paris, Gallimard.
35. Dupuy J.-P., *Aux origines des sciences cognitives*, Paris, La découverte, 1999.
36. Lacan J., *Le séminaire, livre XVII*, « L'envers de la psychanalyse », Paris, Le Seuil, 1991, p. 94.

a aussi le fait que cet ordre lui-même se « dégrade ». Car il ne faut pas omettre que toute machine est construite sur le deuxième principe (pas de machine sans entropie), même si la finalité reste la conservation de l'énergie. Même si le bilan est « positif », il n'y a pas de conservation « naturelle » de l'énergie, il n'y a pas de conservation sans perte.

Une perte d'information est donc inhérente au fonctionnement du système. Pas de système sans perte, qu'elle soit d'information, d'énergie, ou de jouissance. On aurait pu penser à un état où serait atteint le maximum d'information, et dont la perte serait exclue. Mais ce serait une erreur car le maximum d'information et d'ordre suppose toujours une inscription au moins minimale. Or celle-ci – soit, à suivre Lacan, le trait unaire (S1) – implique par définition une perte, une soustraction.

Pour préserver un ordre, il faut, en effet, de l'énergie. Il n'est peut-être pas inutile de citer à ce propos Umberto Eco, lorsqu'il déclare : « L'existence de rapports de cause à effet dans les systèmes organisés à entropie décroissante entraîne l'existence du "souvenir" ; matériellement parlant, un souvenir est un enregistrement. Une disposition dont l'ordre demeure préservé, un ordre figé pour ainsi dire [37]. » Tout ordre doit pouvoir résister (dépenser de l'énergie = entropie 1) pour, justement, faire face à sa propre dégradation (entropie 2).

Ce point de vue correspond à la conception de l'Un que Lacan élabore dans les années soixante-dix. Il n'y a pas de retour à l'inanimé, pas de retour au « 0 » (voir « Au-delà du principe du plaisir »). Il y a en revanche retour à l'Un : il n'y a que la répétition de l'Un, même si à chaque fois qu'il se répète il n'est pas le même. Lacan précise : « Freud insiste – dans la répétition même, il y a déperdition de jouissance [38]. » Lisons ici l'équivalent du deuxième principe. « Vient ici maintenant ce qu'apporte Lacan [...] la fonction du trait unaire [...] l'origine du signifiant [...], ce S1, est savoir [...] Ce qui se répète ne saurait être autre chose, par rapport à ce que cela répète, qu'en perte [39]. » C'est le deuxième principe (« ce qui se répète ») en tant que le premier l'implique (« ce que cela répète »).

Il y aurait donc deux entropies : celle de Freud, « contingente », où il faut qu'il y ait répétition pour qu'il puisse y avoir perte ; et celle de Lacan, « nécessaire », où la seule installation, la seule existence du système (S1) équivaut à une « première répétition », à une inscription, à un « -1 », et à une première perte de jouissance. « Le signifiant s'articule [...]. C'est de là que nous partons pour donner sens à cette répétition inaugurale [40]. » Inutile de dire qu'il y aurait ici une contradiction, car aucune répétition ne saurait être inaugurale, sauf celle de l'Un. L'inscription du S1 équivaut à une perte de jouissance, ce qui rend possible, à son tour, la répétition.

37. Eco U., *L'Œuvre ouverte*, Paris, Le Seuil, p. 75.
38. *Le séminaire, livre XVII*, *op. cit.*, p. 51.
39. *Idem*.
40. *Idem*, p. 53.

Le « pur savoir du maître » et le travail

Le Un équivaut à l'ordre du système, mais aussi, nous l'avons vu, à une perte de jouissance, à une perte d'énergie nécessaire au maintien de cet ordre. Il est vrai que « A = A », en tant que formule, ne produit pas d'entropie, il n'y a pas de dépense. Par contre, si on considère cette écriture « A = A » comme une proposition, à partir du moment où il faut différencier sujet, copule et prédicat, il y a forcément une perte : « *ce qu'a de nature affine à ce discours la mathématique, où A représente lui-même, sans avoir besoin du discours mythique à lui donner ses relations. C'est par là que la mathématique représente le savoir du maître en tant que constitué sur d'autres lois que le savoir mythique* [41] ». Cela veut dire qu'au-delà du S1, ici entendu en tant que savoir, il y a aussi le travail. Nous avons la répétition inaugurale qui, écrite, nous donne « A = A », « pur savoir de maître », mais nous avons aussi le sens : le sujet ne serait pas seulement concevable au niveau du « A = A » car il y a aussi le sens (lire : « savoir mythique »).

Le sujet ne peut se passer de ce savoir mythique (S2), savoir qui, bien sûr, n'est pas le savoir comme moyen de jouissance (S1). Si le savoir est moyen de jouissance, le travail (le « savoir mythique », le sens) est autre chose. Le savoir (S1) s'articule, « travaille » via l'articulation à un autre signifiant S2, et produit une perte (l'objet cause du désir). Le pur savoir du maître, c'est un savoir qui ne calcule pas, ne juge pas, ne pense pas (selon la même formule de Freud dans la *Traumdeutung*). C'est un savoir qui opère par « mathématisation », par syntaxe, et constitue ainsi une soustraction au savoir mythique, un savoir indépendant du sens, et qui reste un « savoir soustrait à la conscience ». Le savoir autonomisé du savoir « mythique », constitue ce que l'on appelle la science. La science est, en effet, autonome par rapport au savoir sexuel.

Pourtant, ce savoir qui ne juge pas, ne calcule pas, ne pense pas, oblige celui qui en est porteur et qui se trouve affecté par le sens du savoir mythique, à travailler, à « travailler pour la jouissance ». « À partir de là, ajoute Lacan, commence le travail. C'est avec le savoir en tant que moyen de la jouissance que se produit le travail qui a un sens, un sens obscur. Ce sens obscur est celui de la vérité [42]. » C'est, à notre avis, la même réflexion que poursuit Lacan dans « Télévision », lorsqu'il indique : « À m'y suivre, qui ne sentira la différence qu'il y a, de l'énergie, constante à chaque fois repérable de l'Un dont se constitue l'expérimental de la science, au Drang ou poussée de la pulsion qui, jouissance certes, ne prend que de bords corporels [...] sa permanence [43] ? » C'est dire que là où la science impose la répétition de l'Un (S1, S1, S1 ou « A = A ») comme pur savoir mathématique, exempt de perte, Lacan voit la même écriture à l'œuvre,

41. *Idem*, p. 104.
42. *Idem*, p. 57.
43. Lacan J., « Télévision », in *Autres Écrits*, Paris, Le Seuil, 2001, p. 528.

cette fois, dans le « pulsionnel » et impliquant une première perte : une « perte pure ». Au-delà, une deuxième perte intervient, qui tient au fait que la répétition travaille sur un « sujet », mettant en jeu la jouissance en tant qu'exclue. Se produit dès lors cette « deuxième » perte, celle à partir de quoi le sujet tâche de récupérer quelque chose via « l'échelle renversée de la loi du désir ».

Chapitre 8

LE BANQUET OU LE TRANSFERT

Selon Lacan, le psychanalyste a un antécédent historique : c'est Socrate. Lacan prend appui sur *Le Banquet* de Platon pour montrer que Socrate fait une manœuvre digne d'un analyste, dans la mesure où, lorsque Alcibiade lui déclare son amour, il le renvoie à un autre : Agathon. C'est un bon exemple de « désir de l'analyste », même si cet exemple n'épuise pas complètement ce concept de Lacan. Mais dans tout cas, nous voyons qu'il ne s'agit pas d'un « contre-transfert » ni de l'expression de « sentiments » : Socrate « interprète » à Alcibiade dans le sens de lui dévoiler l'objet de son désir.

Qu'est-ce que *Le Banquet* de Platon ? Laissons répondre un philosophe :

> « *Le Banquet* est donc le récit d'un récit, fait sur la route de Phalère à Athènes par un fidèle disciple de Socrate, Apollodore, à son ami Glaucon, et rapporté par le même Apollodore quelques jours après à plusieurs de ses amis, riches bourgeois qui ne sont pas étrangers aux choses de l'esprit. On a demandé à Apollodore, d'un côté comme de l'autre, le récit qu'il tient lui-même d'Aristodème de la fameuse soirée chez Agathon, bien des années auparavant. Que s'est-il dit, demande le premier Glaucon, à cette réunion où Agathon, Socrate et Alcibiade parlèrent avec d'autres des choses de l'amour [1] ? »

Le Banquet est, en effet, l'éloge que l'on fait d'Éros, le dieu de l'amour. La plupart des personnages présentés par Platon dans ce dialogue, évoquent à leur manière ce qu'est Éros. Plus précisément, nous avons au total huit personnages : selon quelques commentateurs, quatre expliquent ce que Éros n'est pas (Phèdre, Pausanias, Eriximaque et Aristophane) et quatre encore expliquent ce qu'est Éros : Agathon, Socrate, Diotime et Alcibiade [2]. Ceci indique déjà une belle asymétrie dans la distribution des personnages de ce dialogue.

Il faut soulever d'emblée ce qui est annoncé par Lacan dès le début de son séminaire sur le transfert : « Le secret de Socrate sera derrière tout ce que nous dirons cette année du transfert [3]. » Il ne s'agit donc pas de l'étude érudite d'une

1. Mattéi J.-F., *Platon et le miroir du mythe*, Paris, PUF, 1996, p. 291-292.
2. Reale G., *Éros, dèmone mediatore*, Milano, Rizzoli, 1997, p. 23-24.
3. « Le Transfert », *op. cit.*, p. 16.

œuvre classique, mais l'exemple même de ce qu'est le transfert, à la manière de Freud lorsqu'il affirme « l'exemple est la chose même ». Socrate dit ne rien savoir, sauf sur les choses de l'amour. Or, l'amour est au commencement de l'analyse : « au commencement était l'amour [4] ». Il est intéressant de voir comment Lacan voit les choses, par exemple, au niveau des premières expériences de la psychanalyse, à savoir celle d'Anna O. Lacan met les points sur les i : ce n'est pas la peine d'insinuer qu'il y avait un « contre-transfert un peu marqué » de la part de Breuer envers Anna : « Il est clair que Breuer aima sa patiente [5] » ! Autant donc situer les choses ainsi : dans cette relation thérapeutique il était question d'amour. Par ailleurs, nous avons déjà traité de l'amour dans le transfert et vu comment le transfert implique nécessairement l'amour au point que, pour Freud, l'amour de transfert est un amour véritable. Pour Lacan ce sera l'amour qui imite le transfert et non l'inverse.

Mais, il y a une précision à faire lorsqu'il s'agit de la psychanalyse. Pour le dire d'un mot, nous ne ferons pas comme Breuer. Non seulement par le fait que nous n'allons pas refuser l'amour manifesté éventuellement dans le transfert, mais surtout par le fait que, au contraire, nous allons nous en servir : « À la différence de Breuer, et quelle qu'en soit la cause, la démarche qu'adopte Freud fait de lui le maître du redoutable petit dieu. Il choisit, comme Socrate, de le servir pour s'en servir. Là, à ce *s'en servir*, de l'Éros [...] commencent pour nous les problèmes. Car s'en servir pour quoi [6] ? »

Il est clair qu'il ne s'agit pas ici de « charité thérapeutique », au sens de vouloir le bien d'autrui, car cette charité-là implique, par définition, l'agressivité. Vouloir le bien d'autrui suppose qu'on connaît ce qui est bien pour l'autre : cela implique vouloir accommoder l'autre (le patient) à un bien-être universel dont il ne veut pas. Lorsqu'il s'agit de l'amour tel qu'il est traité dans *Le Banquet*, il est question, presque en permanence, de la beauté des corps et, à partir de là, des rapports entre aimé et aimant. L'aimé est celui qui est beau. Par contre, l'aimant se trouve dans une autre position, c'est plutôt celui qui sacrifie quelque chose de son image à partir du moment où il manifeste un manque. De surcroît, il n'est pas obligé d'être beau, bien au contraire : c'est ainsi que la laideur de Socrate le place naturellement comme étant l'aimant. Mais c'est là où *Le Banquet* apporte du nouveau, car cette laideur s'avère ne pas être un obstacle à l'amour : c'est la raison pour laquelle le transfert (et l'amour) se différencient de toute « intersubjectivité ». On peut aimer chez l'autre quelque chose d'autre que ce qu'il est. Par ailleurs, dans l'un de ses séminaires, Lacan affirme qu'il n'est pas bon d'être beau lorsqu'on est psychanalyste. Et dans le séminaire sur le transfert il est même

4. *Idem*, p. 16.
5. *Idem*, p. 17.
6. *Idem*, p. 18.

catégorique : « l'analyse est la seule praxis où le charme soit un inconvénient [7] ». Il s'agit clairement d'un message adressé aux psychanalystes, car le risque qu'ils encourent est de croire que « c'est pour eux » que le patient tombe sous le charme. C'est peut-être « pour eux », mais pas « à cause » d'eux. De surcroît, le charme de l'analyste généralement ne fait que se confondre avec le bien dont nous parlions tout à l'heure.

La situation analytique est une situation artificielle (« c'est la situation la plus fausse qui soit [8] »), pour la simple raison que l'amour qui naît de la rencontre analytique est à l'opposé de l'amour sexuel « précarisé », caractéristique de nos sociétés (Freud appelle cette situation « le rabaissement de la vie amoureuse »). Ce rabaissement est proscrit dans la situation analytique, ce qui fait que la sexualité, comprise comme « échange sexuel » entre partenaires, manque. Et c'est précisément ce « manque » d'échange sexuel qui vide, qui va à l'encontre du remplissage sexuel moderne. Pour reprendre les termes de Lacan « Rompant avec la tradition qui consiste à abstraire, à neutraliser, et à vider de tout son sens ce qui peut être en cause dans le fond de la relation analytique, j'entends partir de l'extrême de ce que suppose le fait de s'isoler avec un autre pour lui apprendre quoi ? – ce qui lui manque [9]. » C'est pour cette raison d'ailleurs que *Le Banquet* est exemplaire, car on voit comment on passe du « sens commun » des dires sur l'amour au ratage essentiel de ces dires (à partir du moment où ils répondent à un manque), en passant par la confrontation imaginaire, typique du ravage amoureux (car c'est aussi ce qui se passe dans le fameux dialogue entre Socrate et Alcibiade).

Mais ce n'est pas tout. Si nous insistons, en suivant Lacan, sur le manque dont il est question dans le sexe (ce n'est pas pour rien que Lacan a pu avancer qu'il n'y a pas de « rapport sexuel ») c'est parce que c'est à partir d'un certain sacrifice, d'une perte, qu'on peut apprendre ce qui nous manque. Et c'est dans et par le transfert que ce manque adoptera un visage : celui de l'aimant. Ainsi, Lacan affirme : « Situation encore plus redoutable [la situation analytique], si nous songeons justement que de par la nature du transfert, ce qui lui manque, il va l'apprendre en tant qu'aimant [10]. » Nous l'aurons compris : si changement subjectif il y a dans une analyse, il se produit lorsque le sujet passe, mute, d'une position d'aimable (voire d'aimé) à une position d'aimant, à qui il manque forcément quelque chose. Nous percevrons d'ailleurs, dans cette perspective de Lacan, quelques résonances de « l'analyse avec et sans fin » de Freud, où la fin de l'analyse passe par une subjectivation de la castration.

7. *Idem*, p. 23.
8. *Idem*, p. 25.
9. *Idem*, p. 25.
10. *Idem*, p. 25.

Quant au *Banquet*, nous avons déjà évoqué les huit personnages qui le composent et l'importance capitale des « quatre derniers ». Ajoutons à cela l'importance encore plus capitale qu'aura l'entrée en scène d'Alcibiade (car il transgresse toutes les règles du jeu) et le dialogue qui le confronte à Socrate. Lacan tire profit de cette irruption d'Alcibiade, dans la mesure où il considère que « Nous allons le prendre, disons, comme une sorte de compte rendu de séances psychanalytiques. C'est effectivement de quelque chose comme cela qu'il s'agit [11]. » En effet, au milieu des discours sur l'amour, apparaît une mise en acte de l'amour : à savoir le couple de l'aimé et l'aimant. Quel est le sens donné par Lacan à ce couple ? Voici les formules : l'aimant est celui qui désire (et à qui, donc, il manque quelque chose) ; l'aimé, par contre, est celui qui a quelque chose. Mais il faut encore une précision : le désir de l'aimant, comme tout désir, est « désir d'autre chose » que l'objet désiré (l'aimé, en l'occurrence) – ce dernier apparaît ainsi comme étant inadéquat. Selon Lacan, *Le Banquet* est la mise à nu de cette conjonction entre le désir d'autre chose et l'objet, par définition, inadéquat. Ce phénomène doit nous servir à comprendre ce qui se passe dans le transfert : d'une part, il y a bel et bien une « répétition » – le transfert peut être conçu comme un phénomène presque automatique –, mais dans le même temps, ce n'est pas l'objet du désir qui saurait « causer » cet amour, ce phénomène – inadéquation de l'objet.

ÉROS MIEUX ORIENTÉ

Mais pourquoi cette inadéquation de l'objet deviendrait-elle un thème si central dans le transfert ? Pour la simple raison qu'il est le thème psychanalytique par excellence : l'inadéquation foncière entre la pulsion et son objet. Le transfert garde un rapport étroit avec cette question, c'est pourquoi une analyse se fait autour du transfert, c'est-à-dire autour, d'une part, d'une identification à l'objet du désir qui soutient la demande et, d'autre part, du « désir de l'analyste », qui tend à fracturer cette identification afin de faire correspondre la demande à l'objet de la pulsion – seule vraie « cause » du transfert. Socrate, dans ce dialogue avec Alcibiade, manœuvre – c'est la thèse de Lacan – la demande de ce dernier vers un autre objet que l'objet spéculaire (Socrate lui-même, en l'occurrence).

C'est Platon le premier à avoir une vision transcendantale de l'amour, – soit ce que certains auteurs, comme Halperin, appellent l'ironie platonicienne [12]. Cette ironie concernant l'amour rend évident le fait que l'érotique dont il est question n'est nullement sexuelle, au sens physique, mais qu'elle est transcendantale : « L'attirance érotique n'est pas physique [chez Platon], elle est

11. *Idem*, p. 38.

12. Halperin D.-M., *Amour et ironie, six remarques sur l'éros platonicien*, Paris, Cahiers de l'Unebévue, 2005.

métaphysique : elle se porte sur un objet qui reste insaisissable [13]. » L'auteur suit de toute évidence Lacan, mais sans le nommer : « Les ironies de l'amour sont nombreuses. Mais elles se ramènent toutes à un seul paradoxe : l'objet de l'amour n'est pas ce que tu crois [...] Ce que tu cherches dans l'amour n'est pas ce que tu désires [...] Il n'y a pas d'objet particulier qui corresponde à ton amour [14]. » C'est ainsi que Halperin voit *Le Banquet* comme l'exemple de la transcendance de l'amour, ce qui lui fait dire que dans le rapport d'Alcibiade à Socrate il s'agit d'un « éros mal orienté ». Nous ne pouvons qu'être d'accord avec lui, à ceci près que la leçon consiste à dire qu'éros est toujours mal orienté. À tel point, que le pari de Lacan ce sera de dire que, dans la psychanalyse et par le transfert, pour une fois, éros pourrait être mieux orienté.

Reprenons la question des personnages et du thème ici discuté : quel genre de dieu est Éros ? Les premiers quatre personnages feraient, si l'on peut dire, fausse route : ils disent ce qu'Éros n'est pas vraiment. Autant dire qu'ils passent à côté du dévoilement qui se produira dans les dialogues des quatre derniers personnages. Si nous lisons un commentateur du *Banquet*, car il y en a beaucoup, comme G. Reale, nous apprenons ceci : on ne peut rien comprendre à ce qui se passe dans le dialogue si nous n'acceptons pas l'existence d'un jeu de masques entre les quatre principaux personnages (Agathon, Socrate, Diotime et Alcibiade). Plus précisément, il distingue deux moments essentiels à saisir : le premier est le jeu entrecroisé de masques qui se produit entre Socrate, Agathon et Diotime. En effet, après le discours d'Agathon, Socrate commence à l'interroger au sujet d'Éros et de sa supposée beauté. Si nous aimons ce qui nous manque et si Éros aime la beauté, donc Éros manque de beauté. De cette manière, Socrate oblige Agathon à reconnaître la contradiction de ses propres arguments. La phrase décisive est ainsi la suivante : « Je risque fort, Socrate, d'avoir parlé sans savoir ce que je disais » (201b), ce qui serait une espèce de « rectification subjective » après avoir été confronté par Socrate. Mais on ne pourra pas faire l'économie, d'une explication minimale à propos des « développements dialectiques » avancés par Socrate sur la question du manque : ce n'est pas rien que d'avancer qu'on aime ce dont on manque. C'est introduire rien moins que le manque lui-même dans le discours sur l'amour, en ouvrant ainsi, si l'on peut dire, la voie de l'inadéquation de la pulsion à son objet.

La plupart des commentateurs, comme c'est le cas de Reale [15], avancent l'explication suivante : puisqu'on était chez Agathon pour fêter le prix qu'il avait obtenu le jour précédent au concours d'auteurs tragiques, Socrate ne pouvait pas dire au poète célébré que ce qu'il soutenait sur l'amour n'était que banalités. La plupart des auteurs soutiennent l'idée que c'est pour cela que Platon

13. Halperin D.-M., *op. cit.*, p. 23.
14. *Idem*.
15. Mais aussi de Léon Robin, parmi d'autres.

fait répondre à Diotime à la place de Socrate – sauf Lacan. En effet, reprenons la question des masques et de ce premier moment de tension entre Socrate et Agathon, qui conduira, disions-nous, à cette sorte de « rectification subjective » chez le poète tragique : « Je risque fort, Socrate, d'avoir parlé sans savoir ce que je disais ». Selon Reale, les trois premiers personnages (Socrate, Agathon et Diotime) entretiennent un subtil jeu de masques qui se joue, en réalité, à deux personnages principaux : Socrate et Agathon. Bref : le questionnement que Socrate adresse à Agathon deviendra par la suite, vu que Socrate doit rester cordial avec ce dernier, la réponse donnée par Diotime à Socrate. Par exemple, Socrate semble naïf face à Diotime, mais il ne s'agit, en réalité, que de la naïveté d'Agathon envers Socrate.

Ce jeu entrecroisé pourrait s'écrire comme suit :

$$\frac{\text{Agathon}}{\text{Socrate}} : \frac{\text{Socrate}}{\text{Diotime}}$$

Ce qui veut dire: la naïveté d'Agathon face à Socrate correspond à la naïveté de Socrate face à Diotime; ou encore : Agathon est à Socrate ce que Socrate est à Diotime [16]. Reale écrit : « Socrate [...] rapporte au premier plan la confrontation dialectique, en faisant semblant d'être lui-même interpellé par Diotime, exactement de la même manière qu'Agathon a été réfuté par lui : "elle me réfutait exactement par ces arguments qui m'ont servi à moi pour réfuter Agathon" [17]. »

Il est ici intéressant de voir en quoi Lacan n'est pas d'accord avec cette interprétation : il n'est pas sûr que Platon n'ait pas eu d'autre choix que d'introduire Diotime, femme et étrangère, pour répondre à Agathon. En effet, s'agissant de Platon, il aurait suffi de peu à Socrate pour se débrouiller avec son Agathon :

> « Une chose est là faite pour nous frapper. Ayant introduit ce que j'ai appelé tout à l'heure le coin de la fonction du manque comme constitutive de la relation d'amour, Socrate parlant en son nom s'en tient là. Et c'est poser une question juste que de se demander pourquoi il se substitue l'autorité de Diotime. Mais aussi cette question, c'est la résoudre à bien peu de frais que de dire que c'est pour ménager l'amour-propre d'Agathon. Si les choses sont comme on nous le dit, Platon n'aurait qu'à faire un tour tout à fait élémentaire de judo [...] puisque Agathon dit expressément – Je t'en prie, je ne savais pas ce que je disais, mon discours est ailleurs. Mais ce n'est pas tant Agathon qui est en difficulté, que Socrate lui-même [18]. »

La question est donc complexe, aussi pour Socrate : disons que son propre savoir touche à une limite et c'est lorsqu'il y a une limite au savoir cohérent

16. Comme nous l'avons dit, L. Robin soutient la même hypothèse, cf. *Le Banquet*, « Notice », p. XXV-XXVI.
17. Reale G., *op. cit.*, p. 156 (notre traduction).
18. « Le Transfert », *op. cit.*, p. 142.

(*épistémê*), qu'on passe la main à Diotime et qu'apparaît le mythe de la naissance d'Éros comme seule réponse aux élucubrations des différents personnages sur le dieu de l'Amour.

Est-ce que pour parler de l'amour il faut laisser la parole à une femme, qui plus est, une étrangère ? Ce qui importe, ne l'escamotons pas, est « le point sur lequel a porté sa question [celle de Socrate] [19] ». La clé se trouve en effet dans le déplacement que produit Socrate lorsqu'il accentue, non la place de l'aimé (*éromenos*), mais celle de l'aimant (*erastes*). De cette manière, c'est bel et bien l'aimant qui peut témoigner du manque dans l'amour, et nullement l'aimé. Lacan ponctue le changement qui se produit dans le texte, où Socrate passe de l'amour au désir, lorsqu'il dialogue avec Agathon [20]. Bien évidemment, il ne s'agit pas de faire valoir l'existence d'une distinction lacanienne (par exemple, celle de la demande et du désir) dans le texte platonicien. Il s'agit de pointer le fait que l'accent se déplace et passe de l'amour, qui concerne surtout l'aimé, au désir, qui implique notamment la position de l'aimant (*érastes*). Cette introduction, « un peu rapide » selon Lacan, faite par Socrate lorsqu'il évoque le désir à la place de l'amour, est possible grâce à la méthode socratique, méthode que l'on pourrait appelait avec Lacan « du signifiant » (il s'agit, naturellement, de la dialectique socratique). Socrate procède par couples d'opposition, différence et négativité, à la manière de Saussure : un terme ne vaut pas en lui-même, mais en fonction du rapport avec les autres. Lisons le style même de cette partie du dialogue entre Agathon et Socrate : [199c – 200a].

> « Je trouve, mon cher Agathon, que tu es fort bien entré en matière en disant qu'il faut montrer d'abord quelle est la nature de l'Amour, et ensuite quels sont ses effets. J'aime tout à fait ce début. Voyons donc, après tout ce que tu as dit de beau et de magnifique sur la nature de l'Amour, dis-moi encore : l'Amour est-il l'amour de quelque chose, ou de rien ? Et je ne te demande pas s'il est fils d'un père ou d'une mère, car la question serait ridicule. Mais si, par exemple, à propos d'un père, je te demandais s'il est ou non père de quelqu'un, ta réponse, pour être juste, devrait être qu'il est père d'un fils ou d'une fille : n'en conviens-tu pas ? – Oui, sans doute, dit Agathon. – Et il en serait de même d'une mère ? – Agathon en convint encore. – Souffre donc, ajouta Socrate, que je te fasse encore quelques questions pour te mieux découvrir ma pensée : Un frère, par cette qualité même, est-il frère de quelqu'un ou ne l'est-il pas ? – Il l'est de quelqu'un, répondit Agathon. – D'un frère ou d'une sœur. – Il en convint. – Tâche donc, reprit Socrate, de nous montrer si l'Amour n'est l'amour de rien, ou s'il l'est de quelque chose. – De quelque chose, assurément. – Retiens bien ce que tu avances là, et souviens-toi de quoi l'Amour est amour ; mais, avant d'aller plus loin, dis-moi si l'Amour *désire* la chose dont il est amour. – Oui, certes. – Mais, reprit Socrate, est-il possesseur de la chose qu'il désire et qu'il aime, ou bien ne la possède-t-il pas ? – Vraisemblablement,

19. *Idem*, p. 143.
20. En effet, on passe du mot « βουλομαι », vouloir, souhaiter, au mot « επτνμια » désirer [200a].

reprit Agathon, il ne la possède pas. – Vraisemblablement? vois plutôt s'il ne faut pas nécessairement que celui qui désire manque de la chose qu'il désire, ou bien qu'il ne la désire pas s'il n'en manque pas. Quant à moi, Agathon, il est étonnant combien je trouve cette conséquence-là nécessaire. Et toi ? – Moi de même. – Fort bien; ainsi celui qui est grand désirerait-il être grand, et celui qui est fort être fort ? – Cela est impossible, d'après ce dont nous sommes convenus. – Car on ne saurait manquer de ce qu'on possède. – Tu as raison. – Si celui qui est fort, reprit Socrate, désirait être fort; celui qui est agile, agile; celui qui est bien portant, bien portant;... peut-être quelqu'un pourrait-il s'imaginer, dans ce cas et d'autres semblables, que ceux qui sont forts, agiles et bien portants, et qui possèdent ces avantages, désirent encore ce qu'ils possèdent. C'est pour que nous ne tombions pas dans une pareille illusion que j'insiste là-dessus. Si tu veux y réfléchir, Agathon, tu verras que ce que ces gens possèdent, ils le possèdent nécessairement, bon gré mal gré ; comment donc le désireraient-ils ? Et si quelqu'un me disait : Riche et bien portant, je désire la richesse et la santé ; par conséquent je désire ce que je possède, nous pourrions lui répondre : Tu possèdes la richesse, la santé et la force; et c'est pour l'avenir que tu désires les posséder, puisque tu les possèdes présentement, que tu le veuilles ou ne le veuilles pas. Vois donc si, lorsque tu dis : Je désire une chose que j'ai présentement, cela ne signifie pas : Je désire posséder encore à l'avenir ce que j'ai en ce moment ? N'en conviendrait-il pas ? – Il en conviendrait, répondit Agathon. »

Nous apprécions le style « dialectique », le mouvement de bascule entre un terme et les autres : ce n'est d'ailleurs pas un hasard si c'est dans cette partie du dialogue que Socrate introduit le mot « désir » à la place du mot amour. Cela n'est pas sans rapport avec le fait qu'un terme « fonctionne » par rapport à un autre. En effet, ce n'est pas tellement le mot « père » qui est important (l'objet « aimé »), mais le fait que cela suppose un « aimant », un fils, en l'occurrence. Socrate, avec sa dialectique, produit un « décentrement » entre les énoncés et la « position » de celui qui les énonce (soit l'énonciation). Remarquons d'ailleurs la solidarité qu'il y a entre ce « procédé » et la lecture faite par Lacan en 1953 du cas Dora de Freud, que nous avons déjà commenté.

Nous voyons aussi comment cette dialectique ne saurait se limiter uniquement à une série d'énoncés, car la méthode à ses limites : « S'il passe la parole à Diotime, pourquoi ne serait-ce pas parce que, concernant l'amour, les choses ne sauraient aller plus loin avec la méthode proprement socratique [21] ? » L'idée de Lacan est qu'il y a bel et bien une limite à la loi du signifiant [22], ce qui oblige à passer la parole à Diotime, qui nous parlera du « mythe » là où *l'épistémê*, le signifiant, fait défaut.

Comme nous l'avons déjà remarqué en faisant référence au livre de Reale, Diotime vient parler « à la place » de Socrate dans l'équivalence suivante :

21. « Le Transfert », *op. cit.*, p. 144.
22. *Idem*, p. 147.

$$\frac{\text{Agathon}}{\text{Socrate}} : \frac{\text{Socrate}}{\text{Diotime}}$$

Mais grâce à Lacan, nous comprenons que cette hypothèse n'épuise nullement la question et que c'est Socrate lui-même qui est en panne dans cette affaire. Il n'empêche qu'il y a bel et bien une continuité dans le dialogue entre le discours de Socrate et celui de Diotime et que, comme le signalent les différents commentateurs, Socrate fait le naïf face à la magicienne. C'est la raison pour laquelle Lacan a bien fait de soulever le fait que Diotime reprend le dialogue là où la méthode de Socrate arrivait à sa limite, la méthode signifiante, car Diotime interpelle Socrate en lui demandant « T'imagines-tu que, quand une chose n'est pas belle, elle doive forcément être laide [23] ? » On voit comment, ce que Lacan appelle « l'univers du discours » trouve sa limite : dans ledit univers, ce qui n'est pas beau est laid, de même que l'ignorance s'oppose à la sagesse et la richesse à la pauvreté. Diotime, et non Socrate, introduit une exception à cette règle : il peut exister « un intermédiaire » entre les deux termes opposés, et c'est ainsi qu'elle relate le mythe de la naissance d'Éros lequel, selon Lacan, n'existe que chez Platon [24].

LE MYTHE AU FÉMININ

Mattéi, dans l'ouvrage sur Platon ici cité, indique d'emblée ce dont il est question avec l'entrée en scène de Diotime : « Quelle que soit la séduction du mythe orphique d'Aristophane, que bien des lecteurs retiendront de préférence au discours de Diotime, la thèse de l'unité originelle perdue ne révèle pas l'enseignement essentiel de Platon [25]. » En effet, la théorie de l'amour défendue par Platon est à l'opposé de la « stérilité » du mythe raconté par Aristophane, qui réduit l'amour à une simple question spéculaire : « La stérilité de cette conception spéculaire d'êtres sphériques absorbés dans leur propre image, est soulignée par Diotime qui montre par contraste de quelle façon l'amour véritable donne un sens à l'existence mortelle [26]. » Lacan affirme bien, comme les autres commentateurs, qu'il y a une continuité entre le discours de Diotime et celui de Socrate, au point même que Socrate dit utiliser les mêmes arguments avec Agathon que Diotime avait utilisé jadis avec lui-même ; mais à la différence des autres, il avance qu'il y a une rupture entre ces deux discours à partir du moment

23. Platon, « Le Banquet », in *Œuvres Complètes*, La Pléiade, trad. L. Robin, Paris, Gallimard, 1950, p. 734.
24. En effet, comme le souligne Mattéi, il y a des auteurs qui évoquent avant Platon la figure d'Éros, depuis Hésiode jusqu'à Aristophane, mais aucun ne parle de la naissance d'Éros dans les mêmes termes que dans *le Banquet*, Mattéi J.-F., *op. cit.*, p. 283-285.
25. Mattéi J.-F., *op. cit.*, p. 288.
26. *Idem*, p. 290.

où Socrate fait appel à une femme pour lui faire dire ce que c'est que l'amour. Mattéi, comme Lacan, soulève ce point essentiel : Platon introduit une femme dans un dialogue où on traite de l'amour, pour l'essentiel homosexuel, comme nous le constatons en suivant les premiers orateurs. En effet, non seulement Socrate critique ces orateurs, ce que personne n'avait osé faire, mais de plus il fait venir une femme étrangère et magicienne ! C'est d'autant plus étonnant qu'un des premiers gestes avant de commencer le dialogue avait été de congédier les femmes : « Alors, puisque, dit Eryximaque, il est entendu de ne boire qu'autant qu'il plaira à chacun, mais sans rien d'imposé, j'introduis une motion additionnelle : c'est de donner congé à la joueuse de flûte, qui tout à l'heure est entrée ici, et de l'envoyer jouer de la flûte pour elle-même, ou, si elle veut, pour les femmes de la maison [176e] [27]. » Mais ce n'est pas tout : il y a encore une autre femme qui sera introduite dans le récit, comme le signalent Lacan [28] et Mattéi [29]. Le mythe de la naissance d'Éros est le suivant : lors des fêtes de la naissance d'Aphrodite, le dieu Poros, que l'on peut traduire par Ressource, s'endort, ivre. Penia, qu'on peut traduire par la Pauvreté, une mortelle, qui n'était pas invitée à la fête, profite de cette situation pour se faire engrosser par lui. De cette union naît Éros.

Il y a bel et bien un parallèle entre Diotime, qui n'était pas conviée au banquet d'Agathon et Pénia, qui n'était pas non plus invitée à la fête des dieux : « Or, quand ils eurent dîné, comme ils avaient fait bombance, survient Pauvreté [Pénia] dans le dessein de mendier, et elle se tenait contre la porte [202b] [30]. » Les femmes n'ont droit de cité ni chez les dieux, ni chez les hommes. Le parallèle entre Diotime et Pénia s'arrête là, mais on comprend encore mieux pourquoi Lacan ne considère pas l'intervention de Diotime comme un simple procédé stylistique de Platon : les femmes viennent gâcher la fête, dans le cas de Pénia en tant que demandeuse, le « manque » personnifié, dans celui de Diotime, en tant que celle qui sait, donc celle qui « a » quelque chose.

Dans le mythe raconté par Diotime, on voit bien qu'Éros est le produit de l'union du « manque » et de la « ressource », d'un immortel et d'une mortelle. C'est ce qui fait dire à Diotime qu'Éros est un intermédiaire (μεταξυ). Lacan souligne encore autre chose : la femme ainsi introduite dans l'histoire est « pauvre » et personnifie le « manque », mais dans le même temps, c'est parce qu'elle manque de tout qu'elle désire. On comprend mieux la fameuse expression de Lacan selon laquelle « aimer c'est donner ce que l'on n'a pas [31] », qui a d'ailleurs son antécédent historique dans une partie du dialogue ici commenté

27. *Le Banquet, op. cit.*, p. 699.
28. « Le Transfert », *op. cit.*, p. 149.
29. Mattéi J.-F., *op. cit.*, p. 294.
30. *Le Banquet, op. cit.*, p. 736.
31. Lacan J., *Le séminaire, livre IV*, « La Relation d'objet », Paris, Le Seuil, 1994.

(« car on ne peut donner ce qu'on n'a pas [32] »). Mais c'est aussi elle, dans le mythe, qui a le rôle actif. Lacan précise à ce propos : « Voilà donc les choses dites clairement – c'est le masculin qui est désirable, c'est le féminin qui est actif [33]. » Ceci est important, car d'habitude on situe les choses inversement : c'est d'ailleurs Freud qui a le plus mis en rapport la libido avec la masculinité et l'activité et la féminité avec la passivité. Cette question n'est pas sans rapport avec le transfert. Éros est un intermédiaire, selon Diotime. Il est entre la pauvreté et la ressource, mais aussi entre l'épistémê, soit l'ordre signifiant sous-jacent à la dialectique et la doxa « à savoir qu'il y a des discours, des comportements, des opinions [...] qui sont vrais sans que le sujet puisse le savoir [34] », soit encore l'idée reçue, le sens commun.

Lacan relève qu'il y a entre deux perspectives paradoxales quant au savoir et à l'amour, deux positions qui sont manifestes dans le dialogue : d'une part, celle, déjà soulignée, de Socrate qui ne sait rien sauf sur les choses de l'amour et, d'autre part, le point de vue de Diotime qui, ne se plaçant pas dans la recherche du savoir socratique tel que l'épistémê, en sait beaucoup sur ce dont il s'agit dans l'amour. Lacan insiste sur l'aspect du non-savoir impliqué dans l'amour : Socrate trouve une limite à son savoir, il doit faire parler Diotime, dans une vraie mise entre parenthèses de sa dialectique habituelle. Lacan précise : « Socrate ne peut ici se poser dans son savoir qu'à montrer que de l'amour, il n'est de discours que du point où il ne savait pas. Là est le ressort de ce qui signifie le choix par Socrate, à ce moment précis, de ce mode d'enseigner [35]. » Lacan met l'accent sur le « il ne savait pas » qui caractérise ici Socrate, car qu'est-ce que Diotime dit de nouveau sur l'amour ? Il est intéressant de voir comment Lacan explicite le changement produit par le discours de Diotime lorsqu'elle passe du récit du mythe de la naissance d'Éros, fils du manque et de la ressource, à un autre registre. En effet, l'amour, compris comme l'amour du beau (car c'est de cela dont il a été question tout au long des discours qui ont précédé celui de Diotime) n'a pas de rapport avec la possession, mais avec la mort, le fait que nous sommes des êtres mortels. Le beau est ce qui « aide » l'être mortel à « passer les caps difficiles » de son être pour la mort – de son être pour le sexe. Lacan le dit dans ces mots : « Tout le discours de Diotime articule la fonction de la beauté comme étant d'abord une illusion, un mirage fondamental, par quoi l'être périssable et fragile est soutenu dans sa quête de la pérennité, qui est son aspiration essentielle [36]. »

32. Selon la traduction de Jaccottet P., *Le Banquet*, Paris, Librairie Générale Française, 1991, p. 78. Nous nous permettons de signaler une erreur dans l'édition du séminaire « Le Transfert » (*op. cit.*, p. 150), car on lit que c'est dans l'indice « 202a » qu'on peut lire cette formule, alors que c'est dans « 196e » qu'on la retrouve.

33. « Le Transfert », *op. cit.*, p. 150.

34. *Idem*.

35. *Idem*, p. 161.

36. *Idem*, p. 155.

Bref : l'idée introduite ici par Lacan est celle d'un passage de la notion de l'amour comme possession du beau (comme « avoir ») à la notion de l'amour liée à l'être du sujet, à savoir le beau comme un « mirage » à la place d'une sorte de castration fondamentale de l'être parlant. On passe ainsi de la version « Poros et Pénia » de l'amour, avec cette notion du « démon intermédiaire » entre l'avoir et le manque, à la version de l'amour comme recherche manquée du beau, liée à l'être du sujet. Par ailleurs, les lecteurs de Lacan savent que cette question du beau et de l'être fut le thème central de son séminaire de l'année précédente [37]. Concernant ce passage de l'avoir à l'être, Lacan a une phrase étonnante qui décrit, à notre sens, le changement *mutatif* fondamental dont témoigne *le Banquet* ainsi que la pratique analytique : l'aimé peut devenir aimant, mais surtout lorsqu'il rencontre un aimant qui devient lui-même désirable. Bref : Alcibiade (l'aimé) dénonce le fait que Socrate (l'aimant) se fait « aimer », désirer, devenant l'aimé. Voici la phrase en question : « Plus il désire, plus il devient lui-même désirable [38]. »

M.-C. Galpérine, soulève qu'il y a bel et bien rupture dans le dialogue, lorsque c'est Diotime qui prend la parole – là, elle suit Lacan quant au caractère non arbitraire de l'entrée en scène de ce personnage féminin : selon Galpérine il y a un « tournant » décisif ou, « du moins une perspective radicalement nouvelle [39] ». Nous ne sommes plus dans la dialectique socratique, mais nous sommes face à une parole « magistrale ». Nous avons vu que Lacan insiste sur le fait qu'il ne s'agit plus d'épistémê, mais du mythe, d'une parole différente. Le centre gravitationnel se trouve selon Galpérine, dans la déclaration de Diotime selon laquelle le but de l'amour c'est l'enfantement [40]. Le commentaire de Galpérine rejoint celui de Lacan en ceci : elle constate que, dans le dialogue, l'objet de l'amour bascule de l'avoir à l'être : « Quel est cet amour dont nous parle maintenant Diotime ? Est-ce bien le même Amour ? Il ne cherche pas à posséder, à faire sien, à dévorer son objet. Il ne meurt pas dans la jouissance du bien enfin possédé. Au contraire il s'épanouit et s'accomplit dans l'acte par lequel il fait être ce qui auparavant n'était pas [41]. »

Récapitulons : d'une part, nous avons évoqué l'amour conçu dans les termes très connus de l'aimé et l'aimant, il s'agit de l'amour comme un mirage réciproque à la place d'une asymétrie totale, où celui qui aime croit trouver chez l'aimant ce qu'il n'a pas; d'autre part, Lacan souligne dans sa lecture très originale du *Banquet*, le passage de l'avoir (l'aimé a ce que l'aimant n'a pas) à l'être du sujet, châtré par le signifiant.

37. Lacan J., *Le séminaire , livre VII*, « L'Éthique de la psychanalyse », Paris, Le Seuil, 1986.
38. « Le Transfert », *op. cit.*, p. 158.
39. Galpérine M.-C., *Lecture du Banquet*, Paris, Verdier, 1996, p. 25.
40. « L'objet de l'Amour en effet, Socrate, ce n'est pas le beau, comme tu te l'imagines… – Mais qu'est-ce alors ? – C'est de procréer et d'enfanter dans le beau – Allons donc ! »
41. *Lecture du Banquet*, *op. cit.*, p. 27.

La phrase paradoxale indiquée plus haut (« Plus il désire, plus il devient lui-même désirable ») ne peut, dans ce contexte, que signifier ceci : plus le sujet reconnaît qu'il est désirant (donc, divisé), plus il se situe comme désirant autre chose que le beau – celui-ci n'étant qu'un mirage qui bouchonne son manque à être. C'est ainsi que nous pouvons suivre l'opération faite par Lacan dans sa lecture du *Banquet* :

> « Sans doute le pas que nous avons fait marque-t-il assez que le terme de la visée n'est plus au niveau de l'avoir, mais au niveau de l'être, et aussi bien que, dans ce progrès, dans cette ascèse, *il s'agit d'une transformation*, d'un devenir du sujet, d'une identification dernière avec ce suprême aimable. Pour tout dire, plus le sujet porte loin sa visée, plus il est en droit de s'aimer, si l'on peut dire, dans son moi idéal. Plus il désire, plus il devient lui-même désirable [42]. »

L'identification dernière avec ce suprême aimable place, nous semble-t-il, l'objet du désir au-delà de l'objet d'amour, ce qui montre bien qu'il ne s'agit pas d'« avoir » celui-ci. Ce serait peut-être une formule différente de celle évoquée auparavant, car il ne s'agit pas de l'aimé qui se transforme en devenant « aimant », mais bien plutôt de l'aimant identifié, en quelque sorte, à son propre manque. C'est ainsi que J.-A. Miller [43] lit la phrase « plus il désire, plus il devient désirable » : ce serait le « secret de Socrate », son ascèse, il ne veut pas être l'aimé, il refuse le beau. Son désir de savoir va bien au-delà du bien identifiable au beau. Nous y reviendrons.

Alcibiade

Nous abordons maintenant ce que certains commentateurs appellent la « troisième partie » du dialogue : il s'agit de l'entrée en scène d'Alcibiade. En effet, avec l'entrée d'Alcibiade il y a une espèce de mise en acte de ce qui avait été dit sur l'amour. On met un peu de chair dans la chose. Tout d'abord, Alcibiade arrive ivre au banquet, il vient pour célébrer la victoire d'Agathon, obtenue la veille. Il est alcoolisé et passablement désinhibé. Il se couche à côté d'Agathon, mais sans savoir qu'en faisant de la sorte, il se couchait entre Agathon et Socrate, qui se trouvait déjà là. Tous ces personnages ont une attitude physique proche de celle de l'analyse : ils sont tous couchés, ce qui inhibe le corps et laisse place à la parole [44]. Alcibiade donc se place entre Agathon et Socrate, ce qui est important, car le thème du *Banquet* c'est Éros, non un dieu mais un démon intermédiaire, au milieu des opposés. Ainsi, remarque Lacan, Alcibiade se place « au point où nous en sommes », c'est-à-dire « au milieu du débat entre celui

42. *Ibid.* (nous soulignons).
43. Miller J.-A., « Les deux métaphores de l'amour », *Revue de l'École de la Cause freudienne, Actes*, n° 18, juin 1991, p. 219.
44. Selon une idée d'Éric Laurent.

qui sait et, sachant, montre qu'il doit parler sans savoir [Socrate] et celui qui, ne sachant pas, a parlé sans doute comme un sansonnet [Agathon] [45] ».

Dans un premier temps, Alcibiade dénonce Socrate, accentuant le dernier point par nous évoquer, soit l'ascèse du sujet à travers laquelle, identifié avec ce suprême aimable, le sujet Socrate aime au-delà de l'image des biens en général. Selon Alcibiade, Socrate a même du mépris pour les beaux garçons. Mais Alcibiade accuse Socrate de faire le naïf, notamment lorsqu'il interroge, il fait semblant ! Lacan attire l'attention sur la partie du dialogue où Alcibiade parle des « merveilles », des « agalmata » qu'il y a derrière l'aspect de « silène » de Socrate. Ce qui semble important est cette déclaration d'Alcibiade : à cause de cela (l'agalma), on tombe sous le charme de Socrate, à tel point que nous n'avons qu'à « faire tout ce que pouvait ordonner Socrate [...] tout ce qu'il plaît à Socrate de commander [46] ». C'est par rapport à cette emprise de Socrate sur les autres que Lacan évoque son fameux « che vuoi ? », emprunté à l'écrivain Jacques Cazotte. Autrement dit, d'une part, Socrate fait croire que c'est le beau garçon qu'il désire (Alcibiade) mais, d'autre part, nous allons le voir, il a du mépris pour la beauté d'Alcibiade. Il est en tous cas capable de refuser cet amour des beaux garçons – point pivot autour duquel tourne cette dernière partie du dialogue.

EPAÏNOS ET ENKÔMION

Lacan précise un changement, très évident, qui a lieu dans le dialogue justement au moment où Alcibiade entre en scène :

> « Je vous ai dit à partir de l'entrée d'Alcibiade, ce n'est plus de l'amour qu'il va être question de faire l'éloge, mais d'un autre, désigné dans l'ordre. L'important du changement est ceci – il va être question de faire l'éloge, *épaïnos*, de l'autre, et c'est précisément en cela, quant au dialogue, que réside le passage de la métaphore. L'éloge de l'autre se substitue non pas à l'éloge de l'amour, mais à l'amour lui-même, et ce, d'entrée de jeu [47]. »

Il y a une différence entre *épaïnos* et *encômion*, à laquelle Lacan fait référence dans son séminaire. Il ne s'agira plus de faire l'éloge des qualités de la chose, mais de sa propre nature. Cette distinction évoquée par Lacan, on la trouve déjà dans la Notice du *Banquet*, de Léon Robin, sous le sous-titre « qu'est-ce qu'un éloge ? » : « Deux mots grecs expriment cette idée de l'éloge : *épaïnos* et *encômion*. Dans *Le Banquet* les deux termes sont parfois employés indifféremment, mais le second semble avoir été réservé par l'usage à ce dont il s'agit

45. « Le Transfert », *op. cit.*, p. 163. L. Robin écrit à ce propos : « "l'ironie", admiration simulée à l'égard de ceux qui croient savoir et réellement ne savent pas », *op. cit.*, p. cv.
46. *Idem*, p. 171.
47. *Idem*, p. 183-184.

en l'espèce, à l'acte d'honorer une divinité, et de ce fait il prédomine ici [48]. » Il propose même le mot français « panégyrique », évoqué aussi par Lacan [49]. *Encômion*, c'était généralement un chant exécuté dans un banquet, le sens de l'éloge est un sens secondaire. Aristote établit une différence entre épaïnos et *encômion* dans sa *Rhétorique* : dans *épaïnos* il s'agit d'évoquer la nature d'un objet (l'amour, par exemple), tandis que dans *encômion* il est question de ses qualités : pour Robin, lorsque Agathon fait l'éloge de l'Amour, il s'agit de l'*épaïnos*. Par contre, ceux qui ont parlé avant lui, « se sont en effet contentés [...] de célébrer les bienfaits de l'Amour, autrement dit les manifestations extérieures de sa nature ; ils ont négligé leur liaison avec cette nature elle-même [50] », ils étaient dans l'*encômion*. Alcibiade, quant à lui, fera l'*épaïnos* de Socrate. À ce propos, Léo Strauss distingue dans *Le Banquet* deux types différents de « discours » parmi les six principaux, un qui loue les « qualités extérieures » d'Éros, tandis que l'autre loue Éros en tant que tel : nous rejoignons ici une distinction proche de celle qui différencie *épaïnos* et encômion [51].

Lisons le court échange de paroles entre Eryximaque et Alcibiade à ce sujet :

> « Avant ton arrivée, nous avons décidé que, en allant vers la droite, chacun de nous à son rang prononcerait un discours sur Amour, le plus beau qu'il pourrait et qu'il en célébrerait les louanges. Or, nous autres, nous avons tous parlé. Quant à toi, puisque tu n'as pas parlé et que tu as fini de boire, il est juste que tu parles et, quand tu auras parlé, que tu prescrives à Socrate ce que tu pourras bien vouloir », etc.

Pourtant, Alcibiade dit tout de suite, après la protestation de Socrate, qu'en présence de ce dernier, il ne pourra que faire son éloge (c'est-à-dire non plus l'éloge de l'Amour, mais de Socrate).

Par ailleurs, Lacan attire notre attention, sur le fait que la première réaction de Socrate est une sorte de « panique ». Lacan traduit cette panique par cette phrase : « Tais-toi, est-ce que tu ne tiendras pas ta langue? » (214d). Mais Socrate accepte finalement qu'Alcibiade le « démasque ».

LE MOT « AGALMA »

Lacan dit avoir aperçu le mot « agalma », pour la première fois, dans une pièce d'Euripide : *Hécube* [52]. La racine du mot, selon Lacan, traduirait des

48. Robin L., *Le Banquet*, « Notice », p. XXXI.
49. « Le Transfert », *op. cit.*, p. 184.
50. Robin L., *op. cit.*, p. XXXII.
51. Strauss L., *Sur* Le Banquet, *la philosophie politique de Platon*, Paris, éditions de l'éclat, 2006, p. 68.
52. Euripide, *Hécube*, Paris, Les Belles Lettres, 2002. En effet, dans « 460 », selon la nomenclature internationale, on parle d'un « palmier », qui serait un « ornement du divin accou-

sentiments qui ne sont pas étrangers à un analysant vis-à-vis de son analyste : « j'admire », « je porte envie, je suis jaloux de », « être indigné [53] ». Il est certain que ces propositions traduisent bien les sentiments d'Alcibiade par rapport à Socrate. Par ailleurs, Lacan rapproche ce mot du mot « brillance », mais aussi du mot « éclat ». Il va même encore plus loin, en mettant en rapport cet objet « agalma » avec l'objet partiel, car c'est ainsi qu'on peut mieux comprendre le rapport entre l'objet du désir comme étant « partiel », c'est-à-dire « non totalisant ». Bref : aucun objet n'est « total », tout objet du désir est « partiel » – autant dire qu'il n'est pas la « cause du désir ». Et Lacan d'ajouter : « Si cet objet vous passionne, c'est parce que là-dedans, caché en lui, il y a l'objet du désir, *agalma* [54]. » On peut entrevoir l'importance que revêt cette notion lorsqu'il s'agit du transfert : l'objet auquel nous nous adressons ne saurait se confondre avec ce qui « cause » ce transfert. L'aspect, comme le souligne Lacan, presque automatique du transfert, le registre répétitif où il s'insère, n'épuise pas la cause du transfert, liée à la pulsion. Il va falloir que Lacan dégage la notion d'objet « a », comme étant bien différent de l'agalma dont il est ici question, pour qu'il puisse séparer transfert et répétition. Pour l'instant, gardons en mémoire ceci : l'autre auquel nous adressons la demande (d'amour, par exemple) n'est pas l'objet « cause » de cette demande. Cet aspect est fondamental lorsqu'il s'agit de comprendre la position de Socrate vis-à-vis des autres, notamment d'Alcibiade : Socrate refuse les « biens en général », ce qui pousse son interlocuteur à poser des questions de ce genre « Y a-t-il un désir qui soit vraiment ta volonté ? », ce qui sera traduit par Lacan par son fameux « Che vuoi [55] ? »

ENTRE SOCRATE ET ALCIBIADE

Au commencement, nous avons traité de ce que Lacan appelle « la métaphore de l'amour », à savoir que là où il y avait l'aimé, maintenant nous avons un aimant. L'aimé devient l'aimant. Pourquoi Lacan parle-t-il de « métaphore » ? Parce qu'il y a substitution de l'un par l'autre. Mais il faut savoir que cette substitution indique surtout une mutation, un changement assez radical de position subjective, car l'aimé qui « avait tout » pour être aimable, se déclare tout à coup comme aimant, désirant, manquant de quelque chose. Tout ce que Lacan élabore sur le passage de l'avoir à l'être est en rapport avec ledit changement, ladite « mutation ». Parler de « métaphore de l'amour » implique aussi un sacrifice : non seulement le sujet n'« a » plus ce qu'il avait mais, de plus, ce

chement » (διυοξ αγαλμα Αιαζ) *op. cit.*, p. 38. Lacan signale aussi l'autre occurrence du mot dans l'épisode où Polyxène montre ses seins nus aux hommes d'Agamemnon (§ 560, *op. cit.*, p. 45).

53. « Le Transfert », *op. cit.*, p. 174.

54. *Idem*, p. 180.

55. *Idem*, p. 171.

qu'il « est » est amputé de l'objet du désir recherché. Mais que dire de plus au sujet de cette métaphore, de cette transformation qui affecte le sujet ? Comment s'explique ce changement ? Pourquoi celui qui est très à l'aise dans son « avoir » deviendrait-il, tout à coup, manquant de quelque chose, voire châtré ? Ce type de mutation n'est pas nouveau en psychanalyse, car Freud le décrivait déjà dans « Psychologie des masses et analyse du Moi », lorsqu'il décrit cette « troisième sorte d'identification », où l'objet qui était l'objet d'amour devient « objet d'identification ». L'objet d'amour est mis à la place de l'Idéal du Moi. Cette formule (« l'objet d'amour devient objet d'identification ») traverse tout le séminaire de Lacan sur « les formations de l'inconscient » : c'est parce qu'il y a une telle identification, due à une mutation qui s'est opérée, que l'enfant incorpore l'ordre symbolique et sort de l'Œdipe pourvu d'un « Idéal du Moi ». L'enfant, identifié au départ à l'objet qui manque à la mère (le phallus) accepte le sacrifice de ne plus occuper cette place, en échange d'une promesse : l'Idéal du Moi.

Alcibiade affirme être l'aimé de Socrate – ce que ce dernier ne nie pas. Par contre, Socrate refuse de se déclarer à Alcibiade comme étant son aimant, celui qui le désire (ce qui traduirait un manque chez Socrate). Comme le dit Lacan : Alcibiade demande un signe. Le pivot de cette partie du *Banquet* se trouve dans ce refus, ce qui produira une nouvelle inflexion dans le dialogue. J.-A. Miller explicite ce point de la manière suivante :

> « On peut dire que la lecture de Lacan, sur ce point précisément qu'il dégage de ce premier discours [donc la fameuse "métaphore de l'amour"] c'est ce sur quoi justement Alcibiade, à la fin du *Banquet* va buter, à savoir : pourquoi Socrate, son *érômenos*, Socrate qui est celui que lui, Alcibiade, aime, pourquoi se refuse-t-il à se manifester comme *erastes* à son égard, pourquoi se refuse-t-il à la métaphore de l'amour ? C'est de ce refus de Socrate à l'endroit de la métaphore de l'amour qui permet à Lacan de voir en lui une anticipation du psychanalyste [56]. »

On pourrait compléter cette idée en arguant que c'est aussi ce refus qui le constitue comme « agalma », comme objet désiré qui cache (et donc « a ») quelque chose, à partir du moment où il n'accepte pas de devenir effectivement l'aimé, parce qu'en acceptant (comme aimé) la demande d'amour d'Alcibiade il risquerait, du même coup, de devenir désirant. Comme l'indique J.-A. Miller, le séminaire sur le transfsert inverse la perspective habituelle : normalement, on ne supporterait pas de devenir aimant, de déclarer la flamme à l'autre, de se manifester comme désirant, maquant de quelque chose. Au contraire, dans le séminaire en question, est amorcée une autre éthique : ce serait une « chute » pour le sujet que de consentir à devenir l'aimé, d'être l'objet du désir de l'autre.

Au point où nous sommes arrivés, une question semble s'imposer : comment se fait-il que le résultat du refus de la métaphore de l'amour (être aimé et devenir

56. « Les Deux métaphores de l'amour », *op. cit.*, p. 217-218.

aimant) soit l'agalmatisation du personnage de Socrate ? Comment se fait-il qu'il gagne ainsi en prestige ? Socrate se manifeste auprès d'Alcibiade comme étant un désirant, mais nullement comme étant le désirant d'Alcibiade pris lui-même comme objet. C'est pour cette raison que J.-A. Miller stipule que c'est « à partir du manque à être [qu']on peut devenir aimé, *erômenos* », et le résultat est une sorte de « deuxième métaphore de l'amour [...] *exactement inverse* à la première [57] ». Dans cette perspective, on peut relire la phrase de Lacan « plus il désire, plus il devient désirable ». Socrate, non seulement est habité par un désir de savoir mais, de plus, c'est pour cela qu'il donne l'apparence de savoir (et d'avoir) ce dont l'autre manque : s'il sait ce dont l'autre manque, c'est comme s'il l'avait. Mais dans le texte, la situation est encore plus compliquée : Socrate refuse à être l'aimé d'Alcibiade, au point qu'il demande à Agathon de le défendre de la jalousie d'Alcibiade. Bref : il se dérobe lui-même comme objet possible de l'échange amoureux, et c'est pour cela qu'il pourra donner cette sorte d'interprétation à Alcibiade : ce n'est point moi qui tu aimes, mais Agathon. C'est grâce à cette manœuvre sur les dires d'Alcibiade que Socrate peut être considéré comme un antécédent historique du psychanalyste (ou, pour le dire à la manière de Borges, c'est la psychanalyse qui devient un antécédent historique de Socrate).

En se refusant, Socrate intrigue Alcibiade, mais qu'est-ce qu'il « a » vraiment ? Rien du tout : et c'est ce « rien » qui le constitue comme désirable. Mais attention : qu'il se manifeste en ne manifestant pas son désir (a – a'), c'est-à-dire dans la réciprocité la plus élémentaire de l'échange amoureux, ne veut pas dire qu'il se manifeste comme sujet désirant. Ce qui le constitue comme désirant, c'est qu'il désire autre chose que ce que Lacan appelle « les biens en général ».

J.-A. Miller insiste sur l'importance de la notion de « sujet supposé savoir » (SsS), forgée par Lacan [58], si nous voulons bien comprendre la fonction de l'agalma. Cet agalma c'est l'effet de la supposition d'un savoir à l'Autre (l'analyste, Socrate). *Le SsS passe essentiellement par une mise entre parenthèses de tout savoir manifeste et de tout désir représenté.* C'est là où Socrate (ou plutôt l'analyste) ne doit pas tomber dans la réciprocité : « Et nous dirons que c'est parce que Socrate sait, qu'il n'aime pas [59]. » Ici, aimer, c'est aimer l'autre spéculaire, destinataire même de l'oblativité.

Revenons au schéma déjà cité, le fameux « algorithme du transfert ».

$$\frac{S \dashrightarrow}{s\,(S1, S2, \ldots Sn)} \qquad Sq$$

57. « Les Deux métaphores de l'amour », *op. cit.*, p. 219 (nous soulignons).
58. Lacan J., *Le séminaire, livre XI*, *op. cit.*
59. « Le Transfert », *op. cit.*, p. 188.

Lacan soutient qu'il s'agit d'un agalma de savoir [60]. Mais ce savoir ne peut être qu'un pari : celui de l'hypothèse de l'inconscient, selon laquelle c'est le sujet (et non le « patient ») qui peut apporter un savoir sous la forme de représentations, de signifiants. Il s'agit dans une grande mesure de « savoir ignorer ce que l'on sait », ce qui est un paradoxe. L'agalma dont il est question est le contenu qui habite la personne de l'analyste, ce dont précisément il a été question lorsque nous avons traité de la fonction du « masque ». C'est ce masque aussi qui doit faire des analystes des sujets « avertis », des sujets qui « savent » et qui, précisément pour cela, « n'aiment pas » leur semblable :

> « Mais qui sait mieux que Socrate qu'il ne détient que la signification qu'il engendre à retenir ce rien, ce qui lui permet de renvoyer Alcibiade au destinataire présent de son discours, Agathon (comme par hasard) : ceci pour vous apprendre qu'à vous obséder de ce qui dans le discours du psychanalysant vous concerne, vous n'y êtes pas encore [61]. »

Il y a dans ce paragraphe plusieurs idées, mais la dernière vise les analystes en particulier : ce n'est pas dans la relation duelle (a – a') que le transfert ne trouvera ni son origine ni sa solution – ce sera toujours dans l'Autre. Mais il y a plus encore : nous apprenons que Socrate « sait » (« qui sait mieux que Socrate »), il sait « qu'il ne détient que la signification... » : là, le mot signification indique bien que l'effet de ce qu'il détient est « ailleurs », dans l'énonciation de celui qui est concerné parce que l'analyste détient, à savoir l'analysant. Socrate, comme l'analyste, ne détient que la signification « qu'il engendre à retenir ce rien », autrement dit le savoir qui de toute manière ne viendra pas de lui, qui doit venir de l'Autre, de l'autre scène qui est en train de se jouer au moment même où Alcibiade s'adresse à Socrate (ou l'analysant à l'analyste). La signification qu'il engendre à retenir ce rien, lequel rien traduit surtout le refus de Socrate de condescendre à la demande d'amour d'Alcibiade, c'est donc bel et bien un « rien du tout » !

Mais il y en a encore plus : « Mais est-ce là tout ? quand ici le psychanalysant est identique à l'αγαλμα, la merveille à nous éblouir, nous tiers, en Alcibiade [62]. » Reprenons « quand ici le psychanalysant est identique à l'αγαλμα », en effet : « ici » c'est lorsque nous, analystes, cherchons à apprendre ce qui « dans le discours de l'analysant » nous concerne, autrement dit, lorsque l'analysant se place (et que nous le laissons se placer) comme objet qui peut nous « éblouir », voire « nous hypnotiser », comme l'avance Lacan dans son séminaire sur « les

60. « C'est pour noter l'identité de l'algorithme ici précisé, avec ce qui est connoté dans *Le Banquet* comme αγαλμα », « Proposition du 9 octobre 1967 », in *Autres Écrits*, Paris, Le Seuil, p. 251.

61. *Idem*.

62. *Idem*.

Quatre concepts fondamentaux [63] ». L'analysant occuperait alors la place de l'agalma, « la merveille à nous éblouir, nous tiers, en Alcibiade », parce que c'est lui qui devient l'énigme à résoudre, c'est lui le sphinx, – alors que Lacan propose, au contraire, que ce soit l'analyste lui-même qui devienne une énigme pour l'analysant. Nous y reviendrons.

Ce qui est déjà dénoté dans ces paragraphes de la « Proposition du 9 octobre » c'est le passage d'une position à une autre : car l'idée que l'analysant soit à la place de la merveille, de l'énigme et que l'analyste devienne une sorte d'Alcibiade éblouie, ne va pas du tout. L'analysant, merveille, agalma, c'est cela la position à laquelle il est poussé au début d'une analyse. Il s'agira que la « métaphore de l'amour » se produise et qu'il devienne « désirant » (c'est-à-dire qu'il lui manque quelque chose – quelque chose d'autre que ce qu'il pense désirer). Car, lorsqu'il est à la place de la merveille « N'est-ce pas pour nous occasion d'y voir s'isoler le pur biais du sujet comme rapport libre au signifiant, celui dont s'isole le désir du savoir comme désir de l'Autre [64] ? » S'il se pose comme « merveille », c'est en raison de l'énigme qu'il est « pour lui-même » (et donc pour l'autre), – et c'est là l'occasion de pointer du doigt ce caractère « assujetti » de l'analysant à l'inconscient : c'est ainsi qu'on cherche la rencontre, en y apportant un signifiant « quelconque » susceptible de mettre en place un signifiant du transfert. C'est grâce à ce signifiant que le « dispositif » analytique peut s'installer, en supposant des signifiants dans l'inconscient. En conséquence de quoi, l'analyste gagnerait en prestige : agalma, supposé savoir sur l'inconscient, en isolant « le désir du savoir comme désir de l'Autre », car ce savoir est supposé à l'inconscient.

Si l'analysant n'est plus la merveille et qui c'est, par contre, l'analyste qui le dévient, c'est qu'il y a « métaphore de l'amour » : l'analysant était « aimable », aimé, et il devient désirant, aimant du savoir (supposé) de l'analyste.

Analyste		**Analysant**
érastes		*erômenos*
Aimant ↘	*« métaphore de l'amour »*	↙ Aimable
désiré ◁		▷ désirant

Non seulement l'analyste refuse l'échange amoureux, mais aussi il crée ce « désir d'autre chose » que l'image spéculaire, lié donc à l'hypothèse de l'inconscient – désir que Lacan appelle « désir de l'analyste » et qui a comme effet un agalma de savoir. Ce que l'on déduit de la lecture du *Banquet* est que le savoir

63. « Les Quatre concepts », *op. cit.*, p. 209.
64. « Proposition du 9 octobre 1967 », *op. cit.*, p. 251.

(de Socrate, de l'analyste), ce savoir créé par le refus des « biens en général », implique un « avoir », un objet qu'on appelle « objet a » :

$$\frac{\text{SsS}}{\text{(a)}}$$

Pourquoi un « objet » ? N'oublions pas qu'Alcibiade insiste en demandant à Socrate de se prononcer à son égard sur le point précis et unique de l'amour, soit de l'agalma, de l'hypnose amoureuse. Et c'est justement sur ce point que Socrate ne le suit pas. Socrate refuse de se placer, de répondre là où Alcibiade veut qu'il soit : il refuse de combler avec son image la place du désir inconscient en tant que désir foncièrement insatisfait.

Comme le signale Lacan, le « miracle de l'amour » est déjà accompli chez Alcibiade, lui, l'aimé, est déjà devenu aimant, désirant [65]. Lacan précise même que le désir d'Alcibiade est plus que décidé : il ne craint pas le risque éventuel de se faire traiter de femme – qui à la différence de l'homme, est plus à même d'avoir un désir décidé.

Selon J.-A. Miller, il y a donc lieu de considérer deux métaphores de l'amour, de nature très différente. La première, nous l'avons déjà dit, implique le passage de l'aimé à l'aimant :

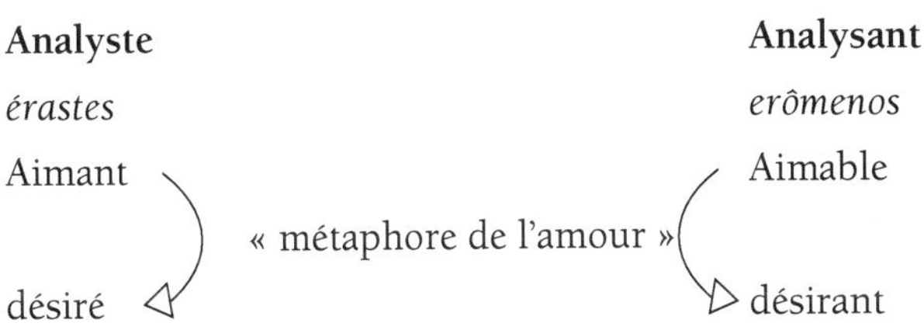

Mais il y aurait encore une deuxième « métaphore de l'amour ». Ce que l'on déduit de la lecture du *Banquet*, est que Socrate est identifié au désir d'autre chose. C'est en raison de cet autre désir que Lacan identifiera Socrate comme étant un hystérique. Socrate, le désirant, devient le désiré, l'aimé. Là, l'*erastes*, devient l'*érômenos*. À partir du manque à être du sujet (Socrate, l'*érastes*), se forme quelque chose qui peut faire de lui un *érômenos*, « c'est-à-dire une métaphore exactement inverse à la première [66] ». Mais c'est cela aussi qui permet à Socrate d'aller plus loin : il se refuse à être aussi l'*érôménos*, le désirable. Il se refuserait ainsi à la « deuxième métaphore de l'amour », il se place comme analyste, mais ce serait sa névrose, il le fait inconsciemment : « Ce serait la métaphore de l'amour, en tant que Socrate s'admettrait comme aimée, et je

65. « Le Transfert », *op. cit.*, p. 192.
66. « Les Deux métaphores de l'amour », *op. cit.*, p. 219.

dirais plus, s'admettrait comme aimé, inconsciemment [67]. » Bref : il est facile de refuser de déclarer sa flamme à quelqu'un d'autre (narcissisme oblige), mais il est plus difficile de refuser lorsque c'est l'autre qui nous a déclaré sa flamme – c'est là où Socrate saurait quelque chose : « Mais c'est justement parce que Socrate sait, qu'il se refuse à avoir été à quelque titre que ce soit, justifié ou justifiable, *érôménos*, le désirable, ce qui est digne d'être aimé [68]. » C'est là où va se situer la pertinence du « désir de l'analyste », comme étant un désir différent du désir hystérique : Socrate, lui, sait quelque chose tandis qu'on est hystérique au nom de sa propre ignorance, soit de sa propre jouissance dans l'affaire. C'est la ligne de démarcation entre l'hystérique et l'analyste, car l'analyste sait, il n'est pas seulement supposé savoir, il sait que c'est le supposé savoir qui est censé opérer dans l'analyse ; c'est la seule manière de pousser l'analysant à produire un savoir inconscient, à partir de la question qu'il se pose sur le désir de l'Autre :

> « C'est sur ce plan que le développement moderne de l'analyse a cru devoir construire [...] toute la théorie de ce qu'est, pendant l'analyse, l'analyste pour l'analysé. Cela ne peut se concevoir sans situer correctement la position que l'analyste lui-même occupe par rapport au désir constitutif de l'analysé, qui est-ce avec quoi s'y engage le sujet, à savoir – Qu'est-ce qu'il veut [69] ? »

67. « Le Transfert », *op. cit.*, p. 189.
68. *Idem*, p. 189.
69. *Idem*, p. 217.

Quatrième partie

Transfert et désir de l'analyste

Chapitre 9

LE DÉSIR DE L'ANALYSTE : LE ($<>a) N'EST PAS LE (a→$)

C'est assurément dans une perspective très différente de celle du contre-transfert comme « moteur de la cure » que Lacan concevait le concept de « désir de l'analyste[1] ». La formule « désir de l'analyste » est elle-même équivoque, car on pourrait la confondre avec le désir, pour ainsi dire « personnel », d'un analyste. Or, c'est tout sauf cela. Bien au contraire, le « désir de l'analyste » implique surtout une mise entre parenthèses du désir « personnel », tout autant que d'un désir inconscient – celui que l'analyste est censé connaître s'il a fait une cure. Lacan définira le « désir de l'analyste » comme un désir de la « pure différence » voire, pour suivre un Bertrand Russell, de la « différentialité ».

Séparer le I du « a »

C'est par ce syntagme que Lacan commence à introduire la notion de « désir de l'analyste » dès son séminaire sur le transfert[2]. Mais c'est là où il nous faudrait préciser cette formule car elle ne signifiera plus la même chose par la suite, après que Lacan aura introduit l'objet « a » dans le séminaire intitulé « Les Quatre concepts fondamentaux de la psychanalyse ». Mais revenons sur ce « I » dont il est question maintenant. Rappelons que le « I » est le I de l'Idéal du Moi, ce concept psychanalytique construit par Freud dans « le moi et le ça » et dans la « Psychologie des masses », qui correspond aussi à ce que Lacan traduit par le « trait unaire » (« *Einziger zug* »). Mais nous irons plus loin dans cette analyse de l'Idéal du Moi, notamment grâce aux formulations de Lacan et aux développements de Jacques-Alain Miller sur « l'insigne[3] ».

1. « Les Quatre concepts », *op. cit.*
2. « Le Transfert », *op. cit.*, p. 219.
3. Miller J.-A., Ce qui fait insigne, cours inédit de l'année 1986. Nous reprenons la publication de l'article « Le Sinthome, un mixte de symptôme et fantasme », revue *La Cause freudienne*, n°39, 1998.

QU'EST-CE QUE LE « TRAIT UNAIRE », L'IDÉAL DU MOI ?

On pourrait dire que l'Idéal du Moi tel que nous essayons de le présenter a été en quelque sorte « inventé » ou « réinventé » par Lacan. Par contre, ce qui n'est pas inventé par Lacan c'est la notion de trait unaire, qui est bien de Freud. Autrement dit, nous y gagnerons en explicitant la notion d'Idéal du Moi à partir des considérations freudiennes de « Psychologie des masses ». Qu'est-ce que le « trait unaire » chez Freud ? L'idée de Freud est de dire que, finalement, le rapport du moi à l'objet (ou à un autre moi) est déterminé par un « objet », – que nous pouvons appeler un « signifiant » –, ou plus précisément un trait représentatif de cet objet qui fonctionne comme idéal. Ainsi, Freud prend comme exemple de trait unaire, d'Idéal du Moi qui fonctionne pour une foule, le *führer*. Revenons ainsi, une fois de plus, sur le graphe construit par Freud dans le chapitre VII de « Psychologie des masses ».

Le graphe de Freud :

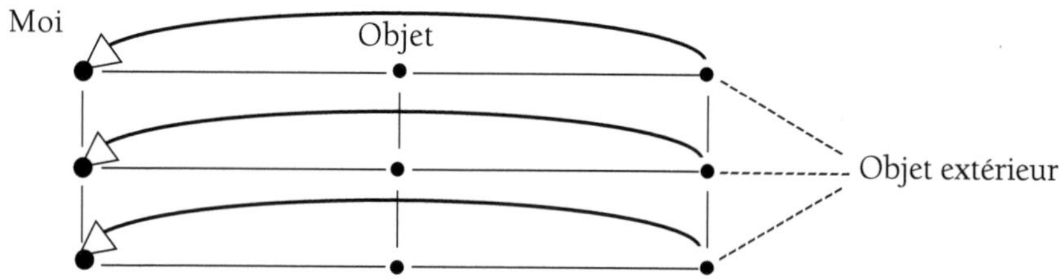

Comment lire ce graphe ? Le moi du sujet (et non le sujet comme équivalent de l'individu, c'est-à-dire en tant qu'unité) est en rapport avec un objet en fonction d'une identification qui dépasse de loin ce dernier : autrement dit le rapport à l'objet n'est pas direct, mais il passe par un autre « objet » (donc un signifiant). Mais ce n'est pas tout. Ce qu'enseigne ce graphe c'est que ces « idéaux » sont à leur tour assemblés par un objet extérieur qui fait coïncider pour une « majorité » un même objet de désir. Bien évidemment, cette conception de l'objet du désir pourrait être en avance sur la formule « hegelienne-kojèvienne » de Lacan selon laquelle « le désir de l'homme est le désir de l'autre ». On désire en fonction d'un idéal. Le « I » de l'idéal étant un « trait unaire » identique pour la masse. Dans son séminaire sur le transfert, Lacan rappelle que « ce qui est vrai pour une collectivité, est aussi vrai pour deux personnes », à quoi nous pourrions ajouter « et pour un sujet ». Dans un autre séminaire, celui consacré aux formations de l'inconscient, Lacan propose que l'Idéal du Moi (donc le trait unaire) est hérité du complexe d'Œdipe. Ainsi, une chose serait sûre pour un sujet névrosé : il sort de l'Œdipe pourvu d'un Idéal du Moi.

Freud soutient que le « trait unaire » est un point d'identification, un type d'identification essentielle qui peut décider de beaucoup de choses, de la structure même du sujet et, plus exactement, de la façon qu'il aura d'assumer la castration.

Nous avons déjà traité des trois types d'identification que Freud présente dans « Psychologie des masses ». Nous les rappelons de façon succincte. Le premier type d'identification est une espèce d'« identification primaire » (à entendre par là : préalable à tout type possible d'identification). Pour ce type d'identification, curieusement, Freud parle d'« identification au père », c'est une identification antérieure à toute autre type d'identification du sujet, sans laquelle aucune autre ne serait possible. Freud aurait pu dire qu'il s'agit ici d'une identification « à la mère » – puisque c'est, pour ainsi dire, le « premier objet ». Mais, justement, s'agissant du premier objet, il est par définition, refoulé. Aucune chance pour qu'il y ait un autre objet si ce premier n'est pas essentiellement refoulé. À tel point refoulé que c'est comme s'il n'existait pas. Ainsi, l'identification en tant que telle devrait être ailleurs : chez le père. Pour le dire autrement, nous avons déjà vu que cette première identification coïncide avec le « *fort-da* ». À ce propos, Miller explique, dans le cours évoqué, comment le cri devient un signifiant et, selon la réponse que donne l'Autre, un « appel » : il faut donc avant la réponse du sujet, la signficantisation de ce cri. Pour Freud, c'est cette réponse de l'Autre inscrite dans le sujet qui le constitue comme tel (cf. le petit enfant à la bobine qui dit « *fort-da* ») et qui devient ainsi la condition pour que le sujet soit dans le langage.

Il y a un deuxième mode d'identification, celle qui nous intéresse maintenant : le « trait unaire », l'Idéal du Moi, que Freud identifie au « *führer* » d'une part, mais aussi, comme le fera Lacan par la suite, au père. Il ne s'agit bien évidemment pas du même « père » de la première identification, mais du père en tant que celui-ci est incorporé par la métaphore paternelle à travers le désir de la mère : c'est-à-dire le père en tant que fonction. Freud rappelle à ce propos le cas Dora, où sa patiente est identifiée au père via le symptôme de la toux.

Finalement, il y aurait un troisième type d'identification que Freud exemplifie ainsi : une jeune fille qui est dans un internat reçoit une lettre de son petit ami où il lui dit qu'il va la quitter... la jeune fille tombe malade et d'autres jeunes filles tombent malades aussi. C'est l'aspect « imaginaire » de l'identification qui n'a à voir ni avec l'identification primordiale (« *fort-da* ») ni avec l'identification boussole du désir instaurée avec la fin de l'Œdipe. Il s'agit d'une identification par procuration, typique de l'hystérique, où ce qui frappe est *l'indifférence* du sujet quant à l'objet (c'est-à-dire que les autres filles qui tombent malades parce que la première des filles a été abandonnée par son ami, ne connaissent absolument pas l'ami en question : ce n'est absolument pas nécessaire). La plupart des cas d'hystérie de Freud sont concernés par ce type d'identification.

En ce qui concerne le deuxième mode d'identification, relevons une phrase de Lacan dans le séminaire sur les formations de l'inconscient, qui constitue, à notre avis, la phrase clé de ce séminaire dans la mesure où elle fait naître la notion d'Idéal du Moi : « l'identification a pris la place du choix d'objet [l'objet pour Dora ce serait le père], le choix d'objet a régressé jusqu'à l'identification ». Ce qui est essentiel est de voir que l'Idéal du Moi vient là déterminer tout ce qui est de l'assomption de la sexualité du sujet et, plus exactement, l'assomption de la castration symbolique. Ainsi, J.-A. Miller dira que le « I (A) », concerne la castration : « Nous en déduisons la nécessité d'une représentation signifiante qui vient de l'Autre [...] l'Idéal du Moi [4]. »

L'Idéal du Moi est défini dans le séminaire XI comme un point idéal « d'où le sujet se voit comme vu par l'Autre » ou bien « d'où l'Autre me voit, sous la forme où il me plaît d'être vu [5] ». L'Autre est ici l'Autre avec un a majuscule, l'Autre du signifiant et non le semblable. C'est justement la question qu'il faut voir, c'est que cet Autre est au-delà de l'autre spéculaire, du semblable. Même plus : la relation au semblable est déterminée par cette relation « idéale » à l'Autre du signifiant « inconscient », comme le montre aussi bien le graphe de Freud ci-dessus que le graphe « L » de Lacan :

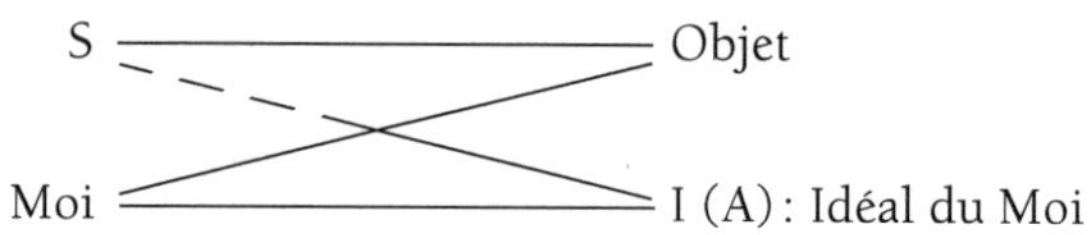

Cela montre bien qu'il n'y a pas un rapport direct à l'objet.

Reprenons la phrase balise de Lacan, prise du texte de Freud : « l'identification a pris la place du choix d'objet [l'objet pour Dora ce serait le père], le choix d'objet a régressé jusqu'à l'identification ». De quelle manière peut-elle nous orienter dans la direction de la cure ? Que fera Lacan de cette « régression » ?

Comment Lacan situe-t-il ce point idéal dans la cure dans le séminaire sur le transfert ? Nous nous permettons de citer ce long paragraphe de ce séminaire car il énonce très clairement à partir du cas d'une patiente, ce point idéal que l'analyste est appelé à incarner à un certain moment d'une cure :

> « Laissez-moi encore, pour terminer, vous parler du cas d'une patiente. Disons qu'elle prend plus que des libertés avec les droits, sinon les devoirs du lien conjugal et que, mon Dieu, quand elle a une liaison, elle sait en pousser les conséquences jusqu'au point le plus extrême de ce qu'une certaine limite sociale, celle du respect offert par le front de son mari, lui commande de respecter. Disons que c'est quelqu'un qui sait admirablement tenir et déployer les positions de son désir. Et j'aime mieux vous dire qu'avec le temps, elle a su à l'intérieur de sa famille,

4. Miller J.-A., *op. cit.*, p. 9.
5. « Les Quatre concepts », *op. cit.*, p. 241.

je veux dire sur son mari et sur d'aimables rejetons, maintenir tout à fait intact un champ de force d'exigences strictement centré sur ses besoins libidinaux à elle [...] Qu'est-ce que, pendant tout un temps, je réalisais pour elle ? [...] J'étais son Idéal du Moi, pour autant que j'étais le point idéal où l'ordre se maintient, et d'une façon d'autant plus exigée que c'est à partir de là que tout le désordre est possible. Bref, il ne s'agissait pas à cette époque que son analyste passe pour un immoraliste. Si j'avais eu la maladresse d'approuver tel de ses débordements, il aurait fait beau voir ce qui aurait résulté [6]. »

Évidemment, ce point idéal est nécessaire à un moment donné de l'analyse... mais il ne peut pas s'éterniser – Lacan lui-même nous prévient contre une telle éternisation. Notamment, lorsqu'il affirme que la plupart des cures s'arrêtent sur ce point d'identification, c'est une manière de dire qu'il y a une tendance à éterniser cet « Idéal du Moi », cette identification chez le sujet... et que, par conséquent, l'analyse doit aller non seulement au-delà, mais surtout « contre » cette identification. Il faut donc savoir différencier l'objet narcissique, l'objet du désir (i (a)), de ce que cet objet vient jouer dans le déterminisme inconscient en fonction de l'Idéal du Moi.

LE DÉSIR DE L'ANALYSTE

C'est dans cette différentiation que Lacan introduira la notion du désir de l'analyste. Ainsi, il critiquera l'idée d'une régression, notamment celle qui prétendrait se passer de la chaîne signifiante : « La régression qu'on met au premier plan dans l'analyse (régression temporelle sans doute, mais à condition de préciser qu'il s'agit du temps de la remémoration), ne porte que sur les signifiants (oraux, anaux, etc.) de la demande et n'intéresse la pulsion correspondante qu'à travers eux [7]. » Comme nous l'avons déjà souligné, on n'a d'accès à la pulsion qu'à travers le signifiant et, donc, en passant par les signifiants de la castration et la différence sexuelle. Ceci modifie nettement l'idée de régression telle qu'elle est conçue, même aujourd'hui, par les analystes, comme étant un attachement (et pourquoi pas « préverbal ») aux objets pulsionnels : oraux, anaux. On parlera même de « transfert préœdipien », etc. Il est vrai que Lacan aborde avec l'objet « a » un registre qui n'appartient pas au signifiant, qui est radicalement différent et qui, en quelque sorte, le complète. Mais la cure ne saurait cerner cet objet « a » sans le signifiant. L'objet « a » est aussi à la base du fantasme imaginaire, il est ainsi à l'origine de la demande, mais celui-là n'est pas réductible à celle-ci. On ne touche à la pulsion qu'à travers le signifiant. Ce serait dès lors un leurre que de répondre à la demande, car celle-ci est supportée par un objet qui lui échappe et pour lequel on ne peut répondre qu'au niveau du désir inconscient : « Qu'elle

6. « Le Transfert », *op. cit.*, p. 403-404.
7. *Écrits, op. cit.*, p. 635.

se veuille frustrante ou gratifiante, toute réponse à la demande dans l'analyse, y *ramène* le transfert à la suggestion. Il y a entre transfert et suggestion, c'est là la découverte de Freud, un rapport, c'est que le transfert est aussi une suggestion, mais une suggestion qui ne s'exerce qu'à partir de la demande d'amour, qui n'est demande d'aucun besoin [8] », c'est-à-dire on demande quelque chose qui ne pourra jamais être satisfait « concrètement ». Bien loin de là, il paraît clair « que cette demande ne se constitue comme telle qu'en tant que le sujet est le sujet du signifiant, c'est là ce qui permet d'en mesurer en la *ramenant* aux besoins auxquels ces signifiants sont empruntés, ce à quoi les psychanalystes, nous le voyons, ne manquent pas [9] ». Répondre donc à la demande c'est faire fausse route quant à l'objet du désir : celui-ci est dans tous les cas « causé » par l'objet pulsionnel. C'est pour cette raison, et nous l'avons vu dans les différents cas cliniques que nous avons évoqués, que distinguer deux objets de nature essentiellement différente devient la vraie éthique de la psychanalyse. À ce propos, Lacan écrit :

> « Mais il ne faut pas confondre l'identification au signifiant tout-puissant de la demande [...] et l'identification à l'objet de la demande d'amour. Celle-ci est bien aussi une régression, Freud y insiste, quand il en fait le deuxième mode d'identification, qu'il distingue dans sa deuxième topique en écrivant *Psychologie des masses et analyse du Moi*. Mais c'est une autre régression [10]. »

Qu'est-ce que cela peut bien vouloir dire ? Pourquoi Lacan soutient-il qu'il ne s'agit pas de la même régression ? Il ne s'agit pas de la même régression que celle dont il parlait au début de ces paragraphes de l'article « La Direction de la cure ». « L'identification au signifiant tout-puissant de la demande », soit ce que le sujet exige comme étant l'objet narcissique du désir qui pourrait soulager sa souffrance, n'a rien à voir avec « l'identification à l'objet de la demande d'amour ».

Nous avons déjà traité de cette question lorsqu'il s'agissait de voir comment les histoires de Dora ou de la « jeune homosexuelle » étaient centrées sur le signifiant privilégié de l'Idéal du Moi. N'oublions d'ailleurs pas que Lacan a aussi appelé ce signifiant le « signifiant maître », S1, à partir duquel les autres signifiants s'articulent. Lacan considère que l'équivoque « *Vermögen* » donne la clé du cas clinique de Dora dans la mesure où elle est identifiée, via le symptôme, à son père. Il s'agit d'une identification symbolique qui, comme Freud l'indique, ne tient que d'un seul trait identificatoire (la toux, par exemple). Nous avons déjà vu comment, par rapport à une certaine « progression » de Dora vers un objet qui pourrait la situer comme étant elle-même un objet phallique du

8. *Idem* (c'est nous qui soulignons).
9. *Idem* (c'est nous qui soulignons).
10. *Idem*.

désir (donc le nommé « M. K...[11] »), la revendication (symptomatique, puisque soutenue par le symptôme de la toux) de l'amour de son père constitue bien une régression. De cette manière, « progression et régression », doivent être conçus comme des mouvements topologiques, par exemple à partir de positionnements subjectifs différents dans le graphe « L ». La confusion entre l'objet narcissique du désir (« l'identification au signifiant tout-puissant de la demande ») et « l'identification à l'objet de la demande d'amour » – donc la seule identification qui vaille chez Dora –, a assuré l'échec de son analyse. On voit bien que ce deuxième mode d'identification distingué par Freud dans « Psychologie des masses », identification à travers le symptôme d'une manière atypique puisque différente de l'Œdipe, est un mode de régression qui n'a point à voir avec un accès « direct » aux objets pulsionnels. Il s'agit d'une régression signifiante et non « réelle » : comme l'indique Lacan dans un séminaire, si votre patient commence à vous demander depuis le divan qu'il veut le biberon, c'est plutôt de mauvais pronostic...

Quant à la jeune homosexuelle, nous avons indiqué en quoi elle opère une régression : suite à une déception où elle attendait un équivalent du phallus de la part de l'Autre par excellence, le père, celui-ci, placé au début dans une fonction symbolique, est réduit au plan imaginaire[12] – ce sera la dame qui deviendra l'équivalent phallique imaginaire soutenu par la fonction symbolique du phallus.

Graphes du séminaire « La Relation d'objet » :

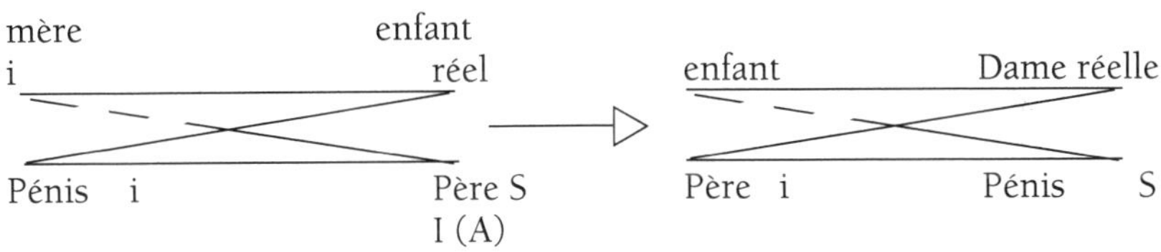

p. 124 p. 128

Mais là, une fois encore, Freud ferait fausse route, car bien qu'il arrive à « voir » quel était le signifiant privilégié dans l'histoire à travers l'équivoque « *Niederkommen* », il réduit la chose au plan imaginaire, non pas en mettant au premier plan un « M. K... », comme il l'a fait dans le cas Dora, mais en se mettant lui-même, Freud (« M. F... »), comme étant directement visé par le

11. La « progression » est notamment due au fait qu'on s'identifiant à M. K..., elle interroge ce qui serait la cause de son désir, à savoir Mme K... La progression n'est pas donc dans l'identification imaginaire à M. K...

12. « Par une sorte d'inversion [à lire aussi régression], la relation du sujet avec son père, qui se situait dans l'ordre symbolique, passe dans le sens de la relation imaginaire », « La Relation d'objet », *op. cit.*, p. 113.

désir du sujet. Le signifiant *Niederkommen* a la même fonction que l'équivoque *Vermögen* chez Dora. L'équivoque *Niederkommen* était la clé de voûte du cas clinique : preuve en est la suite du passage de l'écrit de Lacan déjà cité :

> « Là [dans cette régression liée à ce deuxième mode d'identification isolé dans *Psychologie des masses*] est *l'exit* qui permet qu'on sorte de la suggestion [soit de la suggestion imaginaire par où on pourrait être tenté de répondre à la demande]. L'identification à l'objet comme régression, parce qu'elle part de la demande d'amour [donc demande d'aucun besoin, mais du phallus], ouvre la séquence du transfert (l'ouvre, et non pas la ferme), soit la voie où pourront être dénoncées les identifications qui en stoppant cette régression, la scandent [13]. »

Une fois de plus, nous sommes devant le mot-clé « ouverture », par opposition à la « fermeture » (imaginaire) que devient le transfert, notamment lorsqu'on essaie de répondre à la demande « par la surface [14] ». L'ouverture dans la cure ne peut être qu'une ouverture signifiante, seule à pouvoir nommer l'objet cause du désir. C'est pour cette raison que

> « L'analyste d'aujourd'hui laisse son patient au point d'identification purement imaginaire dont l'hystérique reste captif [...] Soit ce point même dont Freud, dans la toute première partie de sa carrière, voulait le tirer trop vite en forçant l'appel de l'amour sur l'objet de l'identification (pour Elisabeth von R..., son beau-frère; pour Dora, M. K... ; pour la jeune homosexuelle du cas d'homosexualité féminine, il voit mieux, mais achoppe à se tenir pour viser dans le réel par le transfert négatif). Il faut le chapitre de *Psychologie des masses et analyse du Moi* sur "l'identification", pour que Freud distingue nettement ce troisième mode d'identification que conditionne sa fonction de soutien du désir et que spécifie donc l'indifférence de son objet [15]. »

Autrement dit, une analyse doit se passer entre le « deuxième mode d'identification » par où l'identification symbolique majeure du sujet ne tient que d'un trait, le symptôme par exemple, et le « troisième mode d'identification », selon la *Psychologie des masses*. Ce dernier servira à l'analyste à voir que l'inconscient est en rapport avec l'invraisemblable, et que Dora peut tout à fait « faire l'homme » en s'identifiant à « M. K... », par exemple – ce qui est loin du sens commun. Bref : ce troisième mode d'identification (la fille de l'internat) montre bien que l'objet narcissique est tout à fait secondaire quant au déterminisme inconscient et à la cause du désir, et surtout il montre que l'objet narcissique peut être « quelconque ». L'analyste devrait apprendre quelque chose de l'hystérique : lui aussi devrait être « indifférent » quant à l'objet narcissique.

13. *Écrits, op. cit.*, p. 635.
14. Cf. le cas d'E. Kris sur « l'homme aux cervelles fraîches ».
15. *Écrits, op. cit.*, p. 639.

DONC, SÉPARONS LE « I » DU « A »

Séparer le « I » du « a », dans le séminaire sur le transfert veut dire une chose précise. Pour Dora cela implique de séparer l'objet imaginaire du désir (M. K...) d'une identification symbolique au père via le signifiant « *Vermögen* ».

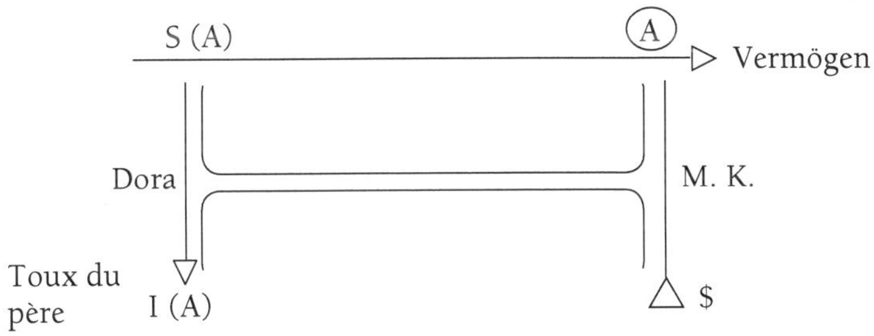

En effet, nous pourrions faire un raccourci et nous dire « Mme K. est pour elle l'incarnation de cette question « qu'est-ce qu'une femme ? » et donc stipuler que le « a » dont il est question est « Mme K... ». Mais n'allons pas si vite. Que Mme K. soit la question, veut dire que cela exige une réponse et, justement, Dora n'a pas cette réponse ! C'est ce qui nous fera affirmer que Mme K... est une énigme. Lacan indique à ce propos :« et c'est pour cela qu'elle [Dora] recourt à toutes les formes de substitut, les formes les plus proches [...] qu'elle peut donner de ce signe "Φ". Si vous suivez les opérations de Dora, ou de n'importe quelle autre hystérique, vous verrez qu'il ne s'agit jamais pour elle que d'un jeu compliqué, par où elle peut, si je puis dire, subtiliser la situation en glissant, là où il le faut, le fi, le petit "ø" du phallus imaginaire [16] », soit chez Dora sous la forme d'un « M. K. c'est moi ». Qu'est-ce que cela veut dire ? Cela implique que la façon qu'elle a de répondre c'est avec la présence de M. K..., et pourquoi faire ? Lacan précise : « Son père est impuissant avec Mme K ? Eh bien, qu'importe, c'est elle qui fera la copule. Elle paiera de sa personne. C'est elle qui soutiendra cette relation [17]. » Et comment fera-t-elle pour « soutenir de sa personne » ? Lacan encore : « Et puisque cela ne suffit pas encore, elle fera intervenir l'image, substituée à elle comme je vous l'ai dès longtemps montré, et démontré, de M. K... [...] Car tout ce dont il s'agit pour Dora, comme pour toute hystérique, c'est d'être la procureuse de ce signe sous la forme imaginaire [18]. » Autrement dit : elle fait le M. K... La réponse imaginaire (« c'est elle qui fera la copule ») à la question « qui suis-je ? », sera « Je suis M. K... ».

---

16. « Le Transfert », *op. cit.*, p. 293.
17. *Idem.*
18. *Idem.*

M. K... est nécessaire pour que Dora puisse s'y identifier. Face à la question « qui suis-je ? », la réponse consiste dans l'incarnation du phallus imaginaire sous la forme de l'identification imaginaire à M. K... Et c'est pour cette raison que lorsque celui-là dit à Dora « ma femme n'est rien pour moi » l'artifice se désamorce : « [M. K...] qu'elle précipitera aux abîmes, qu'elle rejettera dans les ténèbres extérieures, au moment où cet animal lui dira la seule chose qu'il ne fallait pas lui dire, "ma femme n'est rien pour moi". À savoir qu'elle ne me fait pas bander [19]. » Et si elle ne le fait pas bander, c'est M. K... qui ne sert plus à soutenir une image de désirant. Si Mme K... ne l'excite pas, Mme K... n'incarne pas celle qui sait « être une femme » et, de plus, le support imaginaire, identificatoire, qui est M. K... tombe.

Ce qui est essentiel, c'est que Dora n'a plus son support imaginaire, et c'est là où elle reste « sans réponse » face à quoi ? Face à la castration. Au grand autre barré. C'est la raison pour laquelle, même dans le séminaire sur l'angoisse, Lacan situe le moment de l'angoisse chez Dora face au « désir de l'Autre », c'est-à-dire au fait qu'il manque un signifiant qui puisse incarner la jouissance phallique, Lacan situe ce moment d'angoisse lors de la « scène du lac ». Lacan affirme : « Elle échange toujours son désir [dans ses identifications imaginaires] contre ce signe [à savoir le phallus], ne voyez pas ailleurs la raison de ce que l'on appelle sa mythomanie. C'est qu'il y a une chose qu'elle préfère à son désir – elle préfère que son désir soit insatisfait à ceci, que l'Autre garde la clé de son mystère [20]. » Car si l'Autre ne garde pas la clé de son mystère, c'est le dévoilement... c'est ce moment presque délirant de Dora lorsqu'elle est confrontée au fait que Mme K... n'excite pas son partenaire de route à elle Dora, c'est-à-dire M. K.

Suivons les pas de Lacan dans le même séminaire lorsqu'il écrit sa formule [21] :

$$\frac{a}{(-\emptyset)} \quad <> \quad A$$

Le « a » est « l'objet substitutif ou métaphorique [donc M. K...], sur quelque chose qui est caché, à savoir moins phi, sa propre castration imaginaire [ne pas être comme femme l'objet phallique du désir de l'homme], dans son rapport avec l'Autre [à savoir, Mme K.] [22] ». On voit bien que là, Mme K... occupe la place de l'Autre par excellence, précisons : le père occupe la place de l'Autre par excellence et c'est cette Mme K... de l'après « scène du lac » qui vient barrer cet Autre. La phrase « ma femme n'est rien pour moi » décomplète cet Autre, qui le montre barré, voire châtré. C'est là la « castration » à laquelle est confrontée Dora.

19. *Idem*.
20. *Idem*, p. 294.
21. *Idem*.
22. *Idem*.

Mais si Mme K... incarne l'objet de l'angoisse et de la question du « désir de l'Autre » (souvenons-nous de la lettre que Mme K... adresse à Dora où il y a la fameuse phrase « si tu veux », vraie question dite « à la cantonade » et qui concerne la question du désir, du désir d'autre chose, c'est un vrai « que veux-tu ? ») quel est l'objet du fantasme ? Elle-même, Mme K..., bien sûr, mais est-ce bien ce que nous dit Lacan dans son séminaire de 1960 ? Ce n'est pas si sûr. Approchons donc. Qu'est-ce que l'on appelle l'objet du fantasme dans ce séminaire de 1960 sur le transfert ? Rappelons-nous de l'apologue de Lacan sur le jeune homme et sa petite voiture de sport rouge. Les courses du brave jeune homme sont adressées « à la gamine » dit Lacan, à une gamine réel ou imaginée, peu importe, mais certainement « imaginaire » au point même qu'elle peut tout à fait manquer, ce qui fera dire à Lacan : « La gamine peut être tout à fait accessoire, et même manquer [...] Pour tout dire, ce côté-là, qui est celui où le moi idéal vient prendre sa place dans le fantasme [23]. » Ainsi, le moi idéal, i (a), est réglé à partir du fantasme (imaginaire) qui est déterminé selon ces pages du séminaire sur le transfert par un point idéal : l'Idéal du Moi. Ce point idéal où, dans le fantasme, je me vois « comme vu par un autre [24] ». Lacan martèle :

> « Nous voyons ici plus facilement qu'ailleurs ce qui règle la hauteur de ton des éléments du fantasme, et qu'il doit y avoir quelque chose ici, entre les deux termes, qui glisse, pour que l'un des deux puisse si facilement s'élider. Ce terme qui glisse, nous le connaissons... c'est le petit phi, le phallus imaginaire. Et ce dont il s'agit, c'est bien de quelque chose qui se met à l'épreuve [25]. »

Le « mettre à l'épreuve » veut dire ici régler le moi idéal en fonction d'un idéal, l'Idéal du Moi, là où le cas échéant l'angoisse peut apparaître si on le rate au niveau de l'image du moi, le moi idéal. Le fantasme s'accommode de ce point idéal qu'est l'Idéal du Moi :

> « Qu'est-ce que c'est que l'Idéal du Moi ? L'Idéal du Moi, qui a le plus étroit rapport avec le jeu et la fonction du moi idéal, est bel et bien constitué par le fait qu'au départ, s'il a sa petite voiture de sport, c'est parce qu'il est le fils de famille, qu'il est le fils à papa, et que, pour changer de registre, si Marie-Chantal, comme vous le savez, s'inscrit au Parti communiste, c'est pour faire chier père [26]. »

Autrement dit : être contre le père, c'est en quelque sorte, être identifié à lui... Pour donner un autre exemple, prenons le cas de ce sujet obsessionnel qui, pour ne pas être un commerçant comme son père qui ne pensait qu'à l'argent, voulait devenir un intellectuel ; c'était sa demande. La méconnaissance était radicale, mais facile à dévoiler lorsqu'on lui a dit que pour ne pas avoir de

23. *Idem*, p. 402.
24. Selon la formule du séminaire « Les Quatre concepts », *op. cit.*, p. 241.
25. « Le Transfert », *op. cit.*, p. 402.
26. *Idem*.

l'argent… eh bien, on n'était pas obligé de devenir un intellectuel ! C'est pour cette raison que Lacan pouvait affirmer : « C'est autour de la fonction de l'idéal que s'accommode le rapport du sujet aux objets extérieurs [27]. » Autrement dit, tous les objets ont un caractère commun, voilà la fonction du trait unaire.

INDIFFÉRENCE DE L'OBJET, DIFFÉRENCE DU SIGNIFIANT

Lacan pensait que l'hystérique peut apprendre quelque chose à l'analyste : c'est le fait qu'il ou elle est indifférent quant à l'objet du désir. C'est d'ailleurs l'essence de la démarche socratique qui, laissant véhiculer le dialogue à partir de la dialectique du signifiant, n'a pas de pitié pour l'objet en soi, car il lui est tout à fait indifférent. Ainsi, c'est le signifiant qui est « différentiel », nullement l'objet. Lacan indique que l'analyste doit suivre la voie socratique : « ce que Socrate sait, et que l'analyste doit au moins entrevoir, c'est qu'au niveau du petit a [c'est-à-dire du semblable, à qui s'adresse l'amour] la question est tout autre que celle de l'accès à aucun idéal », autrement dit, pour autant que l'objet en lui-même est tout à fait indifférent […] « et l'analyste, lui, ne peut que penser que n'importe quel objet peut le remplir [28] », car « il n'y a pas d'objet qui ait plus de prix qu'un autre – c'est ici le deuil autour de quoi est centré le désir de l'analyste [29] ». Cette dernière phrase est fondamentale et dit l'essentiel sur ce que c'est cette fonction que Lacan appelle « désir de l'analyste ».

Séparer le « I » du « a » veut dire, dans ce séminaire sur le transfert, que l'analyste dit lorsque l'autre l'aime, – amour de transfert –, « tu m'aimes, mais au nom d'un certain idéal ». Séparer, comme Socrate, le I du « a », du semblable, de l'objet du désir, signifie à cette époque de l'enseignement de Lacan, distinguer le semblable de l'Idéal du Moi. C'est une façon de dire « ce n'est pas moi… c'est pour lui ». C'est l'opposé, justement, des analyses des défenses et de la relation « interpersonnelle ».

EST-CE TOUT ? CERTAINEMENT PAS !

Car le raisonnement de Lacan se complexifie. À partir du séminaire « Les Quatre concepts fondamentaux », le statut de cet « objet a », change. À partir de 1964, l'objet petit « a » n'est plus le semblable : avant cette date ce n'est que le semblable et rien d'autre. Cet « objet a » de 1964 deviendra, pour ainsi dire, le vrai partenaire de « I », de l'idéal, le trait unaire. L'analyste pourra dire : « tu aimes en moi… au nom d'un certain idéal… l'objet petit "a", qui est ta propre chair, la pulsion, et donc tu me mutiles [30] ».

27. *Idem*, p. 462.
28. *Idem*, p. 464.
29. *Idem*, p. 465.
30. « Les Quatre concepts », *op. cit.*, p 237 et suivantes.

À ce propos, il nous paraît important de prendre appui sur l'article de J.-A. Miller sur l'« insigne » qui résume quelques leçons de son cours sur ce sujet. Miller commence l'article en reprenant le « discours du maître [31] » afin de rappeler que ce discours est surtout le discours de l'inconscient et que, pour cette raison précisément, il « n'est pas fait pour valider [nos] considérations sur l'insigne ». Pourquoi cette affirmation ? Ce qui apparaît comme donnée première et qui définit dans l'algèbre lacanienne le « discours du maître », c'est le fait que c'est un discours qui laisse de côté l'objet « a ». L'objet « a » doit rester à l'extérieur de l'articulation signifiante, et c'est pour cela qu'il occupe la place du réel, parce qu'il est non symbolisable, il n'est pas représenté dans le signifiant. Selon Miller, le signifiant semble confisquer la représentation du sujet, car le signifiant ne peut qu'être référé à un autre signifiant, et non à un « objet ». Le sujet donc est un « ensemble vide » et la psychanalyse, d'une certaine manière, cultive la pertinence de cet « ensemble vide » ce qui ne va pas sans poser des problèmes [32]. C'est dire que d'une part nous avons le S1/S2 où le sujet est « confisqué » puisque représenté « indirectement » et, d'autre part, nous avons « a », qui viendrait à rendre plus présent et d'une manière « plus directe », le sujet. C'est ainsi que ce que Lacan appelle l'« objet a » peut d'une certaine manière « compléter » le sujet, vidé du fait d'être coincé sans issue face au signifiant. Pour ceux qui pourraient nous accuser d'obscurantisme donnons l'exemple de ce sujet obsessionnel qui, devant l'angoisse et la division subie face au signifiant (un choix à faire continuellement différé) ne trouvait d'autre consolation que de se masturber en plaçant un doigt dans son anus : vrai remède à son angoisse. On le voit : nous sommes là dans le concret de la jouissance [33]. Même si cette stratégie est « imaginaire », elle ne reste pas moins une stratégie destinée à boucher la division subjective. C'est une représentation appelée à faire série avec le jeu, déjà évoqué, du « *fort-da* », dans sa version, si nous osons le dire ainsi, « 1964 » : d'une part il y a bel et bien ces deux signifiants (cela suffit largement pour que l'on soit irrémédiablement dans le langage, dans l'aliénation signifiante) ; d'autre part, nous avons aussi la « bobine », le « a », qui est hors cette « symbolisation » du *fort-da*, mais que justement et grâce à cela, peut en quelque sorte « compléter » cette division du sujet – elle ne l'efface pas, elle la confirme face à une certaine vacillation, méchanceté de l'Autre, la mère, ses va-et-vient, ses sonneries sans nourriture.

31. « L'Envers de la psychanalyse », *op. cit.*

32. Les détracteurs de la psychanalyse, au nom des « sciences de l'esprit » (nomination énigmatique) accusent la psychanalyse de ne pas avoir une référence au réel. La « réalité », aussi bien que le « réel » du transfert, invalident la pertinence de cette accusation. La psychanalyse a un rapport au réel et est même « réaliste », elle suppose un certain réalisme.

33. Lacan a pu dire que la jouissance est ce qui ressemblait le plus, en psychanalyse, à la « substance » (par opposition à la représentation).

Revenons sur le texte de Miller, lorsqu'il soutient que le sujet divisé par le signifiant peut être « complété » de deux manières différentes : avec « I », le « S1 » et avec « a ». Le « S1 », c'est une identification du sujet, qui forme l'Idéal du Moi. Pour appuyer cette assertion, Miller ajoute que dans le séminaire sur « Les quatre concepts fondamentaux », l'Idéal du Moi, « d'où l'Autre me voit sous la forme où il me plaît d'être vu », cet « Idéal du Moi », cette identification est une représentation, un « un appel au comblement de la perte », celle provoqué par l'objet « a » (dans les cas cités : la bobine, l'objet anal). Mais précisons : comme cette « perte » est une perte de jouissance de la Chose (presque comme il arrive au petit chien de Pavlov et, plus exactement, comme il lui arrive au petit-fils de Freud qui joue au *fort-da*), il faut un « comblement », c'est ce qu'a inventé Lacan, « un comblement qui ne soit pas du signifiant » – toujours selon Miller et il ajoute : « il n'y a pas que le comblement de l'idéal ».

Miller dessine ce « triangle [34] » :

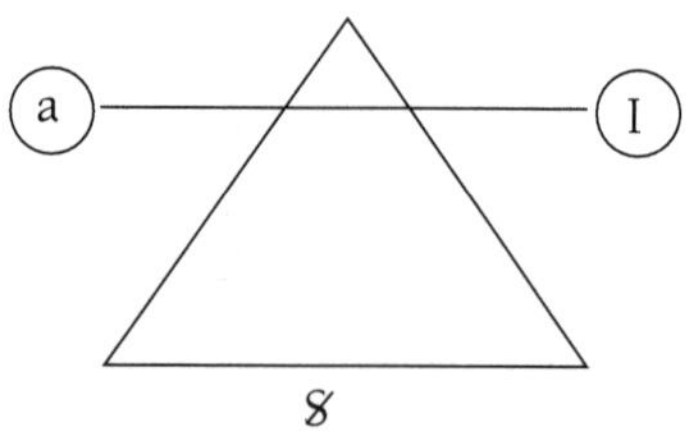

Entre le S1 et le « a », il y a « aliénation/séparation » : « c'est à la même place que viennent s'inscrire successivement le S1 et petit a ». Il faut donc différencier l'identification fixée par la représentation « S1 » ou « I », de l'objet « a », où il y a l'identification du sujet devant son « être »... c'est-à-dire, ce qui lui manque comme sujet parlant (manque hypothétique à partir de la découverte de l'inconscient en tant que discours de l'Autre... d'un autre discours que les « paroles » du moi). Miller pose donc la question du rapport entre la représentation signifiante du sujet à partir du « trait unaire » et son « être de jouissance », incarné par l'objet petit « a » qui n'est plus le semblable, qui n'est plus « M. K... », si l'on veut.

Mais pour qu'il y ait rapport entre « le trait unaire et le petit a » nous n'avons qu'à nous référer aux deux discours confrontés par Miller dans son article : le discours du maître et son « passage » au discours de l'analyste, car cela implique surtout un changement de cet « axe », ce « roque », cette articulation « soudée » en quelque sorte entre « S1 et objet a ». L'auteur rappelle que lorsque Lacan aborde l'identification chez Freud, il place dans un rapport de « conjonction, de

34. Miller J.-A., *op. cit.*, p. 10.

confusion » et l'objet « a » et le « I ». Et Miller d'ajouter : « L'objet a, si inavalable qu'il soit dans l'ordre signifiant – est tout de même susceptible de se superposer à la même place qu'un repérage signifiant essentiel, qui est grand I [35]. » Ainsi, alors que dans le discours du maître, il y a confusion entre « I et a », le discours analytique se caractérise par l'exigence d'une séparation entre ces deux termes.

Discours du Maître | Discours de l'analyste

<< confusion >> | << séparation >>

Miller réfléchit, comme à l'accoutumée, document à l'appui : il nous invite à revenir une fois de plus sur « le graphe du désir » de Lacan : « Il comporte que l'issue du transfert, c'est l'identification dans la mesure où l'économie même du transfert est fondée sur la suggestion [36]. » Nous avons ici la première approche de Lacan concernant le transfert, à savoir la définition du transfert comme une tendance à la suggestion. À ce propos, concevons aussi l'hypothèse que, souvent, le transfert conçu comme répétition (« vous répétez avec moi la même chose qu'avec votre père », etc.) est une manière de suturer le sujet par l'identification. Et c'est sans doute le risque du transfert : qu'il ne soit pas « créatif ». Miller parle même de « l'issue normale du transfert » : c'est la suggestion, c'est la manière qu'a le sujet en analyse d'être vu depuis l'Autre, depuis ce qu'il suppose être le désir de l'Autre. Ceci nous le retrouvons dans le graphe même du désir : « ce schéma du discours du maître qui est là sur le graphe de Lacan, [c'est] un schéma qui comporte comme opération essentielle l'aliénation, la représentation signifiante [37] ». Ce discours du maître coïncide avec le « premier étage » du graphe, qui est l'étage de la « suggestion », l'étage qui représente aussi bien le « moulin à paroles » imaginaire (« a → a'») que l'articulation signifiante (vecteur « signifiant → voix ») :

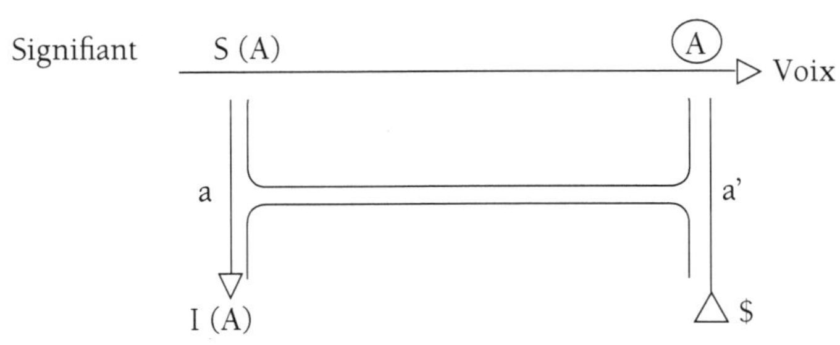

35. *Idem*, p. 12.
36. *Idem*.
37. *Idem*.

Mais une question subsiste : où placer le « discours de l'analyste » dans ce graphe ? Si le premier étage correspond au discours du maître, avec l'élaboration lacanienne du signifiant (« le signifiant est ce qui représente le sujet », etc.), c'est qu'il s'établit à condition que « a » reste dehors, exclu de l'articulation même. Et voilà la question que Miller peut poser : « comment s'inscrit le discours de l'analyste dans ce graphe ? », à quoi il répond : il s'inscrit lorsque « la demande peut poursuivre jusqu'à la pulsion ». C'est là où le discours de l'analyste marque une différence par rapport au discours du maître à l'intérieur même du graphe du désir. C'est ainsi que notre auteur trouve une place pour cette phrase clé du séminaire de Lacan sur « Les Quatre concepts fondamentaux » : « si le transfert est ce qui, de la pulsion, écarte la demande… le désir de l'analyste est ce qui l'y ramène [précisons : la ramène vers la pulsion] Et par cette voie, il isole le a, il le met à la plus grande distance possible du I que lui, l'analyste, est appelé par le sujet à incarner [38] », c'est-à-dire dans la suggestion. Miller complète cette idée ainsi : « Alors que le transfert ramène la demande à l'identification en l'écartant de la pulsion, le désir de l'analyste, opérant en grand A, ouvre le chemin de la pulsion [39]. » Miller ajoute que Lacan précise quelque chose de bizarre dans les *Écrits*, il soutient que ce faisant « le fantasme devient la pulsion [40] ».

Nous voulions arriver à ce point afin de montrer, avec J.-A. Miller, qu'il y a là des termes qui prêtent à confusion dans les différentes lectures faites à propos du graphe. Si nous pensons à l'identification symbolique « I (A) », nous constaterons que le sujet ne se reconnaît pas dans son rapport à la pulsion, mais dans son rapport au fantasme imaginaire, lequel a précisément comme condition de cacher l'objet pulsionnel. C'est cela qui fera dire à Miller que la seule notation que l'on ait de la pulsion sur le graphe du désir, c'est celle liée au fantasme dans « $ <> a », alors que cette formule ne montre pas l'objet pulsionnel en tant que tel, *mais seulement l'objet imaginaire du fantasme*. Et Miller d'ajouter : « *Cela n'a pas cessé de dévier la lecture faite de Lacan, parce que cet objet a est encore bien plus en évidence s'agissant de la pulsion […] c'est bien ici* [dans la pulsion ($ <>D)] *qu'il serait bien légitime d'écrire ($<>a)* [41]. »

LA DIAGONALE DE J.-A. MILLER

Pourquoi y aurait-il déviation dans la lecture de Lacan sur le graphe concernant le « ($<>a) » du fantasme ? Parce que d'habitude on pense à l'objet « a » tel qu'il a été introduit dans le séminaire XI, alors qu'il suffit de lire le séminaire X sur l'angoisse pour s'apercevoir que cet « objet » dit « objet a » ne va nullement de soi. En effet, comme l'indique Miller « cela fait la difficulté sur le graphe de

38. « Les Quatre concepts », *op. cit.*, p. 245.
39. Miller J.-A., *op. cit.*, p. 12.
40. *Écrits*, *op. cit.*, p. 817.
41. Miller J.-A., *op. cit.*, p. 13. (nous soulignons).

Lacan parce que cela ressortit évidemment d'une strate antérieure de son enseignement. On ne voit figurer l'objet petit a qu'au niveau du fantasme », bref : on lit le graphe du désir (1958) selon les clés de lecture d'après 1964 !

Miller trace comme une « diagonale » existante entre le I (A) et l'objet « a » : il introduit ainsi la formule du fantasme là où il y a le mathème de la pulsion ($<>D).

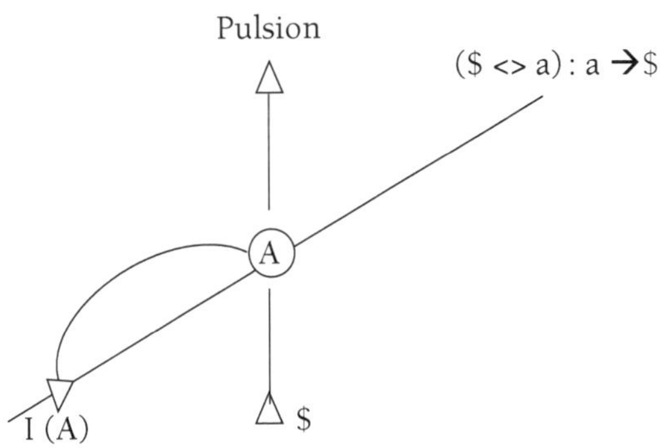

C'est ainsi que nous comprenons mieux le cas Dora, par exemple, si nous le mettons dans le graphe du désir en suivant les propositions de Miller :

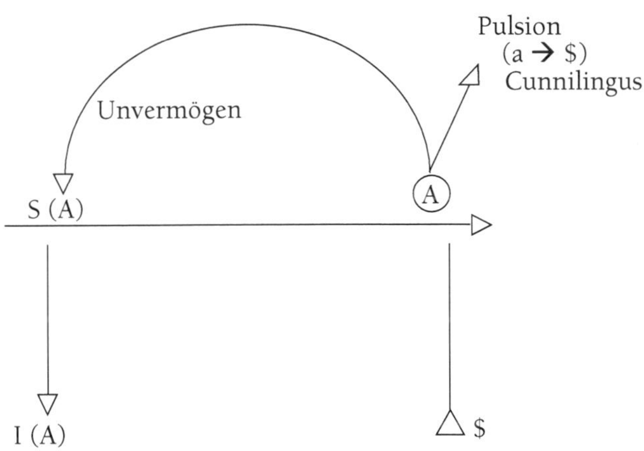

Expliquons cela : au premier étage, nous avons les inlassables « accusations contre le père » – vrai moulin à paroles, minute après minute, séance après séance – les accusations de Dora envers son père. Jusqu'au moment où, à travers son « désir d'analyste », Freud décide d'aller à la pêche d'un signifiant, entendons : il « invente », à partir des dires du sujet, un signifiant là où il n'y en aucun – « mon père est *Vermögen* ». Ce « signifiant », à mettre dans le vecteur O → A, est interprété par Freud, dans le vecteur retro-actif comme une « impuissance » sexuelle du père. Mais quoi encore ? Comment passons-nous au deuxième étage ? Par le fait que cette « impuissance sexuelle » du père oblige le sujet, dans une espèce d'algorithme forcé, à bricoler avec un fantasme : de fellation, suppose Freud – de *cunnilingus*, corrige Lacan. Avec tout le respect que nous devons à Lacan et à sa brillante hypothèse, nous nous permettrons de supposer que Freud dit tout de même vrai lorsqu'il pense à la fellation. Il ne s'agit pas d'un fantasme de « fellation » chez Dora [42], mais plutôt d'un fantasme de *cunnilingus* entre Dora et Mme K... : ceci ne peut être qu'une construction faite dans et par l'analyse. Le sujet lui-même n'a pas moyen d'y accéder sans la psychanalyse – à entendre : sans le discours de l'analyste. Autant dire que le fantasme de fellation ou *cunnilingus* est en soi secondaire : ce qui importe c'est d'apercevoir que ce qui est en jeu, c'est à la fois la pulsion orale et le rapport énigmatique qu'a Dora envers cette autre femme qu'est Mme K... et qui la confronte à sa propre castration.

Complétons donc notre graphe : à partir de l'équivoque *Vermögen*, qui traduit un « Che vuoi ? » de Freud aussi, on en déduit le fantasme imaginaire (de fellation, de *cunnilingus*) qui ne fait que cacher l'objet pulsionnel « a » qui complète le sujet : ici l'objet oral. Il ne s'agit pas nécessairement d'un cunnilingus de Dora sur Mme K..., mais il s'agit plutôt du fait que pour ce sujet, le signifiant femme ne peut être séparé d'un « primitif désir oral [43] ». Alors, c'est là que nous pouvons construire la « diagonale » hypothétisée de manière abstraite par Miller à travers le cas clinique de Dora. De cette manière, Miller stipule que le « Sinthome » est un mixte de symptôme et fantasme :

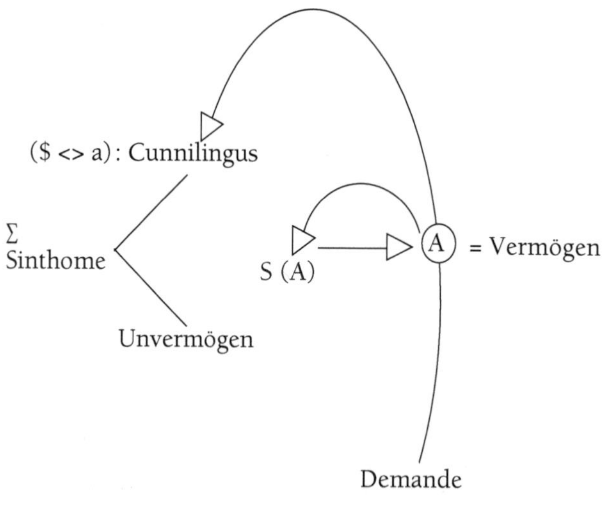

42. *Cinq psychanalyses, op. cit.*, p. 40.
43. *Écrits, op. cit.*, p. 221.

En effet, nous trouvons la « diagonale » entre l'objet pulsionnel oral (« objet a ») et le S1, l'Idéal du Moi, le I (A) : à savoir le trait identificatoire de la toux où Dora tousse « comme son père [44] » – c'est cette toux qui lui permet d'être connectée à l'objet pulsionnel. Le désir de l'analyste est appelé à séparer cette conjonction : « *toux* <> *primitif désir oral* ». Grâce à ce fantasme, nous constatons cette oscillation entre – ø et « a », comme on lit dans les *Écrits* : « Ce dont l'expérience analytique témoigne, c'est que la castration est en tout cas ce qui règle le désir… à condition qu'elle oscille à alterner de $ à "a" dans le fantasme [45]. » Là, le fantasme c'est bel et bien l'objet pulsionnel caché. Car ce que Lacan appelle le « fantasme fondamental [46] » implique la pulsion, la jouissance, sous une forme non imaginaire, c'est-à-dire non le fameux ($<>a) qui a fait couler tant d'encre, mais plutôt un : « a ➔ $ ». Ce dernier, nous n'avons qu'à le déduire de la *diagonale millerienne* évoquée plus haut. Sans ce désir de l'analyste, le sujet reste enfermé dans cette oscillation perpétuelle entre la castration (l'énigme « Mme K… », par exemple) et une réponse imaginaire : ($<>a). Voilà aussi pourquoi le Sinthome serait un mixte de symptôme et fantasme. Après tout, la question peut être posée : Dora a-t-elle arrêté de tousser un jour ?

GRAPHE COMPLET DU DÉSIR CHEZ DORA

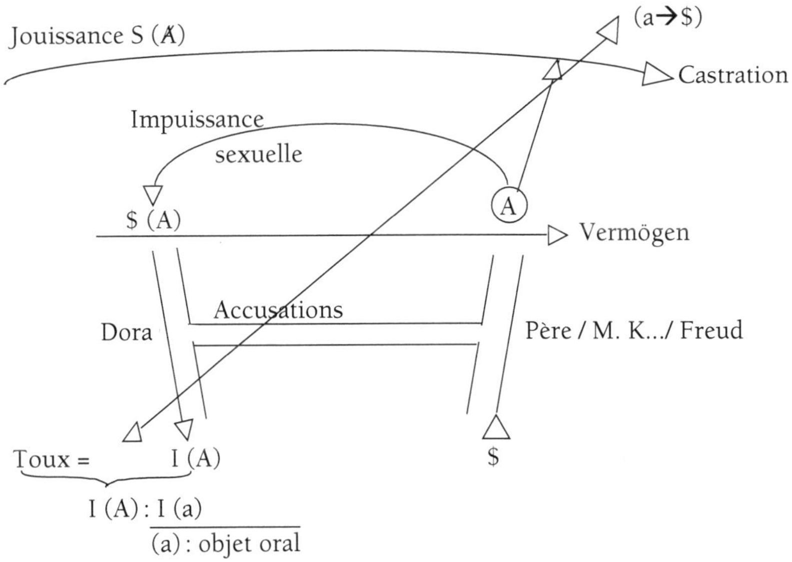

44. *Psychologie des masses*, p. 169.
45. *Écrits*, *op. cit.*, p. 826.
46. «*Les Quatre concepts* », *op. cit.*, p. 245.

« L'homme à l'imperméable »

Les pages qui précèdent nous suggèrent que l'objet « a » de Lacan serait l'un des noms de la castration, pour autant que celle-ci ne se réduise pas, nous l'avons vu, à son registre imaginaire. La castration implique le corps comme étant foncièrement « séparé » d'une jouissance première, prégénitale, de telle sorte que celle-ci est impossible comme telle et réduite à un « plus-de-jouir » rattaché au plaisir des zones érogènes phallicisées. Mais si le plaisir des zones érogènes peut provoquer un « déplaisir », c'est parce que le sujet « jouit » au-delà du plaisir : le corps signifiant est séparé de la jouissance (castration), mais la jouissance persiste à travers un « plus-de-jouir » (objet « a ») lié à l'objet pulsionnel – témoignant ainsi de l'effet de la castration. La castration et l'objet « a » sont ainsi noués, de sorte que les objets pulsionnels ne sont qu'une conséquence nécessaire de l'action du refoulement. Le sujet affecté par la castration symbolique oscille entre « - ø », vide essentiel du sujet du signifiant, et « a », l'objet pulsionnel [47]. De telle sorte que la question consiste à obtenir une certaine articulation entre le « a » minuscule et le « - ø », la valeur de la castration, là où le sujet peut se qualifier comme manquant et peut s'adresser à l'Autre. Ces deux éléments, le « - ø » et le « a » pulsionnel se trouvent noués chez le sujet, ce qui montre bien que l'inconscient, structuré comme un langage, est en tension avec un objet qui n'est pas dans le langage.

Le cas

Nous partirons d'un cas clinique présenté par Éric Laurent [48]. Un homme vint voir un analyste parce qu'il présentait ce qu'il appelait une « manie » : celle de choisir toujours comme objet d'amour des femmes déjà « prises ». Ce qui l'obligeait chaque fois à rivaliser avec les hommes lésés. Il avait toujours l'idée de les agresser avec des armes blanches – armes blanches pour lesquelles il avait une grande passion. Cette rivalité envers les hommes l'avait amené, au moment de passer les examens qui allaient le conduire à exercer la même profession que son père, à avoir des vomissements… situation incompatible avec le poste qu'il devait normalement occuper.

Pendant l'analyse, une scène de l'enfance est évoquée : il dévoile qu'il avait été séduit, à l'âge de 9 ans, par un éducateur ami des parents. Il se trouvait dans une scène avec un décor champêtre, où il y avait quelque part une hache. Cette séduction – il s'agissait de masturbations réciproques – avait provoqué chez cet homme une « réponse » qui se manifestait chez lui par une compulsion à se

47. Lacan J., *Écrits*, *op. cit.*, p. 826.

48. Laurent É., « El Hombre del impermeable », in *Concepciones de la cura en psicoanalisis*, Buenos Aires, Manantial, 1984, p. 110-116 (ma traduction).

mettre, chose qui lui était jusqu'alors insupportable, un imperméable en plastique – du genre de celui que sa mère voulait lui mettre à la moindre éventualité de pluie – pour se masturber sous cet écran. Cette pratique durait depuis lors et représentait pour lui un remède universel contre toutes ses préoccupations, raison pour laquelle il ne se plaignait pas de ce fantasme. Nous avons là, comme l'indique É. Laurent, un fantasme bien construit, « et l'on pourrait se demander alors comment le construire avec lui dans la cure [49] ».

Voyons donc ce que fait apparaître l'analyse de ce cas. Tout semble commencer avec un rêve, où face à l'intrusion d'un regard, le sujet répond avec une défécation. L'analyse de son rapport à la propreté révèle un souvenir-écran : vers les 4 ou 5 ans, il surprend sa mère (ou sa sœur, il n'est pas sûr), en train d'ouvrir le rideau de la salle de bains pour apparaître nue. Le patient constate la castration féminine. Mais dans un coin, il perçoit un bonnet en plastique pour la douche, du même matériau que l'imperméable.

À partir de ce rêve, l'auteur nous signale une phase transférentielle, caractérisée notamment par une agressivité manifeste. Une dette envers son analyste lui donne l'idée de se demander pourquoi, pendant la séance, il fait du bruit avec quelques pièces qu'il avait dans sa poche. Une chanson lui vient à l'esprit, où un marin fait la même chose… cette chanson se termine avec le paiement de la dette par « un coup de couteau ». Cette idée référée à l'analyste, est interprétée par le patient comme une manière de rivalité où il vient voir quelqu'un « pour le faire chier » : « pour remplir, comme il le fait partout, les différents imperméables qu'il rencontre dans sa vie [50] ». Cette découverte « qu'il venait pour remplir l'Autre avec son être sous cette forme » (avec de la merde), provoque en lui un trouble très ponctuel, qui le fait aller voir un médecin : pendant une quinzaine de jours, suite à la séance en question, il a l'impression que ses fèces contient une matière blanche « comme si c'était du sperme ». Il est rassuré par les médecins qui lui disent qu'il n'est pas malade. Laurent nous explique : « On voit ici, comment le moment transférentiel – stagnation après la première phase d'aliénation subjective dans laquelle il va récupérer le souvenir-écran – ce transfert-stagnation, c'est en même temps le "pari" qu'il fait… "pari-objet" qui apparaît sous la forme anale [51]. »

Par la suite, chaque fois qu'il se souviendra du souvenir-écran de la salle de bains, il verra un couteau dans la scène, le même couteau qu'il gardait toujours dans sa poche en cas de bagarre. Un autre rêve se produit pendant la cure : il est chez sa tante (« il voit dans le rêve tous les détails avec la netteté et la précision "hallucinante" du réel [52] ») et, de l'autre côté du mur, il sait qu'il y a

49. *Idem*, p. 111.
50. *Idem*, p. 112.
51. *Idem*.
52. *Idem*.

trois femmes : sa mère, sa tante et sa sœur. Il commence donc à fouiller, – ce qui est interdit –, dans une malle contenant des vêtements féminins... et il retire sa main remplie de sang. Lui-même va analyser soigneusement ce rêve, pour sélectionner ce qui correspond au souvenir de la rencontre avec la castration. Il découvre pourquoi il ne pouvait évoquer le souvenir de la salle de bains sans qu'il y ait au milieu le couteau :

> « Celui-ci était le reste, présent sous la forme de la hache dans la scène de séduction, le reste de la vraie scène traumatique, à savoir la découverte de la castration chez la femme (sœur, mère) ; la découverte de l'absence de pénis chez la femme. Il faut le moment de l'acte prohibé (évoqué dans la cure avec le rêve) de fouiller sous la jupe de la mère, pour qu'il y ait une élaboration de cette position [53]. »

Trois étapes sont donc à retenir, selon Laurent, de la relation que ce sujet entretient avec l'Autre. D'abord, sa rivalité avec l'homme (qui correspond à l'idée du couteau toujours présente dans sa poche). Deuxièmement, « Dans le transfert, on sépare ce qu'il y a dans la poche : d'une part le couteau, la hache, ces signifiants avec lesquels il évoque "- ø", la castration et la valeur phallique et, d'autre part, la nécessité d'avoir toujours dans la poche les fèces nécessaires pour salir l'écran imperméable que vient lui présenter l'Autre [54]. » Finalement, « après cette "bivalence" transférentielle » surgit, si l'on peut dire, « la vraie signification de sa rivalité avec les hommes », espèce de rabaissement de la vie amoureuse, où il est toujours en train de forcer une femme à « passer à l'acte » : « c'est une manière de constituer le partenaire comme "scorie" [55] ». Il trouve toujours dans sa vie des « partenaires de merde ».

Ce qui nous intéresse est la manière dont Laurent présente la construction (ou « reconstruction ») du fantasme à partir de l'analyse : comment le construire s'il est déjà construit dès le début de la cure ? L'équivalence « argent = merde » est plutôt imaginaire. Par contre, ce qui est sous-jacent à la structure, c'est la *séparation* : « d'une part, tout ce qui provient de la castration et, d'autre part, tout ce qui dépend de l'objet [56] ». Dans son fantasme, le sujet oscille entre un extrême et l'autre : d'une part les signifiants de la castration, d'autre part l'objet « a », déguisé en merde, qui vient le soulager des signifiants de la castration (couteau, hache, femme nue). Au début, le fantasme évoqué d'un Autre (qui surgit au moment où il se masturbe sous l'écran en plastique « protecteur »), ne fait « qu'unir et confondre la valeur de la castration – qui vaut en rapport avec l'Autre – et l'objet anal, la tache qu'il arrive à faire sur l'écran en question [57]. »

53. *Idem*, p. 114.
54. *Idem*.
55. *Idem*.
56. *Idem*.
57. *Idem*, p. 113.

Vers la fin, en revanche ces deux objets sont séparés, de telle sorte que le processus de la cure (cette séparation) est une manière d'assumer la castration : celle qui opère une séparation entre le signifiant qui divise le sujet, et l'objet « a » qui vient le soulager de cette perte. Le sujet arrivait à maintenir au début, « la valeur représentée – ce qu'il avait découvert avec la séduction de l'éducateur – et la valeur phallique qu'il avait pour sa mère. C'est la raison pour laquelle l'imperméable – qui auparavant était une source de malaise et de gêne lorsque la mère voulait qu'il le porte – devient par la suite un remède qui témoigne de ce qu'il était pour sa mère, le phallus de sa mère [58]. »

Dans cette cure, écrit Laurent, la stratégie a été d'aller au-delà du semblant phallique, semblant qui donnerait sens au rapport sexuel, semblant qui confond signifiant et objet « a », langage et pulsion. Cet « au-delà est constitué par l'objet, qui est dans ce cas l'objet anal, à travers lequel il constitue l'Autre analyste ainsi que l'Autre sexuel : la femme de ses pensées [59] ». C'est dire que, l'« être » du sujet, comme s'exprime Lacan, est fait de cette jouissance « interdite » (interdite puisque impossible !) qu'est la jouissance phallique laquelle, plus qu'une « castration » devient une promesse. Cela montre que la « vraie » castration est celle qui exclut à jamais l'objet « a » du corps signifiantisé par la fonction phallique. Il n'en reste pas moins que, dans une cure, c'est à travers le langage qu'on peut cerner cet objet pulsionnel qui échappe au langage. C'est ainsi qu'une cure analytique arrive à un point d'irréductibilité qui coïncide avec ce qu'on peut nommer de la pulsion, elle-même étant innommable.

58 .*Idem*, p. 114.
59. *Idem*.

Cinquième partie

Transfert et psychose

Chapitre 10

UN CAS DE PSYCHOSE SOUS TRANSFERT

Si un baccalauréat filière « lacanien » existait, une question d'examen pourrait être, par exemple, « expliquez ce que c'est que la forclusion du nom-du-père » (soit l'hypothèse lacanienne concernant le fonctionnement de la psychose). La réponse, pour obtenir le baccalauréat de lacanien, serait, à peu près, celle-ci : la découverte freudienne implique, dès le départ, le refoulement – à savoir le fait qu'un terme est toujours à la place d'un autre. Vous rêvez de votre voisine, une vieille dame très sympathique – et bien, ce n'est pas elle : c'est votre mère. Vous avez oublié un nom, mais vous vous en souvenez d'un autre. Vous vous fâchez avec votre chef : c'est votre père, etc. Autrement dit, la découverte freudienne, dès le départ, implique l'existence de la substitution. C'est-à-dire, le fait qu'un terme est à la place d'un autre.

Le dit est à la place d'un non-dit. Évidemment, ce dernier est un non-dit de « structure », il ne s'agit pas de dire ce non-dit, car on ne peut que le dire à moitié, « le mi-dire », comme disait Lacan. Autant dire que la découverte selon laquelle notre chef c'est notre père, n'épuise nullement le non-dit du refoulement, refoulement qui se veut, de ce fait, primaire – c'est-à-dire, incontournable pour celui qui parle dans un discours.

C'est ainsi que le paradigme structuraliste, qui prit naissance avec la linguistique, conçoit le langage : un terme ne vaut nullement en lui-même, mais à travers le rapport qu'il a avec les autres termes : le chef par rapport au père, etc. Des rapports entre les termes qui se définissent, selon de Saussure, à travers trois modes de relation : opposition, relativité et différence. Le père est différent de la mère, le fort est relativement fort par rapport au faible, le laid est l'opposé du beau.

Un terme est à la place d'un autre terme, nous disent Freud et de Saussure – Lacan, comme on le sait, ne les contredit pas. Mais qu'un terme soit à la place d'un autre signifie qu'il ne pourrait en être autrement – un terme est à la place d'un autre, pas n'importe lequel. Bref : il faut que la substitution soit vraiment une substitution.

À partir du moment où nous parlons du « nom-du-père », nous admettons implicitement l'existence d'une métaphore dite paternelle – qui implique évidemment une substitution : c'est ce que Lacan indiquait en formulant que « le signifiant est ce qui représente un sujet pour un autre signifiant ». La métaphore paternelle veut dire ceci : à un moment donné, le père sert à se détacher de la mère, c'est-à-dire à l'oublier comme objet primaire. Cette substitution étant la condition de toutes les substitutions postérieures. Lacan situe cette substitution primaire et première dans ce qu'il appelle le « troisième temps de l'Œdipe [1] ».

Alors que se passe-t-il lorsqu'il y a « forclusion » de cette métaphore paternelle, c'est-à-dire dans la psychose ? Et bien : il n'est pas sûr qu'un terme puisse toujours en substituer un autre. Ce qui veut dire qu'à un moment donné, là où un terme devrait en substituer un autre, la substitution ne se produit pas. Plus précisément encore : c'est certain, qu'à un moment donné, la substitution ne se produira pas.

Et c'est pour cette raison que, au plan thérapeutique, on ne s'amusera pas à « interpréter » à notre patient probablement pré-psychotique, des interventions du genre « le conflit que vous avez avec votre chef est à la place du conflit que vous aviez avec votre père » – car cette « interprétation » entre guillemets, – car justement ce n'est pas une –, risquerait de forcer un rapport d'équivalence entre le chef et le père qui n'existe pas comme tel. Là où nous attendons l'équivalence, nous risquerons de retrouver la présence réelle, non symbolisée puisque non symbolisable, la présence réelle d'un terme qui ne rentre justement pas dans les rapports d'équivalence (opposition, relativité, différence).

Nous avons ce que Lacan appelle le « graphe L », déjà commenté :

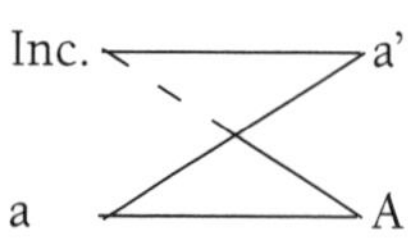

= Imaginaire

= $\frac{\text{chef}}{\text{père}}$ > relation Symbolique

Il paraît clair que, dans l'exemple donné, là où le chef ne substitue pas le père – au plan du Symbolique, soutenue par la substitution : c'est-à-dire là où l'interprétation prend pied – c'est le registre Imaginaire qui vient à y suppléer. Le patient psychotique à qui nous avons dit que son chef « est » comme son père, passera probablement tout son temps à répéter « le rapport que j'ai avec mon chef est comme celui que j'avais avec mon père », mais en aucune façon il ne s'agira d'une substitution. Preuve en est, en l'occurrence, qu'il ne peut passer à autre chose, qu'il ne construit pas une chaîne symbolique. L'interprétation en question ne pourra arrêter, peut être, toute une série de phénomènes qui vont de l'hallucination à la persécution, en passant par les troubles du langage ou

1. Lacan J., « Les Formations de l'inconscient », *op. cit.*

les phénomènes corporels, qui témoignent du manque de substitution évoqué tout à l'heure. Ils constituent des effets du manque de cet opérateur appelé, par Lacan, le nom-du-père.

Prenons deux exemples cliniques bien distincts en fonction de la présence ou absence de nom-du-père.

1) Le premier, tiré de *L'Interprétation des rêves* de Freud, a déjà été traité et évoque bel et bien la névrose. Il s'agit d'une patiente qui vient voir Freud, après avoir lu son texte sur « le mot d'esprit et son rapport avec l'inconscient ». Elle trouve tout cela intéressant, énigmatique, mais en même temps cela lui semble peu sérieux. Cette dame vient voir Freud et lui dit ce qu'elle pense de son œuvre, elle est plutôt admirative. Elle lui raconte aussi un rêve qu'elle a fait, un très long rêve où il se passe beaucoup des choses, mais où il y a aussi un mot qui semble être déconnecté du reste : c'est le mot « canal ». Elle ne sait pas de quoi il s'agit et Freud non plus. Elle s'en va. La séance suivante, elle raconte à Freud une petite anecdote : il s'agit d'un « mot d'esprit » – alors que le livre que la patiente avait lu était le livre de Freud sur le mot d'esprit. Il y a deux hommes qui traversent la Manche en bateau, l'un c'est un Français et l'autre un Anglais. L'Anglais cite un dicton très connu qui dit « Du sublime au ridicule il n'y a qu'un pas ». Et le Français, sympathique, lui répond : oui, le Pas de Calais. Or, dit Freud, Le Pas de Calais est le « Canal de la Manche ». Voilà le mot « Pas » (de Calais) qui vient à la place du mot « canal », ce qui relie ce mot d'esprit au rêve. Lacan ajoute « ça, c'est pour Freud », c'est-à-dire, au niveau du transfert elle lui dirait : Freud, ton livre sur le mot d'esprit, c'est du sublime au ridicule, etc. Voilà un sujet hystérique. On ne pardonnera jamais à Freud d'avoir pris au sérieux les mots d'esprit.

2) Le deuxième exemple est moins « rigolo ». Il s'agit d'une patiente hospitalisée en psychiatrie, présentée par ailleurs au PECL [2]. Elle arrive à l'hôpital parce qu'elle a des idées suicidaires. La première chose qu'elle nous dit c'est qu'elle a jeté son chat par la fenêtre. Elle dira « pour ne pas me jeter moi-même, j'ai jeté mon chat ». Ainsi, nous constatons qu'il y a un rapport entre elle et son chat : le chat tombe à sa place. Elle a ainsi évité une défenestration (par ailleurs, le chat n'est pas mort – on sait que les chats tolèrent bien les chutes). Mais que le chat tombe à sa place n'implique à aucun moment qu'il s'agit d'une substitution.

Cette phrase « pour ne pas me jeter moi-même, j'ai jeté mon chat » vaut beaucoup plus que plusieurs heures d'entretien avec elle. Cela vaut beaucoup plus, probablement, que de savoir qu'elle entend des voix. Car, ladite formulation est loin d'être banale. Voyons aussi jusqu'à quel point ceci n'a absolument rien à voir avec la psychopathologie traditionnelle, si fine ou phénoménologique soit-elle. Ce n'est pas un problème de psychopathologie non plus.

2. Programme d'études cliniques de Lausanne.

On ne peut dire non plus que là, cette patiente, ait des « troubles formels de la pensée ». Absolument pas. Seulement, au lieu de se défenestrer elle, elle a jeté son chat. Là la patiente ne se substitue pas au chat. Il n'y a pas de substitution ou métaphore : il y a plutôt, métonymie, contiguïté entre un terme et un autre. Il y a « transitivisme » entre elle et le chat. Transitivisme imaginaire, là où la substitution ne semble pas aller de soi [3].

C'est un acte que de jeter le chat par la fenêtre, mais c'est surtout un acte pour le clinicien : il ne pourra pas faire comme s'il n'avait pas entendu ce que la patiente a dit.

***

L'enseignement de Lacan fait valoir un concept qui définit la structure psychotique par opposition à la névrose : il s'agit, nous l'avons dit, de ce qu'il nomme « forclusion du nom-du-père ». Qu'est-ce qu'est le nom-du-père ? Essayons de mieux cerner ce concept à partir d'un cas déjà évoqué : il s'agit d'un patient obsessionnel qui, pendant les premiers mois de la cure, partira en vacances en Espagne avec deux filles… Lorsqu'il sera de retour et voudra nous parler de la deuxième des filles – au lieu de dire « la deuxième fille, qui me plaisait » etc., il dira « la troisième fille » – en se comptant lui-même comme fille, puisqu'ils n'étaient que trois.

Or, cette question était en rapport étroit avec un dilemme très névrotique, dilemme quant à son rapport aux femmes, dilemme qu'il énonçait ainsi : *ou bien* il était un macho et il couchait avec les femmes en les prenant « comme des objets », comme le faisait son père – ce qu'il ne supportait pas ; *ou bien*, il serait un féministe, comme l'est aussi son père, avec l'inconvénient qu'il ne pourra pas toucher les femmes – car « un féministe respecte les femmes ».

Mais le problème évidemment est que dans ce « ou bien… ou bien », il ne faisait ni l'un ni l'autre. Comme le dit Freud à propos du cas de l'homme aux rats : « il n'est ni un génie ni un criminel, mais un névrosé ». Nous voyons donc que *le sujet lui-même* n'est pas dans ce dilemme : il « est », représenté par des signifiants (« macho » et « féministe »), avec le résultat qu'il n'est ni l'un ni l'autre. *C'est pour cette raison que le sujet névrosé est le sujet d'un manque, parce que « lui-même », il n'y est pas.*

Quant au père, le personnage du père, il est mis à la place de l'exception. Dans ce monde soumis à la règle phallique où l'on est représenté par des signifiants, on ne peut qu'être deux choses : ou macho ou féministe (+/-).

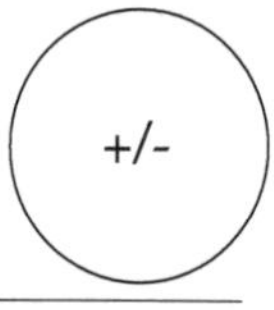

3. Lacan ira plus loin lors de son séminaire sur l'Angoisse et rattachera ce type de « passage à l'acte » à une identification à l'objet « a » plus qu'à une « symbolisation ».

À ceci près qu'il y a un élément qui fait exception à cette règle, comme le père de Kafka, le père du patient. Lacan écrira ce mathème : pour « Vx. Φx [4] », que l'on peut énoncer : « tous les éléments “x” de cet ensemble sont soumis à la loi signifiante que l'on peut formuler ainsi : “être ou macho ou féministe (+/-)” ».

$Vx.\ \Phi x$ $\qquad\qquad$ $x = Fx\ \Phi x$

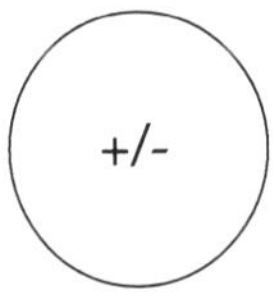

À l'exception près qu'il y a au moins un « x », le père, qui n'est pas pris dans l'ensemble des sujets châtrés par le signifiant, amputés de leur jouissance (la « jouissance de l'Autre »). Cet élément mis à la place de l'exception peut être « macho et féministe à la fois ».

Ce père, tout en étant féministe, peut être un macho. Cette figure du père concentre en lui une jouissance dont le fils est châtré : quelle jouissance ? Celle qui est exclue de l'ensemble dessiné plus haut, puisqu'il faut être ou l'un ou l'autre, mais pas les deux à la fois.

La proposition pour « tout x Φ x » est niée par un seul élément qui fait exception à la règle : le désir doit passer forcément par les ensembles représentatifs du signifiant. Nous voyons ici, formalisé par la théorie des ensembles, le fameux « père de la horde » de Freud qui a fait couler tant d'encre [5].

Cette jouissance « amputée » au sujet, Lacan l'appelle « jouissance phallique » – car ce père jouit de son phallus. Mais il jouit de son phallus selon les règles signifiantes : il doit tout de même être « macho et féministe ». Le sujet en question est châtré d'une jouissance qu'il situe à la place de l'exception. Cette exception est donc un *frein à la jouissance*, elle lui sert de borne. Elle règle la jouissance du sujet en la situant dans le signifiant (à savoir dans le circuit infernal « macho ou féministe »). Ce père sert à dire qu'il faut jouir selon la norme. Quelle norme ? La norme phallique. Tout est pris là-dedans, dans le système du signifiant, dans le langage à travers lequel le sujet est représenté.

Il faut ajouter une petite précision concernant ce père, le Monsieur père du patient. Il est clair que ce n'est pas lui, Monsieur un tel, qui instaure la loi phallique. Bien au contraire, c'est lui qui est instauré par elle (c'est pourquoi Lacan dira que le père c'est « l'agent de la castration »). Cette loi, ce frein, ce moulage de la jouissance s'appelle le nom-du-père. Le nom-du-père, c'est la règle qui normalise la jouissance chez un sujet en la situant « hors de lui » et dans le signifiant, le père y compris. Le père lui-même n'est qu'une marionnette qui articule une loi dite par un Autre. Et qu'est-ce que dit cet Autre ? « Tu n'auras pas la main mise sur la jouissance. » Par exemple, l'acte sexuel montre bien

4. Lacan J., *Le séminaire, livre XX*, Paris, Le Seuil, Encore, 1974, p. 74.
5. Freud S., *Totem et tabou*, Paris, Payot, 2005.

que l'objet y échappe à chaque fois, ce qui fait qu'il faut toujours recommencer. L'acte sexuel est l'acte manqué par excellence, dira Lacan.

Le nom-du-père est le mécanisme qui règle la jouissance et correspond à ce que Freud a appelé le *Verdrängung*, le refoulement, comme on l'a indiqué au début. D'où l'on déduit que la jouissance qui reste refoulée est nocive – elle est même interdite à l'être parlant (la fameuse « interdiction de l'inceste » des anthropologues n'étant sans doute qu'une conséquence). Le père, le papa, c'est l'élément tiers et, plus précisément, la métaphore du désir de la mère pour l'enfant. Et quel est ce désir de la mère ? Il n'y aura qu'un seul désir que l'on puisse connaître à travers le signifiant : le désir de phallus. Il ne s'agit absolument pas du désir d'un pénis, mais de ce que le pénis vient représenter pour elle, la femme : à savoir ce que lui manque. Ce qui fera dire à Freud que l'homme est pour la femme l'appendice du pénis et non l'inverse. Le père est donc celui qui « a » et qui, de ce fait, véhicule le désir de la mère comme femme. La clé, et toute la question est là, c'est que la mère n'est pas complètement satisfaite par l'enfant. Donc ce père, ces insignes du père (« être macho ou féministe »), c'est ce qu'on incorpore symboliquement et c'est grâce à quoi on sacrifie une jouissance nocive – laquelle ? Celle d'être « tout » pour l'Autre – la mère en l'occurrence. C'est cela qui est ici nocif. Ces insignes du père servent à relativiser et à symboliser l'Autre primordial qu'est la mère, objet primaire de la jouissance.

Le nom-du-père est donc une réponse au désir de l'Autre, faute de quoi le sujet en serait démuni. L'idée de Lacan, lorsqu'il parle de forclusion du nom-du-père, c'est de soutenir que cette incorporation symbolique qui règle la jouissance est rejetée. Pas de réglage de la jouissance chez le psychotique. Dans tous les cas pas sous l'égide du nom du père et du refoulement que lui inhérent. Les insignes du père ne sont pas incorporés, de telle sorte que la jouissance ne peut passer par les signifiants du nom-du-père.

Lacan dira même que ce père qui n'a pas été incorporé par la castration fait retour dans le réel. Ce père fait retour, par exemple, sous la forme du père jouisseur de tout à l'heure. À ceci près que le sujet psychotique, à différence du névrosé, ne pourra pas se faire représenter à travers des signifiants (« macho ou féministe »). Il y aura même la notion de chaîne brisée, d'un signifiant tout seul – celui d'un père « macho », par exemple, jouisseur, qui envahit le sujet. Car le père du névrosé de tout à l'heure, était lui-même sous l'égide de la loi phallique, il était bien obligé d'être féministe pour être macho. C'est un père réglé, pacifié. Il sert à unir le désir inconscient et refoulé à la loi signifiante. Au contraire, le père du psychotique (la fonction du père et non le « papa »), ne sert pas à séparer la jouissance du signifiant, à faire du désir et de la loi une seule et même chose. Au point que le signifiant même (« macho », par exemple) devient jouissance, déconnecté du reste de la chaîne signifiante, sous la forme, par exemple, de l'hallucination. Le signifiant devient jouisseur sous la forme de l'insulte hallucinatoire. Le sujet psychotique ne fera pas de lapsus (par exemple « la troisième fille ») par lequel le sujet névrosé est représenté. Le sujet psychotique entendra plutôt l'insulte hallucinatoire : il entendra « pédé ! »

LE CAS

M. Alan vient nous voir parce qu'un homme, un barman, l'a méprisé en public. Ce barman connaît son nom et, devant l'éventualité qu'il puisse le prononcer, il a paniqué et s'est enfui. Il a même pensé à se suicider, idée qui ne lui était pas venue à l'esprit depuis fort longtemps. C'est ainsi qu'il a consulté les urgences psychiatriques et a été ensuite adressé au centre ambulatoire où nous travaillons. Il a été reçu au début par un médecin interne, qui a posé le diagnostic de « personnalité narcissique ».

Le médecin interne a dit au patient que nous-mêmes allions le voir : « c'est le chef », lui a-t-il dit. Il nous avouera plus tard avoir été très angoissé avant notre premier entretien, car il a horreur de l'autorité et le mot « chef » lui rappelait le chef d'un internat où il a passé son adolescence, chef qui avait, selon lui, de « tendances pédophiles ». Un autre élément intéressant : ce patient demandait à rencontrer un analyste « d'orientation lacanienne ».

M. Alan n'a jamais connu son père. À l'âge de 16 ans, après avoir passé quelques années dans un internat où sa mère l'aurait placé et où il aurait été le souffre-douleur d'un chef (celui à tendances pédophiles), il part dans son pays d'origine, afin de rencontrer son père : mais il ne le retrouvera pas. Il sait seulement que cet homme s'est suicidé trois mois après ce voyage, par pendaison. Depuis toujours, il avait eu des doutes concernant ce père – cet homme décédé était-il vraiment son père ? Sa mère ne lui aurait presque jamais parlé de lui – et c'est grâce à certaines informations de son entourage qu'il avait pu se rendre à un endroit précis.

M. Alan dit avoir mal vécu sa vie, surtout pendant sa jeunesse, et dit devoir sa survie à la rencontre providentielle d'une dame âgée qui, sensible à l'état de détresse qu'il endurait, a su lui apporter cet « asile de paix », cette « tendresse maternelle » et ce « réconfort » qu'il n'avait jamais connu auparavant. Par contre, il décrit sa propre mère comme ayant toujours été manipulatrice et perverse. Vers l'âge de 26 ans, il ressent que son frère est profondément jaloux de lui. Il ressent qu'il est la cible d'une haine profonde : tout se passe un soir, lorsque notre patient aurait chanté – il était chanteur – avec une « voix d'ange ». Au milieu des applaudissements du public, il a pu voir la haine se dessiner sur le visage de son frère. À partir de ce soir-là, il commence à avoir l'idée de changer de nom, car il ne voulait pas porter le même nom que son frère.

« La voix d'ange »

M. Alan était chanteur professionnel. Il faut savoir que pour lui, le chant, était le centre d'une vie stable : le chant réglait la jouissance. Par exemple, s'il devait chanter un soir, la journée se passait comme ceci : il se levait vers 10 heures, il prenait une douche, il prenait ensuite un petit-déjeuner copieux, ensuite il se masturbait selon les « règles de l'art », d'une manière hygiénique et ritualisée, il dormait encore 3 ou 4 heures et, le soir, tout à fait détendu, sa voix sortait à merveille. De même, lorsqu'il a dû chercher un « psy », il en a cherché un sur l'annuaire téléphonique. Lorsqu'on lui répondait, M. Alan disait « je cherche un psy, mais en fait, je vous demande seulement de me parler, car c'est en fonction de votre voix que je saurai si vous me convenez ou pas ».

En fait, M. Alan vient nous voir après une cassure qui s'est produite dans sa vie, plusieurs années après les événements qu'on vient de décrire. En 1997, il est en France où il doit chanter avec un collègue. Il constate, le jour même de son arrivée, que le plombage d'une de ses dents est tombé. C'est pourquoi il décide, sans tarder, de consulter un dentiste qui en constatant différents foyers d'infection, va lui arracher huit dents, l'une après l'autre. À vrai dire, le patient connaissait déjà ce dentiste, un dentiste « énergétique » qui tenait des théories concernant les foyers infectieux potentiels qui se trouvent dans nos dents… Le dentiste en question a donc été fidèle à sa théorie. Depuis lors, la vie de M. Alan a complètement basculé. Différentes infections se sont succédé suite à ces extractions : des sécrétions purulentes coulaient vers son pharynx, des morceaux d'os sont restés coincés entre les maxillaires et les gencives, au point que tout a fini par devenir, selon ses dires, une masse indifférenciée de pourriture. Il n'avait plus d'os pour pouvoir soutenir ses dents, tout était tombé, sa langue « remuait dans le vide… » : c'est à ce moment-là, dit-il, qu'il a pensé à « se jeter dans le vide », à se suicider. Il a poursuivi en justice ce dentiste, qui appartenait selon notre patient à une secte, mais apparemment sans résultat : il continue à exercer sa profession dans une totale impunité. M. Alan dit avoir vécu un viol : « Je me suis senti comme une femme violée », et il ajoute « si l'on m'avait coupé les testicules, ça aurait été moins traumatique ». Lorsqu'on lui demande d'expliquer l'idée du viol, il s'exprime en disant « j'appelle un viol toute profanation, d'une tombe, d'un corps, d'un nom, d'une intimité ».

La situation s'était vraiment compliquée pour M. Alan : aucune assurance ne voulait prendre en charge sa maladie, les sécrétions purulentes avaient, de surcroît, abîmé ses cordes vocales, raison pour laquelle il avait fini par perdre sa voix de chanteur, « le petit ange descendu du ciel », comme on le nommait. Il a tout abandonné à cause de la maladie. Il a fini par abandonner son entourage, sa famille, ses amis, s'isolant de plus en plus. Il disait subir une « dépression planétaire », car les dépressions de toute l'humanité confluaient en lui.

En 1999, lui arrivent deux choses précises, plus précisément, il décide d'entreprendre deux démarches : la première c'est de consulter une association afin de demander l'euthanasie ; et la deuxième solution à sa nouvelle vie catastrophée depuis son premier rendez-vous chez le dentiste deux ans auparavant, a été de changer de nom : il entreprend des démarches administratives très lourdes et ce n'est que grâce à sa double nationalité qu'il arrive à avoir comme nom son propre prénom, qui était à son tour le prénom de son père. Depuis lors, il est né à une nouvelle réalité. Il se bat tous les jours contre la méchanceté du monde dont le dentiste en question est un exemple vivant. M. Alan est arrivé ainsi à la conclusion que « le mal est une volonté » – il lit Nietzsche, etc. Il remplira le début de nos entretiens avec de noms propres et de citations, qu'il connaissait par cœur.

Selon notre patient, sa mère « manquait d'instinct maternel », elle aurait « accouché deux merdes », son frère et lui-même. À ce propos, il dit devoir la vie à une lettre de la « mère Teresa » – « sa lettre m'a sauvé la vie », nous dit-il. On y reviendra. M. Alan dit être mort depuis 1997 et être ensuite né à une nouvelle vie avec un nouveau nom. Il pense aussi que la meilleure chose aurait été de se faire adopter, par exemple, par une des familles de l'attentat du 11 septembre 2001 à New York. L'idée d'être adopté revient très souvent dans ses propos. Changer de nom a été, selon lui, le souffle qui manquait pour le faire tenir. Autrement, il se serait suicidé.

En fait, le voyage en Angleterre à l'âge de 16 ans lui a plutôt amené de mauvaises surprises : il a rencontré une tante, ainsi que la famille de cette tante. Celle-ci lui a présenté son mari, assez âgé, qui avait la maladie de Parkinson. Cet homme a embrassé notre patient, l'a serré entre ses bras, mais dans le même temps, en raison de son Parkinson, son corps tremblait en simulant un acte sexuel avec lui. Il s'était demandé par la suite si cet homme n'était peut-être pas son vrai père. À ce propos, il faut savoir aussi que, depuis 1997, M. Alan n'a plus eu de rapports sexuels : il ne supporte pas les flux et les odeurs… « l'être humain pue », dira-t-il. D'une manière générale, il ne cherche que « l'amour sans finalité copulative », seul qui puisse convenir à cet « état de grâce » dans lequel il survit.

Le nom

Quant à son ancien nom, notons qu'il ne peut pas le prononcer. Il rappelle souvent la phrase de *La Bible* « Tu ne prononceras pas en vain le nom du Seigneur. » C'est pour cette raison qu'il évite toute personne l'ayant connu auparavant le changement de nom, pour ne pas être confronté à son ancien nom. Il pense que seul l'octroi du changement de patronyme lui a permis de survivre à une insoutenable adversité, opérant ainsi « une sorte de deuil laminaire symbolique sur son passé ». Il décrit cette étape « comme un processus de purification extrême et de renaissance absolument vitale, sans lesquelles il eût inéluctablement succombé, englouti sous les flots de la déréliction ». Également, il ne peut plus signer, ni d'une manière générale, écrire sur un papier : car une trace sur un papier est un signe de vie. Il se sent donc mieux en écrivant sur un clavier d'ordinateur et en faisant toutes ses démarches administratives par Internet « le monde virtuel me convient bien », dira-t-il. Il se définit comme un mystique, mais refuse qu'on le compare à Jésus… « car il y a une seule différence de taille entre lui et moi, c'est que Jésus, au moins, savait qui était son père ».

***

Ce cas de paranoïa montre bien, à notre avis, deux aspects typiques de la psychose. Premièrement, elle montre que le délire est une tentative de guérison – thèse freudienne, comme on le sait. Deuxièmement, ce cas montre que cette tentative de guérison a pour conséquence une certaine « relocalisation » de la jouissance. Grâce au changement de nom, le patient passera d'une période mélancolique, – depuis l'irruption du déclenchement lors de la première visite chez le dentiste, vraie rencontre avec la jouissance de l'Autre –, à un deuxième temps plutôt paranoïaque (« le mal est une volonté »), localisant ainsi la jouissance qui auparavant était en lui, chez un autre persécuteur. N'oublions pas que les démarches pour obtenir l'euthanasie et les propos suicidaires ont pris fin lorsqu'il a pu changer de nom.

Précisons certains des points énoncés :

1) Le délire comme tentative de guérison : il est clair que nous avons un premier temps de délire mélancolique, avec même un syndrome de Cottard (« ma langue remuait dans le vide »), suivi d'un deuxième temps où une thématique persécutoire se précise (« le mal est une volonté »). On peut en dire plus : il se place comme étant « l'objet poubelle » du monde lorsqu'il dit subir une « dépression planétaire ». Cependant, une opération signifiante a permis, semble-t-il, une certaine soustraction de jouissance : si tentative il y a dans ce cas, c'est bien le changement de nom. Le prénom du père rend le nom de famille « imprononçable » : « Tu ne prononceras pas en vain le nom du Seigneur. » On peut écrire cela ainsi : – si le nom du père laisse une place vide, ouverte à des signifiants, à des attributs (cf. « être macho ou féministe »), dans notre cas, le prénom fonctionne comme une tentative similaire. « Alan » laisse en suspens l'éventualité d'un nom qui pourrait nommer le père et tout ce qui lui est associé. Il paraît clair qu'il s'agit là d'une tentative, d'une suppléance au nom-du-père défaillant. Le sujet essaye de faire exister une prothèse de nom-du-père : soit l'existence d'un signifiant qui est lui-même imprononçable, mis à la place de l'exception. Et pour cette raison même, il devient une condition à toute « prononciation », à tout discours possible. Il met ainsi à la place de l'exception

un Dieu qui l'éloignerait d'une jouissance nocive et non-réglée (« jouissance de l'Autre). Comme le signale J.-C. Maleval dans son livre *Logique du délire* : « La théorie analytique désigne par nom-du-père le signifiant imprononçable qui assure l'être du sujet en ses fondements et qui clôt les interrogations angoissantes sur l'origine [6]. » En effet, il y a des questions concernant l'origine, la paternité, depuis l'âge de 16 ans et le voyage en Angleterre. Ce voyage est un vrai appel au père, à quelque chose qui vienne mettre de l'ordre dans sa vie. Il est vrai que le défaut, on suppose, de métaphore paternelle, ainsi que l'accident de ne pas avoir rencontré son père, fait aussi surgir cette image du père jouisseur, le vieil homme avec la Parkinson, qui mime un acte sexuel avec lui et qu'il suppose être son vrai père (réactualisation du personnage du « chef d'internat à tendances pédophiles »). Le changement de nom et l'interdiction de prononcer l'ancien nom, sont une tentative de restaurer le signifiant paternel comme régulateur de la jouissance. L'ancien nom deviendra un élément qui fait exception à l'universalité du signifiant : à ce propos, sachons aussi qu'il ne peut prononcer le mot « Jésus », et qu'il doit dire à sa place « le fils de Dieu ». On voit une fois encore que la nomination doit passer non par un nom propre, mais plutôt par la filiation.

2) Une « relocalisation de la jouissance » : comme nous l'avons déjà dit, le changement de nom semble avoir transformé une mélancolie délirante avec une demande d'euthanasie (en fait, il avait fait des démarches auprès d'une association d'aide au suicide pour demander son droit à l'euthanasie) et une « dépression planétaire » où la jouissance est localisée dans le sujet en l'inondant de pourriture, en un délire paranoïaque centré sur une certitude : « le mal est une volonté ». Par ailleurs, le patient n'aura plus de rapports sexuels afin d'éviter « la pourriture du sexe » – sachons aussi qu'il a du mal à prononcer le mot « baiser » en français, et il préfère le dire en allemand. Comme pour le cas de Jésus, il s'agit par tous les moyens de nommer la jouissance, en l'excluant dans une langue étrangère à peine prononçable pour lui. Il y a aussi des choses à préciser concernant la lettre de la mère Teresa. Celle-ci accomplit sans aucun doute une symbolisation de la mère. Symbolisation de la mère qui est elle aussi une béquille de nom-du-père, car le nom-du-père sert à nommer cet objet primaire, imprononçable, qu'est la mère. Cette symbolisation la rend représentable (n'oublions pas que la mère aurait accouché « deux merdes », deux Kakon – il naît, comme sujet, identifié au déchet et non au phallus). Par ailleurs, si l'on doit parler de la « misère du monde », la mère Teresa est bien placée pour la « significantiser ». On passe donc d'un premier temps où le sujet est identifié à la jouissance mélancolique à un deuxième temps qui permet une symbolisation du « déchet » qu'est le sujet. La mère Teresa l'a sauvé de cette position d'objet « in-monde », de la dépression planétaire.

6. Maleval J.-C., *Logique du délire*, Paris, Masson, 1996, p. 106.

3) Notre place dans ce suivi : au début de nos entretiens, le patient a fait référence à quelques reprises au fait que les psychiatres et les dentistes étaient les praticiens qui se suicidaient le plus, car écouter la souffrance des autres devait être très dur. Il nous mettait en série avec le dentiste « jouisseur », à travers le signifiant paternel du « suicide » (le père s'est suicidé). On lui a répondu qu'on n'a pas besoin d'être psychiatre ou dentiste pour avoir de bonnes raisons pour se suicider. Il en convint. Nous allons essayer de préciser quel maniement nous a permis de « limiter les dégâts [7] » : premièrement, nous n'avons jamais essayé d'interpréter quoi que ce soit, dans la mesure où on n'était pas face à une jouissance refoulée. Deuxièmement, plutôt silence et prudence lorsque le patient nous convoquait à répondre à la place du dentiste… par exemple, on ne lui a pas demandé d'ouvrir la bouche pour savoir si l'histoire des extractions dentaires était vraie – nous entendons par là que nous ne sommes pas allés vérifier si cette histoire était « réelle », faute de quoi, nous nous serions placés, justement, à la place du dentiste, du père jouisseur. Troisièmement, nous nous sommes clairement positionnés quant au changement de nom, on lui disant qu'il avait tout à fait raison de ne pas prononcer son ancien nom, ce qui l'a beaucoup soulagé. Finalement, nous sommes aussi intervenus sur une certaine orientation de la jouissance, si l'on peut dire ainsi : il a fallu se positionner quant à l'association d'aide au suicide en lui faisant entendre que c'était « inadmissible ».

4) Au fond, il reste à préciser quel est le délire chez ce patient. L'ennui c'est que, pour Lacan (et sans doute aussi pour Freud), la psychose est une position subjective. Autrement dit, il ne s'agit pas seulement d'une « pathologie ». Lorsqu'on dit qu'il s'agit d'une position subjective, on veut dire qu'il y a un « choix » du sujet. Comment fait un sujet pour répondre au désir de l'Autre, à l'inconsistance du symbolique ? Comment fait-il pour « traiter » la castration ? Donc la question qu'il reste à évoquer est la suivante : finalement quel est le délire, tentative de guérison, chez ce sujet ? Son délire est constitué, selon nous, par une secrète identification à Jésus. Par exemple, il pense qu'il aurait pu très bien jouer « Jésus » dans le film de Franco Zefirelli. Une autre anecdote : un handicapé se serait jeté à ses pieds en l'appelant « Jésus, Jésus », etc. D'ailleurs, il porte une barbe et les cheveux longs. Il y a une identification secrète à Jésus : et quel est le secret de cette identification ? On le trouvera dans cette élision du nom, une fois de plus, où il s'interdit de dire « Jésus », il dira tout simplement « lui », ou bien « le fils de Dieu ». Cette identification on la verra réapparaître sous la forme de l'ange, sa voix d'ange, le petit ange descendu du ciel, etc. Bref : l'ange, ce personnage qui, par excellence, échappe à la différence sexuelle. Voilà un refus de la castration et de l'inscription phallique.

7. Comme aime bien s'exprimer Serge Cottet.

5) Dans notre bureau, il y a une photo de Lacan. Il est clair que nous n'avons jamais dit au patient que nous étions « lacaniens », surtout parce qu'il demandait « un lacanien ». Nous avons laissé cette nomination vide. Afin de ne pas prononcer en vain ce qui doit rester imprononçable.

CONCLUSION

Nous avons parcouru durant ces quelques deux cents pages le thème du transfert décliné notamment à partir du fil conducteur « de Freud à Lacan ». Cela nous a permis de voir l'évolution d'un des thèmes principaux de la psychanalyse, peut-être le plus important qui soit, car non seulement il articule la « théorie » (la métapsychologie, par exemple) à la technique (l'interprétation, la résistance), mais surtout parce qu'il marque « du début à la fin » de la cure analytique, ce qui fait que chaque cas est fait d'une « rencontre ». Cette rencontre n'est pas celle de deux personnes, mais plutôt celle d'un sujet avec ce qui lui manque. Plus que jamais, lorsqu'il s'agit du transfert, l'on comprend la pertinence du commentaire de Freud lorsqu'il affirme « l'exemple est la chose même[1] ». En effet, la distinction classique entre « théorie et pratique » devient inconsistante à l'heure de traiter du transfert : où finit la théorie ? Où et comment commence la pratique ? Depuis le simple « phénomène du transfert » jusqu'au rapport, produit uniquement par l'analyse, entre transfert et pulsion, nous constatons comment la pratique analytique passe du fonctionnement symbolique que Lacan appelle l'Autre, à ce point d'irréductibilité qu'est « le silence des pulsions », connecté au réel. C'est ainsi que toute élucubration concernant la réduction de la psychanalyse au seul registre symbolique paraîtra obsolète dans la pratique. C'est parce que la psychanalyse concerne un réel, et même un certain « réalisme », qu'elle est plus une pratique des « surfaces » qu'une « psychologie des profondeurs » : c'est ce qui fait la prééminence du transfert en psychanalyse.

Nous avons vu aussi comment le « maniement du transfert » (formule utilisée par Freud) mettait en relief la théorie du manque d'objet par le biais de la distance entre Idéal du Moi et moi idéal et, par là même, l'impossibilité de toute « intersubjectivité » dans le sens d'un rapport direct à l'objet. C'est le transfert qui indique, grâce à son maniement psychanalytique, qu'il n'y a pas de rapport direct à l'objet et que le statut de ce dernier est déterminé par « l'autre scène ». Si nous avons commencé ce travail en affirmant que notre démarche était « antisubjective », c'était pour mieux orienter le chemin de la discipline inventée par

1. Freud S., *L'Homme aux rats, Journal d'une analyse, op. cit.*, p. 39.

Freud : la psychanalyse montre en quoi la psychologie du moi est dépassée par un savoir structuré qui le détermine.

Un autre aspect qui a été étudié est le rapport entre répétition et transfert dans le sens d'une opposition entre la répétition de l'ancien et l'éventualité d'une rencontre différente avec la pulsion. Là aussi Lacan, à notre avis, a fait un pas de plus par rapport à Freud en disloquant le transfert de la répétition. La question qu'on se pose est celle d'un « nouvel amour », selon la formule empruntée à Rimbaud, d'un nouveau rapport à l'objet, inédit, produit par la rencontre analytique. Si le transfert est l'amour qui s'adresse au savoir, selon l'idée de Lacan, c'est parce que ce savoir devient « moyen de jouissance » : ainsi celle-ci peut se chiffrer différemment. De nouveaux rapports entre le trait unaire et l'objet pulsionnel « a » sont établis à la fin d'une cure, ce qui nous permet en quelque sorte de « réécrire l'inconscient ».

Ainsi, *Le Banquet* a permis à Lacan de mieux préciser quelle était la place éthique de l'analyste : se servir de ce dieu redoutable, Éros, non pour assujettir l'analysant à l'analyste, mais pour pouvoir, lui l'analyste, occuper la place d'un objet. Mais il est clair que l'analyste ne doit pas y croire : il n'a pas, lui, quelque chose de désirable. Autrement dit : il ne peut se prendre comme étant celui qui sait. L'analyste offre plutôt une place vide, une place nouvelle dans la mesure où elle ne contient aucun savoir préconçu. Ce sera au sujet de produire un nouveau savoir qui viendra, comme le pense Lacan, à occuper la place de la vérité.

Une question reste pourtant ouverte : si le transfert n'est pas seulement répétition, mais l'ouverture vers « du nouveau », à quel type d'inconscient correspond-il ? L'inconscient de Freud apparaît comme lié surtout à la répétition et reste marqué par une certaine fidélité à la « trace mnésique » ; dès lors, évoquer un transfert qui modifie l'inconscient ne revient-il pas à dire que nous sommes face à un inconscient différent de celui conçu par Freud ? L'on pourrait peut-être décrire cet « inconscient nouveau » comme une sorte de spinozisme avec un défaut au niveau des attributs : ceux-là ne sont pas uniquement une tautologie par rapport à une substance (l'inconscient). Pour le dire autrement, on pourrait décrire cet inconscient comme une sorte de « conservatisme paradoxal [2] », car restant fidèle à la trace mnésique, laisse ouverte la voie par où ces traces pourraient être retracées. Pour finir, Lacan abandonne un certain « platonisme » du signifiant pour cerner de plus près, à travers une nouvelle conception du transfert, la jouissance extraite à l'être parlant.

2. Zourabichvili F., *Le Conservatisme paradoxal de Spinoza*, Paris, PUF, 2002.

BIBLIOGRAPHIE

Assoun P.-L., *Leçons psychanalytiques sur le transfert*, Paris, Anthropos, 2006.

Cottet S., *Freud et le désir du psychanalyste*, Paris, Le Seuil, 1996.

Cottet S., « Les Limites de l'interprétation du rêve chez Freud », *in* revue *La Cause freudienne*, n° 32, « Vous ne dîtes rien », Paris, 1996.

Cottet S., « Le Déclin de l'interprétation », revue *Quarto*, Bruxelles, juillet 1996.

Foucault M., *L'Histoire de la sexualité*, tome I, « La volonté de savoir », Paris, Gallimard, 1976.

Frege G., *Écrits logiques et philosophiques*, Paris, Le Seuil, Point Essais, 1971. [trad. Imbert C.].

Freud S., *L'Interprétation des rêves*, Paris, PUF, 1967.

Freud S., « La Dénégation », in *Résultats, idées, problèmes*, Paris, PUF, 1985.

Freud S., « L'Esquisse », in *La Naissance de la psychanalyse*, Paris, PUF, 1956.

Freud S., « Remarques sur un cas de névrose obsessionnelle », in *Cinq psychanalyses*, Paris, PUF, 1954.

Freud S., « Fragment d'une analyse d'hystérie (Dora) », in *Cinq psychanalyses*, Paris, PUF, 1954.

Freud S., « Remémoration, répétition, perlaboration », in *La Technique psychanalytique*, Paris, PUF, 1953.

Freud S., « Observations sur l'amour de transfert », in *La Technique psychanalytique*, Paris, PUF, 1953.

Freud, S., « Le Début du traitement », in *La Technique psychanalytique*, Paris, PUF, 1953.

Freud S., *Essais de psychanalyse*, Paris, Payot, 1981.

Freud S., « Sur la psychogenèse d'un cas d'homosexualité féminine », in *Psychose, névrose, perversion*, Paris, PUF, 1973.

Freud S., *L'Homme aux rats, Journal d'une analyse*, Paris, PUF, 1974.

Freud S., « On bat un enfant », in *Psychose, névrose et perversion*, Paris, PUF, 1973.

Freud S., « Le Maniement de l'interprétation des rêves en psychanalyse », in *La Technique psychanalytique*, Paris, PUF, 1953.

Freud S., « Perspectives d'avenir de la thérapie analytique », in *La Technique psychanalytique*, Paris, PUF, 1953.
Freud S., Jung C., *Correspondance*, Paris, Gallimard, 1975.
Freud S., *Totem et tabou*, Paris, Payot, 2005.
Freud S., *Études sur l'hystérie*, Paris, PUF, 1956.
Galpérine M.-C., *Lecture du Banquet*, Paris, Verdier, 1996.
Glover E., « L'Effet thérapeutique de l'interprétation inexacte : contribution à la théorie de la sugegstion », in *Technique de la psychanalyse*, Paris, PUF, 1958.
Halperin D.-M., « Amour et Ironie, six remarques sur l'eros platonicien », *Cahiers de l'Unebévue*, Paris, 2005.
Kris E., « Psychologie du moi et interprétation dans la thérapie psychanalytique », in *De l'interprétation*, Les Documents de la Bibliothèque de l'École de la Cause freudienne, n° 2 (nouvelle série), Paris, 1996.
Lacan J.,« Présentation des Mémoires d'un névropathe », in *Autres Écrits*, Paris, Le Seuil, 2001.
Lacan J., « La Science et la vérité », in *Écrits*, Paris, Le Seuil, 1966.
Lacan J., *Le séminaire, livre I*, « Les Écrits techniques de Freud », Paris, Le Seuil, 1975.
Lacan J., *Le séminaire, livre II*, « Le Moi dans la théorie de Freud et dans la technique de la psychanalyse », Paris, Le Seuil, 1978.
Lacan J., « La Proposition du 9 octobre », in *Autres Écrits,* Paris, Le Seuil, 2001.
Lacan J., *Le séminaire, livre IV*, « La Relation d'objet », Paris, Le Seuil, 1994.
Lacan J., *Le séminaire, livre V*, « Les Formations de l'inconscient », Paris, Le Seuil, 1998.
Lacan J., *Le séminaire, livre VII*, « L'Éthique de la psychanalyse », Paris, Le Seuil, 1986.
Lacan J., *Le séminaire, livre VIII*, « Le Transfert », Paris, Le Seuil, 2001.
Lacan J., *Le séminaire, livre X*, « L'Angoisse », Paris, Le Seuil, 2004.
Lacan J., *Le séminaire, livre XI,* « Les Quatre concepts fondamentaux de la psychanalyse », Paris, Le Seuil, 1966.
Lacan J., *Le séminaire, livre XVII*, « L'Envers de la psychanalyse », Paris, Le Seuil, 1992.
Lacan J., « L'Intervention sur le transfert », in *Écrits*, Paris, Le Seuil, 1966.
Lacan J., « La Direction de la cure », in *Écrits*, Paris, Le Seuil, 1966.
Lacan J., *Le séminaire, livre XX*, « Encore », Paris, Le Seuil, 1976.
Lacan J., « Le Stade du miroir comme formateur de la fonction du Je », in *Écrits*, Paris, Le Seuil, 1966.
Lacan J, « Le Mythe individuel du névrosé », revue *Ornicar ?*, n° 17/18, Paris, 1979.
Lacan J., « Télévision », in *Autres écrits*, Paris, Le Seuil, 2001.

Lacan J., « L'Acte analytique » (séminaire inédit).
Laurent É., *Entre transferencia y repetición*, Buenos Aires, Atuel, 1993.
Laurent É., « Désangoisser ? », revue *Mental*, n° 13, déc. 2003, p. 21-33.
Laurent É., « Le Trauma à l'envers », revue électronique *Ornicar digital*, n° 204, mai 2002.
Lévi-Straus, C., *Anthropologie structurale*, Paris, Plon (Pocket), 1958.
Lucchelli J.-P., « Deux thermodynamiques de la répétition », *La Lettre mensuelle*, n° 175, Paris, 1999.
Lucchelli J.-P., « Le Mythe individuel revisité », revue *L'Information psychiatrique*, vol. 82, n° 2, 2006.
Lucchelli J.-P., « Un cas de stress post-traumatique », *La Lettre mensuelle*, n° 243, 2005.
Lucchelli J.-P., « La Psychanalyse selon Paul Denis », *La Lettre mensuelle*, École de la Cause Freudienne, mai 2007.
Lucchelli J.-P., « La Psychanalyse expliquée », revue *Quarto*, n° 85, novembre 2005, Bruxelles.
Lucchelli J.-P., « Un trouble de la personnalité peut en cacher un autre », revue *L'Information psychiatrique*, vol. 83, n° 6, juin 2007.
Mahony P., *Freud et l'homme aux rats*, Paris, PUF, 1991.
Maleval J.-C., *Logique du délire*, Paris, Masson, 1996.
Mattéi J.-F., *Platon et le miroir du mythe*, Paris, PUF, 1996.
Mauss M., « La Persona », in *Sociologie et anthropologie*, Paris, PUF, 1950.
Miller J.-A., « Le Gide de Lacan », revue de *La Cause freudienne*, n° 25, 1993.
Miller J.-A., « Les Deux métaphores de l'amour », revue de l'*École de la cause freudienne*, Actes, n° 18, juin 1991.
Miller J.-A., « Ce qui fait insigne », cours inédit de l'année 1986. Nous reprenons la publication de l'article « Le sinthome, un mixte de symptôme et fantasme », revue *La Cause freudienne*, n° 39, 1998.
Miller J.-A., *Seminario de Lectura del libro V de Jacques Lacan*, Barcelona, Escuela del Campo Freudiano de Barcelona, 1998.
Milner J.-C., *Le Juif de savoir*, Paris, Grasset, 2006.
Milner J.-C., *Lacan, l'œuvre claire*, Paris, Le Seuil, 1995.
Milner J.-C., *Introduction à une science du langage*, Paris, Le Seuil, 1989.
Mirbeau O., *Le Jardin des supplices*, Paris, Gallimard, Folio, 1991.
Platon, *Ménon*, Paris, Garnier Frères, 1967.
Platon, « Le Banquet », in *Œuvres Complètes*, Paris, Gallimard, La Pléiade, 1950. [trad. Robin L.].
Reale G., *Éros, dèmone mediatore*, Rizzoli, Milano, 1997.
Robin L., « Notice » *in* « Le Banquet », *Œuvres Complètes*, Paris, Gallimard, La Pléiade, 1950. [trad. Robin L.].
Rorty R., *Contingence, ironie et solidarité*, Paris, Armand Colin, 1993.

Russell B., *Logic and Knowledge*, ed. Robert Marsh, 1956.
Searle J., *La Construction de la réalité sociale*, Paris, Gallimard, 1998.
Silvestre M., *Demain la psychanalyse*, Paris, Le Seuil, 1993.
Strachey J., « La Nature de l'action thérapeutique de la psychanalyse », trad. fr. in *Revue française de psychanalyse*, 1970, 2, p. 255-284.
Strauss L., *Sur « Le Banquet », la philosophie politique de Platon*, Paris, éditions de l'éclat, 2006.
Van Emmerik A.-A.-P., *et al.*, *Single session debriefing after psychological trauma : a meta-analysis*, Lancet, 2002 ; 360 : 766-71.
Vinciguerra R.-P., « Interprétation et équivoque », revue *La Cause freudienne*, « Vous ne dîtes rien », n° 32, Paris, 1996.
Wittgenstein L., *Tractatus logico-philosophicus*, Paris, Gallimard, 1961.
Zourabichvili F., *Le Conservatisme paradoxal de Spinoza*, Paris, PUF, 2002.

TABLE DES MATIÈRES

Deuxième partie
Les cas cliniques de Freud

Troisième partie
Lacan : le transfert entre interprétation et répétition

Achevé d'imprimer
sur les presses de la reprographie de l'université Rennes 2
janvier 2023

Imprimé en France